KOMPENDIEN DER SOZIALEN ARBEIT

Sie arbeiten sich in ein neues Sachgebiet ein und benötigen rasch zuverlässige und umfassende Informationen? Sie möchten die wesentlichen Fakten zu Konzepten, Fällen, Arbeitsfeldern und Anwendungsgebieten der Sozialen Arbeit wissen, Good Practice-Beispiele kennenlernen und Handlungsempfehlungen für die Praxis erhalten?

In der Reihe „Kompendien der Sozialen Arbeit" erscheinen Werke mit direktem Praxisbezug. Die Bände richten sich an Professionals, Berufseinsteiger:innen und -umsteiger:innen sowie an Studierende, gerade auch mit Blick auf Praxissemester und Anerkennungsjahr.

Heino Stöver | Larissa Hornig

Suchtprävention in der Sozialen Arbeit

 Nomos

Onlineversion
Nomos eLibrary

Die Deutsche Nationalbibliothek verzeichnet diese Publikation in
der Deutschen Nationalbibliografie; detaillierte bibliografische
Daten sind im Internet über http://dnb.d-nb.de abrufbar.

ISBN 978-3-8487-6678-9 (Print)
ISBN 978-3-7489-0790-9 (ePDF)

1. Auflage 2023
© Nomos Verlagsgesellschaft, Baden-Baden 2023. Gesamtverantwortung für Druck
und Herstellung bei der Nomos Verlagsgesellschaft mbH & Co. KG. Alle Rechte, auch
die des Nachdrucks von Auszügen, der fotomechanischen Wiedergabe und der Übersetzung, vorbehalten. Gedruckt auf alterungsbeständigem Papier.

Inhalt

Abbildungsverzeichnis

Einleitung

Konsum- und suchtbezogene Probleme zu verhindern bzw. zu verringern, ist ein komplexes Unterfangen. Die vielfältigen Einflussfaktoren, die die Entstehung dieser spezifischen Probleme begünstigen oder einschränken, verweisen auf eine Vielzahl von Systemen (z. B. Politik, Massenmedien, Wirtschaft, Öffentlichkeit, Individuum, Interessenverbände), die mittels individuums- oder setting-orientierter Maßnahmen beeinflusst werden müssen, um das angestrebte Ziel der Problemverhinderung/-verringerung zu erreichen (Hafen 2005, 2013). Weiter stellt sich die Frage, wie es erfolgreich gelingen kann, Einfluss auf diese Systeme zu nehmen, also die Frage nach den konkreten Maßnahmen mit ihren jeweiligen methodischen Zugängen, normativen Zielen und nachgewiesenen Wirkungen.

Allgemein betrachtet ist ‚Prävention‘ in unserer Gesellschaft ein Zauberwort geworden. Verbunden mit der Erwartung, das ‚Übel an der Wurzel zu packen‘, ist es zum geflügelten Wort in Sonntagsreden von Politiker:innen etc. avanciert, um die Gesellschaft glauben zu machen, riskanter Drogenkonsum und anderes Risikoverhalten könne grundsätzlich verhindert oder ‚ausgemerzt‘ werden. Und als ‚heilsbringende‘ Institution wird nur zu oft die Soziale Arbeit auserkoren, die zudem diesen Auftrag oftmals auch widerspruchslos annimmt und damit falsche Erwartungen weckt.

Das Ziel dieses Lehrbuches ist es, wissenschaftsinformierte, evidenzbasierte Strategien der Verhaltens- und Verhältnisprävention aufzuzeigen, die jenseits eines ‚Präventions-Aktionismus‘ entwickelt werden müssen, um Menschen mit Substanzgebrauchsstörungen (SGS) mit einem akzeptierenden Ansatz zunächst zu erreichen, sie bei der Überwindung und Bewältigung zu unterstützen – und zwar in einem menschenrechtsbasierten und akzeptierenden Ansatz. Darüber hinaus gilt es auch, Menschen, die potenziell gefährdet sind, SGS zu entwickeln, aufzuklären sowie über potenzielle unerwünschte Nebenwirkungen zu informieren, damit sie besser sowie leichter informierte Entscheidungen treffen können (WHO 2021).

Deshalb geht es in diesem Lehrbuch darum, das Wissen um wirklichkeitsnahe, nachhaltige und somit effektive und effiziente Prävention zu stärken, auf beiden o.g. Ebenen: Verhaltens- und Verhältnisprävention. Es geht um Chancen, aber auch um Grenzen der Suchtprävention in der Profession der Sozialen Arbeit und darüber hinaus.

Suchtprävention war über Jahrzehnte hinweg und sie ist es teilweise heute noch – ein Werkzeug der Politik, das bei Bedarf – oft sehr selektiv in der Wahl der Zielgruppe bzw. des ‚Sozialen Problems‘ – eingesetzt werden oder ungenutzt bleiben kann. Sehr deutlich wird dies – auch historisch gesehen – angesichts der weit verbreiteten Schwerpunktsetzungen der Prävention auf illegale psychoaktive Substanzen, während was die individuellen, gesundheitlichen und volkswirtschaftlichen Probleme und Schäden in Bezug auf die legalen ‚Volksdrogen‘ Alkohol und Tabak anbetrifft, gemessen an ihrer Größe und Wucht, bei diesen relativ wenige Präventionsanstrengungen unternommen werden.

Es ist also ein Anliegen dieses Buches, den Begriff und das Konzept ‚Suchtprävention' kritisch zu reflektieren, ihn historisch und fachlich einzuordnen und den gesellschaftlichen Kontext und die Funktionalisierung dieses Begriffes zu beschreiben. ‚Suchtprävention' kann eben auch Teil einer Symbolpolitik sein und kann dazu beitragen, soziale Minderheiten zu stigmatisieren.

Das Ziel des Buches ist es, ein Verständnis zu entwickeln für…

- Interventionsformen der Gesundheitsförderung und der Krankheitsprävention.
- die Unterschiede von Verhaltens- und Verhältnisprävention.
- die hohe Bedeutung von Verhaltensänderungen durch Verhältnisprävention.
- universelle, selektive und indizierte Prävention.
- die Notwendigkeit einer evidenzbasierten Prävention.
- theoretische Konzepte der Sozialen Arbeit als Grundlage einer gelingenden Suchtprävention.
- die Bedeutung von nachhaltigen und kommunal eingebetteten und vernetzten Präventionsmaßnahmen.
- die besondere Bedeutung von Vertraulichkeit in der Prävention v. a. im schulischen Bereich.
- die besondere Bedeutung drogen-unspezifischer Präventionsmaßnahmen im Kindes- und Jugendalter.

1 Grundlagen der Suchtprävention

Zusammenfassung

Das Kapitel gibt einen Einstieg in die Grundlagen der Suchtprävention, indem zunächst eine Auseinandersetzung mit dem Begriff der ‚Sucht' stattfindet. Es werden Erklärungsansätze dargelegt, um ein Verständnis für die Suchtentwicklung zu erhalten. Hierfür wird Bezug auf das bio-psycho-soziale Modell der Sucht genommen und vorrangig ein Fokus auf das ‚Soziale' gelegt, bevor die theoretischen Konzepte der Sozialen Arbeit als Grundlage für eine gelingende Suchtprävention veranschaulicht und skizziert werden. Anknüpfend hieran werden die heute gegenwärtig fokussierten und zentralen Zielachsen der Suchthilfe wie das Abstinenz-Paradigma, Harm Reduction und Safer Use sowie die Konsumreduzierung definiert.

1.1 Eine Auseinandersetzung mit dem Begriff ‚Sucht'

Was will die ‚Suchtprävention'? Sicher, der Entstehung der Sucht vorbeugen, weil ‚Sucht' immer negativ konnotiert ist: Sucht ist ein Negativ-, Kampf- und Ausgrenzungsbegriff mit hohem Stigmatisierungspotenzial – Süchtige rangieren an unterster Stufe der gesellschaftlichen Hierarchie. Die weit verbreiteten Annahmen über ‚Sucht' und ‚Süchtige' in der Allgemeinbevölkerung dabei sind:

1. ‚Süchtige haben die Kontrolle über die Droge verloren.'
2. ‚Süchtige bleiben für immer süchtig.'
3. ‚Süchtige können sich nicht mehr aus eigener Kraft, sondern nur mit professioneller Hilfe von der Sucht befreien.'

Aus fachlicher Sicht lassen sich diese Annahmen nicht halten bzw. sind sie immer zu hinterfragen. Die Annahmen bilden sozusagen Mythen und bedienen und erhärten Klischees über ‚Sucht' und ‚Süchtige' – die Realität ist jedoch weitaus komplizierter.

Menschen nehmen Drogen – auch fortgesetzt, weil sie davon einen Nutzen haben. Ob es hedonistische Motive sind oder ob es funktionale Gründe für den Konsum gibt, z. B. Alltagsanforderungen besser oder überhaupt bewältigen zu können (und damit eine Art Selbstmedikation – self medication – zu betreiben), ist immer im Einzelfall zu prüfen. ‚Sucht macht Sinn', könnte man sagen. Am besten kann man die drei oben genannten allgemeinen Konstruktionen von ‚Sucht' und ‚Süchtigen' am Beispiel der Tabakraucher:innen verdeutlichen, also an einem sehr weit verbreiteten Phänomen in Deutschland (ca. 17 Mio. Deutsche rauchen, Prävalenz von 32 % in der erwachsenen Bevölkerung – Stand Juni 2023; Kotz 2023). Zigarettenkonsum dient ihnen als Alltagsstrukturierung, Genussmittel und Ritual mit erheblichen gesundheitlichen und auch sozialen Folgen: Circa 127.000 Menschen sterben vorzeitig an tabakbedingten Erkrankungen und ca. eine halbe Million Raucher:innen muss jährlich stationär behandelt werden etc. (Stöver 2021a). Tabakabhängigkeit und -missbrauch ist das größte vermeidbare Gesundheitsrisiko in Deutschland – und eine schwere kodifizierte gesundheitliche Störung (nach ICD-11/DSM-5). Sie wird künftig zu Lasten der Gesetzlichen Krankenkassen von Ärzt:innen behandelt werden können (pharmakologische Behandlung und kognitiv-behaviorale Therapie).

Wir kennen jedoch viele Menschen, die ihren Konsum (auch dauerhaft) reduzieren oder die ganz aufgehört haben – und meistens ohne Inanspruchnahme professioneller Hilfe(n). Und diese Phänomene sind auch bei anderen Drogenkonsumierenden bekannt, wie in etwa bei Heroin (Hößelbarth 2014) oder auch Alkohol (Klingemann 2017) etc.

Bleiben wir beim Beispiel Tabakrauchen/-abhängigkeit: Die Allgemeinvorstellung ‚Einmal süchtig – immer süchtig' erweist sich als ein Mythos, der das Verständnis von Sucht in der Allgemeinbevölkerung prägt, aber wissenschaftlich nicht haltbar ist.

Aus therapeutischer Sicht zeigt sich zudem, dass dieses Verständnis fatal ist, weil es die Menschen hilflos ihrer Sucht überlässt. Diverse Studien, u.a. die regelmäßig durchgeführte repräsentative DEBRA-Studie zum Rauchverhalten in Deutschland (Kotz et al. 2020) zeigen, dass die Bereitschaft und Fähigkeit zum Aufhören unter aktuell Rauchenden grundsätzlich hoch ist, aber viele Versuche scheitern bzw. nicht nachhaltig sind. Dies ist auf einer Verhaltens- und einer Verhältnisebene zu erklären (siehe Kapitel zur Verhaltens- und Verhältnisprävention).

Mit der RauS-Studie („Mit dem Rauchen aufhören – Methoden, Hilfen, Hindernisse"; Werse et al. 2023) liegt erstmals eine große Stichprobe (N=6.192) von Personen vor, die detaillierte Angaben zu Rauchstoppversuchen, deren Erfolge sowie begünstigenden und limitierenden Faktoren gemacht haben.

In der Teilstichprobe der aktuell Rauchenden unterscheidet sich die Motivation, mit dem Rauchen aufzuhören kaum nach der Schwere der Abhängigkeit vom Rauchen – über alle Rauchenden hinweg möchte nur rund ein Viertel gar nicht aufhören. Selbst unter denen, die nicht aufhören wollen, möchten mehr als zwei Drittel ihren Konsum reduzieren – auch dies weitgehend unabhängig von der Intensität ihrer Rauchgewohnheit. Es liegt also eine hohe Bereitschaft vor, zumindest Schäden und Risiken zu reduzieren.

Ohnehin hat sich ein wesentlicher Teil der Befragten bereits mit dem Thema Konsumreduktion befasst, wobei sich ambivalente Resultate zeigen: Mehr als die Hälfte hat bereits konkret versucht, das Rauchen zu reduzieren, rund ein Viertel davon erfolgreich. Dazu sind in aller Regel – ähnlich wie bei den Rauchstoppversuchen – mehrere Versuche notwendig. Gerade diejenigen, die bereits viele Versuche zur Konsumreduktion unternommen haben, waren häufiger nicht erfolgreich; umgekehrt brauchten die ‚Erfolgreichen' mit im Schnitt rund fünf Versuchen weniger Anläufe. Dies könnte ein Hinweis darauf sein, dass es einen wesentlichen Teil unter den Raucher:innen gibt, für die Konsumreduktion keine Option ist, da sie damit, wenn überhaupt, nur vorübergehend erfolgreich sein können. Allerdings existiert auch eine signifikante Gruppe, die für Konsumreduktion empfänglicher ist, sowie das o. g. hohe Potenzial unter aktuell Rauchenden zur Risikominimierung qua Reduktion. Zudem war knapp ein Drittel der nicht mehr Rauchenden damit erfolgreich, mittels schrittweiser Reduktion zum Rauchstopp zu gelangen – obwohl Kontrolliertes Rauchen als dezidierte Ausstiegsmethode (Frederiksen 1979) oftmals eher negativ bewertet wird. In bestimmten Teilgruppen aktuell Rauchender scheint Konsumreduktion mithin ein lohnender Ansatz zur Schadensreduktion oder auch anschließendem Rauchstopp zu sein.

Im Schnitt benötigten Befragte, die mit dem Rauchen aufgehört haben, knapp vier ernsthafte Rauchstoppversuche. Bezogen auf die Gesamtstichprobe werden E-Zigaretten insgesamt deutlich am häufigsten als Methode zum Rauchstopp genannt, was angesichts der Überrepräsentation von ‚Dampfer:innen‘ auch zu erwarten war. Bemerkenswert ist indes, dass E-Zigaretten von denjenigen, die sie als Rauchstoppmethode genutzt haben, auch mit Abstand am besten bewertet wurden. Ansonsten ist, wie aus anderen Erhebungen bekannt, die eigene Willenskraft die am häufigsten angegebene Methode; diese wird auch mit am besten bewertet. Für diese Kategorie, die nicht im engeren Sinne als ‚Methode‘ zu betrachten ist (ähnlich wie die ebenfalls oft genutzte und gut bewertete Unterstützung durch das soziale Umfeld), sind die erfragten unterstützenden und limitierenden Faktoren (s. u.) von besonderer Bedeutung.

Unter den eher wenig genutzten Rauchstoppmethoden fällt auf, dass Apps und Websites sowie Ortswechsel vergleichsweise gut bewertet werden – hier existiert möglicherweise ein Potenzial, das stärker genutzt werden könnte. Ähnliches zeigt sich für Ersatzrituale: Neben den häufig genannten Kaugummis sowie diversen essbaren Dingen wird eine Vielzahl von Möglichkeiten angegeben, sich alternativ zu beschäftigen. Ausstiegswilligen könnte ggf. geraten werden, individuelle Ersatzrituale zu entwickeln.

Auffällig ist darüber hinaus, dass ‚sonstige‘ – auch sehr individuelle Methoden – eine der am positivsten bewerteten Kategorien unter den Ausstiegsmethoden ist. Ein oft genannter und aus nachvollziehbaren Gründen wenig ‚empfehlenswerter‘ Auslöser ist dabei eine Krankheit o. ä., aufgrund derer nicht geraucht werden konnte. Daneben sind, nicht nur bei Frauen, Schwangerschaften bzw. Geburten ein mehrfach erwähnter Ausgangspunkt für den Rauchstopp.

Eher negativ bewertet als Rauchstoppmaßnahme werden (neben alternativmedizinischen Ansätzen) diverse der als evidenzbasiert geltenden Methoden, allen voran die vergleichsweise häufig probierten Nikotinersatzprodukte, daneben auch Kurzberatungen. Angesichts dieser Resultate stellt sich die Frage, ob Fachgesellschaften sich weiterhin derart klar auf diese Methoden konzentrieren sollten (s. u.).

Bei den abgefragten Hilfen zum Rauchstopp wird deutlich, dass das Thema Gesundheit die mit Abstand dominierende Rolle spielt. Während bereits eigene Erkrankungen, die nichts mit dem Rauchen zu tun haben, oftmals als Startpunkt für Rauchstoppversuche genutzt werden, werden das Bewusstsein um mögliche Schäden und Regeneration, konkrete eigene gesundheitliche Probleme oder solche im engeren Umfeld als besonders wichtige Hilfen betrachtet. Auch Verantwortung für eigene Kinder, angefangen mit Schwangerschaften, später in Form einer Vorbildfunktion, ist für viele Raucher:innen eine wichtige Hilfe für den Rauchstopp. Auch wenn den meisten Rauchenden die Bedeutung dieser Aspekte bewusst sein dürfte, bietet sich hier ein möglicher Ansatzpunkt für Präventions- oder Ausstiegsprogramme.

Bemerkenswert ist auch der Umstand, dass ‚schlechter Geruch' die am häufigsten genannte Hilfe zur Rauchstopp-Motivation ist. Auch Menschen, die teils langjährig an das Rauchen gewöhnt sind, lehnen also nicht selten Rauchgeruch stark ab. Ein interessantes Randphänomen ist die mehrfach genannte Covid-19-Pandemie als Hilfe zum Rauchstopp. Während die Rauchprävalenz in Deutschland während der Covid-19-Pandemie insgesamt gestiegen ist (Kastaun 2022), hat offenbar eine kleine Gruppe diese umgekehrt zum Aufhören genutzt, etwa zu Zeiten, in denen im Homeoffice gearbeitet wurde, wo Rauchgeruch unerwünscht war.

Einige der sonstigen Antworten zu Rauchstoppmethoden und -hilfen deuten darauf hin, dass es einen Teil der Rauchenden gibt, der ‚einfach so' aufhört, etwa weil es ihnen nicht mehr schmeckt oder sie plötzlich die Sinnhaftigkeit ihrer Gewohnheit anzweifeln und offenbar auch wenig Probleme haben, diese zu beenden. Hier wäre weitere Forschung über individuelle Voraussetzung dieser Personen bzw. Modalitäten solcher ‚Spontanremissionen' (jenseits von vorliegenden Forschungen zu spontanen Rauchstopps infolge von Hirnverletzungen; Joutsa et al. 2022) anzuraten.

Bei den erfragten Problemen und Hindernissen bezüglich Rauchstopp fällt auf, dass ritualisierte Handlungen, Trigger unterschiedlicher Art sowie der Einbau des Rauchens in die Tagesstruktur die mit Abstand am häufigsten genannten Antworten sind. Zwar spielen Craving und als Entzugserscheinungen interpretierbare Symptome, also auf ‚klinische' Abhängigkeit hindeutende Antworten, durchaus eine Rolle, aber deutlich weniger als verhaltensbezogene Aspekte. Entzugserscheinungen o. ä. werden indes von aktuell Rauchenden häufiger genannt als von Personen, die mit dem Rauchen aufgehört haben – dies spiegelt womöglich wider, dass die (möglicherweise unbegründete) Angst vor solchen Symptomen einen wichtigen Faktor darstellt, gar nicht erst ernsthaft zu versuchen, das Rauchen einzustellen. Auch hier bietet sich zumindest für einen Teil der Betroffenen ein Ansatzpunkt für Präventionsbotschaften. Auffällig ist weiterhin, dass bei den sonstigen Antworten häufig Stress angegeben wird. Für einen Teil der Rauchenden könnten mithin alternative Wege mit Stress umzugehen eine Chance sein, erfolgreich das Rauchen einzustellen.

Bei den Hindernissen lohnt sich schließlich auch ein näherer Blick auf die Gruppe derer, die Rauchstoppversuche mittels E-Zigaretten unternommen haben: In dieser Gruppe werden Rituale und Trigger als noch wichtiger eingeschätzt als bei den übrigen Befragten. Möglicherweise ergibt es für Personen, für die Ritualisierungen besonders wichtig sind, subjektiv Sinn, eine Ausstiegsmöglichkeit zu nutzen, mit der Rituale in anderer Form weitergeführt werden können. Hier existiert offenbar ein großes Potenzial für E-Produkte als Maßnahme zur Schadensreduktion.

Insgesamt deuten die Ergebnisse der Erhebung darauf hin, dass verhaltensbezogene Aspekte, insbesondere langjährig eingeübte Gewohnheiten und Situationen mit Triggerfunktion, eine deutlich höhere Bedeutung für die Aufrechterhaltung von Rauchgewohnheiten haben als manifeste Abhängigkeitssymptome. Es scheint für viele Raucher:innen schwieriger zu sein, ihre täglichen Gewohnheiten umzustellen bzw. ihre Hände und Münder anderweitig zu beschäftigen als mit Entzugserscheinungen umzugehen. Mehr noch: Offenbar ‚glauben‘ nicht wenige Rauchende an die Macht der Nikotinabhängigkeit und schrecken deshalb davor zurück, mittels einer der zahlreichen Hilfsmöglichkeiten – oder auch nur durch eigene Willenskraft, so wie ein Großteil der Ex-Raucher:innen – einen Rauchstoppversuch zu unternehmen. Zu diskutieren ist in diesem Zusammenhang, ob die Fokussierung offizieller Richtlinien auf ‚Nikotinabhängigkeit‘ überdacht werden sollte, indem verhaltensbezogene Ansätze sowie Maßnahmen zur Harm Reduction deutlich stärker in den Fokus gerückt werden.

1.2 Die Sprache über Drogen – Drogensprache

Sprache ist das Mittel, mit dem wir über die Welt und mit den Menschen in unserer Umgebung kommunizieren. Durch unsere Sprache vermitteln wir unsere Einstellungen, Überzeugungen und Werte. Sprache hat das Potenzial, Menschen zu ermutigen, sie ist aber auch ein mächtiges Instrument, um Menschen auszugrenzen und zu einer Gefahr zu erklären (‚Mybrainmychoice Initiative‘ 2023). Dies betrifft eben auch Menschen, die Drogen nehmen, oft nur bestimmte – illegale – Drogen: ‚Junkies‘, ‚Kiffer‘, ‚Alki‘ sind solche Ausgrenzungsbegriffe: Sie reduzieren einen Menschen ausschließlich auf sein Drogenkonsumverhalten, der Umgang mit ihnen wird als gefährlich erklärt, z. B. für Jugendliche, für die man eine ‚Ansteckungsgefahr‘ unterstellt.

Die Zuschreibung ‚Sucht‘, ‚Abhängigkeit‘ oder ‚Substanzgebrauchsstörung‘ beinhaltet auch, dass der betroffenen Person oft nicht zugestanden wird, selbst beurteilen zu können, ob sie gestört/krank ist oder nicht. ‚Mangelnde Krankheitseinsicht‘ scheint ja gerade ein Symptom der Krankheit zu sein: Die Person ist eben – krankheitsbedingt – nicht in der Lage, über sich selbst zu entscheiden, sie hat alle Autonomie verloren, sie ist Sklave der Droge, Opfer der Dealer geworden.

Die o.g. Begriffe sind Alltagsbegriffe, die negativ konnotiert und stark emotional aufgeladen sind – Fachmenschen sollten diese Begriffe nicht verwenden, sollten sich ihrer Stigmatisierungspotenziale bewusst sein und sollten sensibel bereits in Sprache und Ausdruck Menschen mit Substanzgebrauchsstörungen gegenübertreten. Dies gilt auch für die Prävention. Viele Menschen sprechen über ‚Suchtgifte‘ oder ‚Rauschgifte‘ und reduzieren psychoaktive Subtanzen auf ihre ‚Toxizität‘ – was eine sehr negative Wahrnehmung dieses Menschen auslöst. Begriffe wie ‚Suchtmittel‘ und ‚Suchtstoffe‘ verkennen, dass die Substanzen zu verschiedenen Zwecken verwendet werden (wie Geselligkeit, Abschalten, Genuss, Selbstmedikation u.v.m.) und eine ‚Sucht‘ nicht alleine durch den Gebrauch einer Substanz entsteht, sondern ein komplexes bio-psycho-soziales Phänomen ist (siehe hierzu Kapitel 1.4).

„Sucht“, „Abhängigkeit“, „Störung“ bezeichnen medizinisch-psychiatrische Diagnosen nach Kriterienkatalogen (ICD-11 und DSM-5). Dafür gibt es eine Reihe von Kriterien, die erfüllt sein müssen, z. B. ein sehr regelmäßiger und längerfristiger Substanzgebrauch mit Kontrollverlust und körperlichen sowie psychischen

Beschwerden. Diagnosen sind immer individuell – sie anzuwenden auf andere Menschen ist immer problematisch und kann die Komplexität des Gebrauchsmusters verkennen. Anders ist es, wenn Menschen für sich selbst diese Begriffe verwenden. Dies kann eine gute Basis für den Beginn eines sprach-sensibilisierenden Gesprächs sein.

Ihre Deutung des Gebrauchsmusters als ‚Sucht‘, oder als ‚Krankheit‘ kann für sie schlüssig und hilfreich sein, um das eigene Handeln einzuordnen und zu verstehen. Wenn Menschen von eigenen ‚Suchterfahrungen‘ sprechen, bezeichnen sie hiermit Phasen in ihrem Leben, in denen sie sich selbst als ‚süchtig‘ erlebt haben. Mit dieser Selbstbezeichnung gelingt es ihnen eventuell besser, das eigene Verhalten zu reflektieren und die zukünftige Lebensgestaltung zu finden.

Eine entstigmatisierende Sprache trägt dazu bei, das Leben anderer Menschen positiv zu beeinflussen und den Umgang miteinander zu verbessern. Schon eine neutralere Wortwahl, die Drogengebrauch sachlich statt wertend beschreibt, sorgt für mehr Wertschätzung und Vertrauen. Aber dafür braucht es eine Sensibilisierung – v. a. auch in der Prävention.

Hier geht es darum, die Vielfältigkeit von Drogengebrauchsmustern sowohl von legalen, als auch von illegalen psychoaktiven Substanzen anzuerkennen und diese genauso wie Drogenkonsument:innen sprachlich ausdifferenziert benennen zu können.

Negative Stereotype, die sie als unmoralisch, minderwertig, unzuverlässig oder gar gefährlich darstellen, bedienen zwar einerseits soziale Ausgrenzungswünsche, aber für die angesprochenen/betroffenen Menschen stellen sie massive Hürden dar. Entweder sie fühlen sich nicht angesprochen oder sie fühlen – nach eigenen Erfahrungen, dass die Präventionsbotschaften nicht glaubwürdig oder nicht sachlich sind.

Auch der häufig verwendete Begriff der ‚Co-Abhängigkeit‘ ist äußerst problematisch. Es gibt keine eigenständige medizinische Diagnose – es ist eine Zuschreibung an Personen, die in enger Beziehung zu Menschen mit Substanzgebrauchsstörungen leben und die in ihrer Lebensgestaltung z.T. massiv durch ihre Partner:innen, Väter, Mütter, Kolleg:innen etc. beeinträchtigt sind. Dies als ‚Co-Abhängigkeit‘ zu definieren mag für manche Angehörige hilfreich sein, um ihr Verhalten zu verstehen und sich mit anderen Menschen in ähnlichen Umständen zu vernetzen und auszutauschen. Aber als Zuschreibung kann dies für Angehörige auch sehr verletzend sein, als ‚co-abhängig‘ bezeichnet zu werden. Die Unterstützung des abhängigen Drogengebrauchs einer nahestehenden Person kann aus einer Vielzahl von z. B. sehr menschlichen, schlicht empathischen und pragmatischen Gründen erfolgen. Teilweise geschieht dies sogar noch vor dem Hintergrund der lückenhaften medizinischen Versorgung. „Mit-Betroffenheit“ (Hornig 2023a; 2023b) charakterisiert diesen Zusammenhang sehr viel besser.

Aber Stigmatisierungen und Diskriminierungen erfolgen nicht nur durch die Allgemeinbevölkerung, sondern auch in professionellen Hilfesettings (z. B. auch im Gesundheitssystem), auch in der ‚Drogenhilfe‘ selbst. Dies kann dazu führen, dass

Konsumierende Angst haben, offen über ihren Drogengebrauch zu sprechen oder Therapie- und Beratungsangebote zur Behandlung ihres ‚gestörten' Konsums erst dann nachzufragen, wenn sich ihr gesundheitlicher Zustand so stark verschlechtert hat, dass massive Störungen oder Erkrankungsfortschritte zu verzeichnen sind.

Das Sprechen über die ‚Drogensprache' bedeutet eine Reflexion über unsere Wortwahl und sie birgt das Potenzial für weitreichende Diskussionen über den gesellschaftlichen Umgang mit (illegalen) Drogen und den Menschen, die sie nehmen. Generell sollte unser allgemeiner Umgang mit Menschen von Respekt, Wertschätzung und Augenhöhe geprägt sein. Entstigmatisierung der Sprache bedeutet, den Umgang miteinander (und mit sich selbst) von der Bewertung des Verhaltens zu befreien und an grundlegenden Umgangsformen auszurichten.

(Drogen)Sprache kann:

• entmenschlichen	• gleichstellen
• verletzen	• inkludieren
• entmutigen	• ermutigen
• entmündigen	• Respekt vermitteln
• herabsetzen	• Vielfalt wertschätzen
• verallgemeinern	• Vertrauen schaffen
• Menschen über eine Droge definieren	• Menschlichkeit in den Mittelpunkt stellen
• Schwächen hervorheben	• Fähigkeiten hervorheben

Abbildung 1: Wirkfaktoren des Sprachgebrauchs. Quelle: Mybrainmychoice Initiative 2023.

1.3 Warum werden Menschen süchtig? Die Entwicklung zur bio-psycho-sozialen Perspektive von Sucht

Substanzgebrauchsstörungen galten bis zum Ende des 19. Jahrhunderts noch allgemein als Ausdruck von moralischer Schwäche und eines antisozialen Lebenswandels. Schon allein die Herkunft des Wortes ‚Sucht' ist negativ besetzt, indem es etymologisch betrachtet vom Wort ‚siech' abstammt und damit im Grunde jede Art des Krankseins kennzeichnet (Kluge 2004). Zwar gewann die Alkoholabhängigkeit im medizinischen Diskurs als Krankheit an Bedeutung – hingegen wurde ‚der/die Trinker:in' auf gesellschaftspolitischer Ebene nach wie vor ausgeschlossen und sanktioniert (Vongehr 2022, S. 34). Nachdem daraufhin eine Verschiebung von diesem moralisch geprägten Modell auf ein pharmakologisch ausgerichtetes Modell stattfand, indem Verantwortlichkeiten weg von der unmoralischen Person, hin zur ‚gefährlichen' Substanz ausgerichtet wurden, fand eine starke Abstinenzbewegung und Prohibition von Alkohol und anderen Substanzen statt. Einhergehend mit dem Auftreten der Psychoanalyse in den 30er Jahren löste dann das symptomatische Modell – nach welchem Sucht als Symptom einer vorhandenen Charakterneurose oder Persönlichkeitsstörung anzusehen ist, die verteufelnde Haltung gegenüber Substanzen ab (Van den Brink 2003). Nach einer darauffolgenden sich entwickelnden Sichtweise des bio-medizinischen Modells in den 50er und 60er-Jahren vollzog sich in den 1970er-Jahren schließlich im Rahmen eines Wandels im Krankheitspanorama ein Perspektivwechsel hin zu einer bio-psycho-sozialen Anschauung (Laging 2018, S. 19). Die Definition von Alkoholabhängigkeit als Krankheit wurde schließlich im Gerichtsurteil des Bundessozialgerichts von 1968 auch rechtlich etabliert. Infolgedessen wurde der Alkoholismus als behandlungsbedürftige Erkrankung anerkannt, gleichzeitig erfolgte hierdurch ein gesicherter Anspruch auf die Behandlung von ‚Alkoholismus‘ durch die Rentenversicherungsträger und Krankenkassen (Schabdach 2009, S. 58). Hierdurch hat sich das Suchthilfesystem weiter ausdifferenziert und professionalisiert.

Darüber hinaus wurden im Laufe der Zeit aufgrund der negativen Konnotation des Suchtbegriffs immer wieder neue Begriffsdefinitionen vorgeschlagen. Beispielsweise wurde 1969 zwischen Missbrauch und Abhängigkeit differenziert (WHO Expert Committee on addiction-producing drugs 1969). Nach den Kriterien psychiatrischer Klassifikationssysteme der Weltgesundheitsorganisation (WHO) (Kap. 5 der ICD-10 und Kap. 5 der ICD-11) (Dilling et al. 1993; BfArM 2023) und der American Psychiatric Association (DSM-5) (American Psychiatric Association 2013) können klinische Diagnosen des Missbrauchs und der Abhängigkeit von psychoaktiven Substanzen gestellt werden. Durch die in der ICD-10 vorgenommene Unterscheidung von Substanzmissbrauch und Substanzabhängigkeit als zwei getrennte und einander ausschließende Kategorien sowie den hiermit in Verbindung stehenden Ungenauigkeiten der Begriffe ‚Schädlichkeit‘ und ‚negative Folgen‘ existieren diverse Schwierigkeiten bei der Diagnosestellung. Einen mittlerweile neuen Weg geht das amerikanische Diagnosesystem DSM-5 (American Psychiatric Association 2013; Hasin 2013), indem es die Unterscheidung zwischen Substanzmissbrauch und -abhängigkeit aufhebt und durch den Begriff der ‚Substanzgebrauchsstörung' ersetzt.

Da das bio-medizinische Modell nicht ausreichend erschien, um Substanzgebrauchsstörungen sowie deren Ursachen und Folgen zu erfassen und sich beispielsweise eine vertrauliche Arbeitsbeziehung im Kontext der Suchtberatung selbst als ausschlaggebend dafür erwies, dass Betroffene weiterführende Unterstützung im Rahmen der institutionellen Suchthilfe annahmen (Hansjürgens 2018), etablierte sich das bio-psycho-soziale Modell der Sucht.

1.4 Das bio-psycho-soziale Modell der Sucht

Das bio-psycho-soziale Modell impliziert die Perspektive, dass Substanzgebrauchsstörungen multikonditional verursacht werden, indem biologische, psychische und soziale Faktoren für die Entstehung von Sucht, je nach Individuum in unterschiedlich starker Ausprägung, verantwortlich sind (Klein 2021). Folglich ist es mit der gemeinsamen Betrachtung und Systematisierung von Risiko- und Schutzfaktoren zur Suchtentstehung als multifaktorieller Ansatz entwickelt worden und aus einem Drei-Faktoren-Modell, welches das Zusammenwirken von Merkmalen der *Droge*, der *Person* und der *Umwelt* betrachtet, hervorgegangen (Tretter 2020, S. 13). Dieses wiederum kann als Grundlage für Erklärungs- und Behandlungsansätze von Substanzgebrauchsstörungen dienen und ist somit u.a. für die Suchtprävention und Gesundheitsförderung von Relevanz.

Im biopsychosozialen Modell von Sucht werden die persönlichen Merkmale in die Bereiche Psyche und Körper unterteilt, wodurch eine Unterscheidung der Zuständigkeiten für den Menschen durch die Psychologie und die Medizin verdeutlicht wird. Infolgedessen wird die Entstehung einer Substanzgebrauchsstörung als ein multifaktorielles Bedingungsgefüge verstanden, in welchem sich Risiko- und Schutzfaktoren abbilden lassen. Beispielsweise sind meistens die sozialen Faktoren in der Frühphase einer Suchtentwicklung von besonderer Relevanz (Klein 2021) – wie ein ungünstiges Modellverhalten der Eltern, Zugehörigkeitsdruck von Peers, aber auch soziale Ausgrenzung und Marginalisierung in Schule und Freizeit. Im Verlauf treten dann psychologische Merkmale in den Vordergrund, darunter etwa das Erleben eines negativen Selbstbildes sowie negative selbstbezogene Kognitionen, problematische Persönlichkeitsmerkmale in den Bereichen Impulsivität oder der emotionalen Instabilität sowie depressive Verstimmungen und Ängste. Während des regelmäßigen Konsums von Substanzen oder der exzessiven Ausübung von stoffgebundenen Verhaltensweisen wie dem Glücksspiel oder des Mediengebrauchs werden die biologischen Faktoren zunehmend relevant. Der Gehirnstoffwechsel gewöhnt sich an die Konsumwirkungen, so dass sich neurobiologische Strukturen im Gehirn bis hin zur Entwicklung einer Toleranz verändern und daran anknüpfenden Entzugserscheinungen auftreten (ebd.). Substanzgebrauchsstörungen werden demnach als Resultat einer länger währenden Wechselwirkung von Merkmalen der Person verstanden. Diese Merkmale umfassen genetische und psychische Risikofaktoren, Risikokonstellationen der (sozialen) Umwelt und Eigenschaften der Substanz bzw. dem Suchtpotenzial (Tretter 2017). Daraus wird deutlich, dass Hilfeansätze und Präventionsmaßnahmen der Suchthilfe als Aufgabe nicht einer einzigen Profession zuzuordnen sind. Im Gegenteil veranschaulicht das biopsychosoziale Modell, dass Präventionsmaßnahmen im Rahmen der Suchthilfe sowohl von der Sozialen Arbeit, der Psychologie als auch von der Medizin in einem multiprofessionellen Behandlungsgefüge bearbeitet werden müssen (Vongehr 2022, S. 37).

1.5 Das ‚Soziale' im bio-psycho-sozialen Modell

Die Soziale Arbeit tritt in diesem Kontext vorrangig über die Behandlung der sozialen Dimension in Erscheinung (Liel 2020) und leistet ihren Beitrag sowohl auf einer Makro- als auch Mikroebene. Auf der Makroebene kann sie Gesundheitschancen verbessern, indem sie auf gezielte Weise sozioökonomisch benachteiligten Bevölkerungsgruppen Partizipation und Teilhabe ermöglicht sowie bürgerliches Engagement fördert und damit zur Gesundheitsförderung beiträgt. Auf der individuellen Mikroebene kann Soziale Arbeit die Aspekte der sozialen Unterstützung, der Netzwerke sowie ein respektvolles Miteinander bearbeiten (Liel 2019). Keine andere Gesundheitsprofession als die Soziale Arbeit hat so ausdrücklich beschrieben, was unter den Theorien der Lebensweltorientierung (Thiersch et al. 2012), der Partizipation und des Empowerments (Brandes/Stark 2021) sowie unter Agency (Ziegler 2014) zu verstehen ist. Als spezialisierte und gesundheitsbezogene Fachsozialarbeit trägt schließlich die Klinische Sozialarbeit (Pauls 2013) zu sowohl einer Ausdifferenzierung von sozialer Diagnostik als auch zur Entwicklung und Evaluation von Beratungs- und Behandlungsprozessen bei. In diesem Sinne leistet die Soziale Arbeit einen wesentlichen Beitrag (Liel 2019) zur weiteren Differenziertheit der sozialen Dimension des bio-psycho-sozialen Modells.

1.6 Theoretische Konzepte der Sozialen Arbeit als Grundlage für eine gelingende Suchtprävention

Im Folgenden werden drei zentrale theoretische Konzepte vorgestellt, die mit ihren Inhalten neben der Alltagspraxis für professionelle Fachkräfte der Sozialen Arbeit in der Beratung und Behandlung von Menschen mit Substanzgebrauchsstörung vor allem auch eine hohe Relevanz für eine gelingende Suchtprävention aufweisen.

1.6.1 Empowerment und Selbstbefähigung

Betroffene mit Substanzgebrauchsstörungen sowie deren Angehörige werden bis heute nach wie vor marginalisiert und stigmatisiert, wodurch sich die Abhängigkeitsproblematik häufig gar noch verschlimmern kann und Barrieren sowie Zugangshürden zur Inanspruchnahme von Hilfeangeboten geschaffen werden (Schomerus et al., o. J.). Anstelle von Abwertung und Ausgrenzung müssen Wertschätzung und Befähigung (Empowerment) im Fokus der Prävention, Behandlung und dem alltäglichen Umgang mit Substanzgebrauchsstörungen stehen (ebd.). Empowerment verfolgt das Ziel, Menschen zu befähigen, ihre Kompetenzen und Fertigkeiten zu verbessern, um ihre soziale Lebenswelt und ihr Leben selbstbestimmt zu gestalten (Brandes/Stark 2021). Demnach besteht die Aufgabe von Fachkräften der Gesundheitsförderung und der Sozialen Arbeit darin, Bedingungen zu schaffen, die eine ‚Selbstbemächtigung‘ der Betroffenen unterstützen, um ein eigenverantwortliches Leben zu führen. Empowerment verkörpert v. a. einen ressourcenorientierten Ansatz (Herriger 2020, S. 17), indem Ohnmacht und Hilflosigkeit aufgehoben werden sollen und das Ziel verfolgt wird, dass Betroffene sich durch ihre Stärken und Ressourcen wieder selbstwirksam erleben. Sowohl die Partizipation der Betroffenen als auch die Teilhabe und Gemeinschaftsbildung stellen weitere wesentliche Strategien des Empowerment-Prozesses dar. Als ein zentrales Konzept der WHO-Vision von Gesundheitsförderung gilt Empowerment seit der Alma-Ata-Erklärung und der Ottawa-Charta für Gesundheitsförderung, indem es dort heißt „Gesundheitsförderung zielt auf einen Prozess, allen Menschen ein höheres Maß an Selbstbestimmung über ihre Gesundheit zu ermöglichen und sie damit zur Stärkung ihrer Gesundheit zu befähigen. Um ein umfassendes körperliches, seelisches und soziales Wohlbefinden zu erlangen, ist es notwendig, dass sowohl Einzelne als auch Gruppen ihre Bedürfnisse befriedigen, ihre Wünsche und Hoffnungen wahrnehmen und verwirklichen sowie ihre Umwelt meistern bzw. sie verändern können." (WHO 1986, S. 1).

1.6.2 Der Ansatz der Lebensweltorientierung

Im Rahmen der Lebensweltorientierung werden die Analyse von gegenwärtig spezifischen Lebensverhältnissen mit pädagogischen Konsequenzen verbunden – wobei das Zusammenspiel von Problemen und Möglichkeiten sowie von Stärken und Schwächen im sozialen Feld betont wird (Thiersch et al. 2012, S. 175). Das Konzept der Lebensweltorientierung kann dabei als Antwort auf eine spezifische Sicht von Lebensverhältnissen mit institutionellen und methodischen Konsequenzen bezeichnet werden. Innerhalb der Lebensweltorientierung wird ein Blick auf die Adressat:innen, auf Institutionen, auf die Gesellschaft sowie auf die Profession der Sozialen Arbeit als Wissenschaftskonzept gerahmt (ebd.).

Von Thiersch (1996) werden im Rahmen der Lebensweltorientierung fünf zentrale Dimensionen für eine sozialarbeiterische Theoriebildung formuliert (Schilling; Klus 2022, S. 144): Die *Lebenswelt der Adressat:innen* bildet hierbei die erste Dimension – die Soziale Arbeit muss die Lebensverhältnisse kennen, um deren Alltag nachvollziehen zu können. Dieser Alltag bietet die Grundlage für Fachkräfte, um Stärken und Ressourcen, aber auch Problemlagen und Schwierigkeiten zu erkennen. Das zweite zentrale Hauptstück bezieht sich auf die Frage nach der *gesellschaftlichen Funktion* von Institutionen und Interventionsformen der Sozialen Arbeit. Hierin wird das Ziel verfolgt, die sozialpolitischen und sozialstaatlichen Aufgaben der Unterstützung in den Lebensverhältnissen umzusetzen und gleichzeitig die Gestaltung sozialgerechter Lebensverhältnisse im Sinne der Partizipation vom Staat einzufordern (Nohl 1949; Thiersch et al. 2012, S. 181). Das dritte Hauptstück bezieht sich auf die Frage nach der Herausbildung von spezifischen *Institutionen* einer Theorie der Sozialen Arbeit, womit die disziplinierenden sowie stigmatisierenden Mechanismen von spezifischen Institutionen und deren Leistungen kritisch analysiert werden können (Thiersch/Rauschenbach 1987, S. 1005). Das sozialarbeiterische Handeln im Sinne einer zunehmenden *Professionalisierung* sowie das *Wissenschaftskonzept* Sozialer Arbeit stellen die beiden weiteren Dimensionen für eine Theoriebildung dar. Die Fähigkeit der Sozialen Arbeit, ihr Handeln zu reflektieren, bildet hierbei das entscheidende Merkmal. Auf diese Weise soll Selbstkritik zum konstitutiven Merkmal von sozialarbeiterischer Handlungskompetenz werden (Schilling/Klus 2022, S. 145).

Wird die lebensweltorientierte Perspektive im Kontext der Substanzgebrauchsstörungen angewendet, versteht diese den Substanzkonsum zunächst als ein individuelles und spezifisches Deutungs- und Handlungsmuster, in und mit welchem Menschen ihr Leben gestalten. Mit Hilfe des Substanzkonsums versuchen Individuen folglich, sich mit den Anforderungen des Alltags in irgendeiner Weise zu arrangieren und zurechtzukommen (Thiersch 1996). Der Substanzkonsum wird durch dessen Funktionalität sowie unterschiedlich zugrundeliegende Motive und Hintergründe gefördert, die in engem Zusammenhang mit aktuellen sozialen und gesellschaftlichen Anforderungen des jeweiligen Individuums stehen. Vor dem Hintergrund unserer heutigen Leistungsgesellschaft können beispielsweise leistungssteigernde Substanzen wie Kokain oder Amphetamine dabei unterstützen, mit diesen Anforderungen zurechtzukommen. Sedierende Substanzen können wiederum dabei helfen, gelassener und entspannter mit Stressempfinden und Belastungen sowie

Frustrationen umzugehen und diese zu kompensieren. Infolgedessen wird der Substanzkonsum in diesem Kontext als Handlungsmuster zur Alltagsbewältigung charakterisiert – wobei die täglichen Anforderungen des Individuums gleichzeitig die gegenwärtigen gesellschaftlichen Verhältnisse und Herausforderungen abbilden (Laging 2023, S. 32). Thiersch (1996) erklärt die Ambivalenz des Alltags folgendermaßen: Auf der einen Seite bieten Substanzen eine Funktionalität im Sinne der Alltagsbewältigung. Auf der anderen Seite können sie hingegen beschneidend und hinderlich bei Entwicklungsmöglichkeiten wirken. Der Substanzkonsum sollte folglich immer im Kontext der Lebensbewältigung betrachtet werden. Für die Prävention bedeutet dies, sich auf eine lebensweltliche und alltagsorientierte Stabilisierung zu fokussieren (ebd.), wobei der Selbstbestimmung des Individuums bei der Entwicklung von Hilfeangeboten eine hohe Wichtigkeit beigemessen wird.

1.6.3 Die Theorie der Lebensbewältigung

Im Rahmen der sozialpädagogischen Theorie der Lebensbewältigung von Lothar Böhnisch (2016) wird die Entwicklung einer Substanzgebrauchsstörung zwar ebenfalls in den Kontext des Bewältigungsverhaltens gestellt, welches dennoch auf andere Art und Weise ausgedeutet wird als in der Theorie der Lebensweltorientierung nach Thiersch (Laging 2023, S. 32). Vor über 30 Jahren wurde das Konzept der Lebensbewältigung entwickelt, wobei der Grundstein mit der ersten Veröffentlichung „Lebensbewältigung" mit Werner Schefold (1985) gelegt wurde. Nach Böhnisch wird Bewältigungsverhalten im Rahmen von drei Dimensionen betrachtet. Im Kontext der *psychodynamischen Dimension* werden das Erleben und die Verarbeitungsprozesse von Individuen beschrieben. Unter der *sozio-dynamischen/interaktiven Dimension* werden Bewältigungskulturen von Familien, Institutionen wie der Schule und der Arbeitswelt gefasst und im Kontext der *gesellschaftlichen Dimension* wird Bewältigungsverhalten in einen Zusammenhang mit sozialpolitischen Lebenslagen gestellt (Böhnisch 2016, S. 11f.). Das sogenannte Bewältigungsverhalten setzt nach Böhnisch erst in kritischen sowie schwierigen Lebenslagen und -konstellationen ein – d.h. genau dann, wenn die eigenen bisherigen Ressourcen der Problembewältigung nicht mehr ausreichend erscheinen und folglich die psycho-soziale Handlungsfähigkeit des Individuums bedroht oder beeinträchtigt ist (ebd., S. 20). Diese Einschränkung wird als existenzbedrohlich erlebt und die Wiederherstellung der Selbstwirksamkeit scheint nicht mit einem sozial konformen Verhalten erreichbar zu sein. Infolgedessen werden abweichende Verhaltensmuster entwickelt, die nicht selten destruktiver Natur sind und gleichzeitig eine Antwort auf die Hilflosigkeit des Selbst repräsentieren. Werden diese erlebte Hilflosigkeit im Rahmen der existenzbedrohenden Situation und die damit in Verbindung stehenden Gefühle nicht bearbeitet, kommt es zu Abspaltungsprozessen, die unbewusst stattfinden (Böhnisch 2016, S. 21–26).

Böhnisch beschreibt diesen Prozess der Abspaltung insbesondere im Zusammenhang mit der Alkoholgebrauchsstörung bei Männern, indem die Erfahrung des Kontrollverlustes bei der Entwicklung hin zu einer Abhängigkeitserkrankung den entscheidenden Bruch darstellt. In diesem Kontext versagt das Bewältigungsprinzip der Kontrolle auf zweierlei Weise – zum einen als männliches Bewältigungsprinzip in Form von Hilflosigkeitserfahrungen und zum anderen bei der Kontrolle über das eigene Trinkverhalten. Der Betroffene trinkt folglich weiter, um das Erleben des Kontrollverlusts nicht bewusst spüren zu müssen, wodurch der Realitätsverlust den doppelten Kontrollverlust noch ergänzt. Das abhängige Trinkverhalten stellt in diesem Sinne den Versuch dar, die unbewussten Abspaltungsprozesse nicht an die Oberfläche gelangen zu lassen und sie stattdessen im Bereich des Unbewussten verharren zu lassen (Böhnisch 2016, S. 173f.; Laging 2023, S. 34).

Beide aufgeführten Konzepte betonen die hohe Bedeutsamkeit der Funktionalität für die Nachvollziehbarkeit des Substanzkonsums und der Entwicklung hin zu einer potenziellen Substanzgebrauchsstörung (Laging 2023, S. 34). Auch beruhen beide Ansätze auf dem Paradigma der Bewältigung, wobei dieses jedoch auf unterschiedliche Weise ausgelegt wird. Bei Thiersch geht es um die Alltagsbewältigung und bei Böhnisch handelt es sich um die Bewältigung von Krisen und existenziellem Hilflosigkeitserleben. Eine sowohl soziale als auch gesellschaftliche Verortung der Bewältigungsanforderungen findet sich in beiden Ansätzen wieder. Der Fokus bei Thiersch liegt auf der Art und Weise, wie gesellschaftliche Bedingungen den Substanzkonsum herausfordern, wohingegen bei Böhnisch tiefere Einblicke in das Erleben und Erleiden einer Substanzgebrauchsstörung in Anlehnung an die abgespalteten Hilflosigkeitserfahrungen von zentraler Bedeutung sind.

1.7 Zentrale Zielachsen in der Suchthilfe

Die nachhaltige Veränderung des Substanzkonsums bildet den Dreh- und Angelpunkt des in der Suchthilfe breiten Zielspektrums bei der Behandlung von Substanzgebrauchsstörungen, da ohne diese eine positiv ausgerichtete Entwicklung in anderen Problem- und Lebensbereichen der Betroffenen nahezu ausgeschlossen ist. Die damit in Verbindung stehenden Zielsetzungen können von der Überlebenssicherung und der Stabilisierung der sowohl körperlichen als auch psychischen Verfassung über die Teilhabe am Leben in der Gemeinschaft – einschließlich der Wiederherstellung der Erwerbsfähigkeit oder der Neuausrichtung sozialer Lebensbezüge – bis hin zur Erhöhung der allgemeinen Lebenszufriedenheit reichen (Schwoon 2005).

Zentrale Zielachsen (Körkel/Nanz 2016) stellen im Hinblick auf die Veränderung des Substanzgebrauchs die lebenslange Abstinenz, die Konsumreduktion sowie die Schadensminimierung dar. Das Paradigma dieser zieloffenen Suchtarbeit verbindet jene aufgeführten Zieloptionen und beginnt die Behandlung an den substanzspezifischen Zielintentionen der Betroffenen. Die Zielachsen werden im Folgenden – anlehnend auch an die unterschiedlichen Zielsetzungen im Rahmen der Suchtprävention – anschaulich skizziert.

1.7.1 Das Abstinenz-Paradigma

Abstinenzbehandlungen stellen zu Recht einen wichtigen Bestandteil des Suchthilfesystems dar (Körkel/Nanz 2016), denn mit Erreichen einer Abstinenz geht in der Regel ein breites Spektrum an positiven Folgen für Menschen mit Substanzgebrauchsstörungen einher. Die körperlichen und psychischen Verfassungen verbessern sich, Betroffene fühlen sich wieder zunehmend selbstwirksam, gewinnen Selbstvertrauen, fühlen sich wieder befähigt, am Erwerbsleben teilzunehmen und gewinnen im Allgemeinen eine deutlich höhere Lebensqualität. Nicht selten werden wieder zunehmend mehr abstinenzförderliche soziale Kontakte gepflegt, die Freizeitgestaltung richtet sich wieder gesundheitsförderlicher aus und auch sozialrechtliche Schwierigkeiten und Problemlagen werden im Rahmen der Abstinenz bearbeitet und nehmen folglich ab. Eine Bandbreite an Unterstützungsangeboten und Hilfemaßnahmen findet mittlerweile Verwendung, um eine Abstinenz zu erreichen und aufrechtzuerhalten (Leune 2014), die von Selbsthilfegruppen über ärztliche oder therapeutische Kurzinterventionen bis zu ambulanten, teilstationären und stationären Möglichkeiten der Beratung, Entzugs- sowie Entwöhnungsbehandlungen und Nachsorgevarianten reichen. Das Abstinenzziel gilt jedoch im nationalen Suchthilfesystem – ausgenommen der niedrigschwelligen Suchthilfe, oftmals als einzig legitimes Ziel im Rahmen der Suchtbehandlung. So lautet der Tenor nach wie vor in der medizinischen Rehabilitation von Abhängigkeitserkrankungen sowie in Selbsthilfegruppen. Dies ist allerdings mit der Problematik verbunden, dass viele Menschen mit Substanzgebrauchsstörungen sich ein gänzlich tabak-, alkohol- oder substanzfreies Leben nicht vorstellen können. Die Gründe hierfür können wiederum vielfältig sein (Körkel 2015), indem z. B. die lebenslange Abstinenz nicht dem angestrebten Lebensstil entspricht, ein mehrfaches Scheitern mit Abstinenzbehandlungen erfolgt ist oder die Abstinenz einfach überfordernd erscheint. Auch in der Suchtprävention darf Abstinenz folglich nicht das einzige Ziel darstellen – vielmehr muss die Entwicklung einer Risiko- sowie Konsumkompetenz sowie ein verantwortungsbewusster Umgang mit psychotropen Substanzen gefördert werden.

1.7.2 Harm Reduction und Safer Use

Die Ausrichtung aller Präventions-, Beratungs- Therapieangebote und -maßnahmen allein am Abstinenzziel schließt einen Großteil von Menschen aus, die dieses Ziel für sich nicht, nicht mehr, oder noch nicht verfolgen. Allerdings ist ein Großteil des Suchthilfesystems in Deutschland ausschließlich auf Abstinenz als alleiniges Ziel ausgerichtet. Dies ist sehr eindimensional und entspricht nicht mehr der Vielfalt und Diversität unserer Gesellschaft und den vielfältigen Bedürfnissen ihrer Mitglieder. ‚Kontrollzuwachs' und ‚Kontrollgewinn' – ohne den Substanzgebrauch ganz aufgeben zu müssen/wollen, sind neue Zielsetzungen, die vom Drogenhilfesystem angeboten werden müssen.

In den frühen 80er-Jahren des letzten Jahrhunderts hat sich eine akzeptanzorientierte und niedrigschwellige Drogen- und Suchthilfe entwickelt, die vor allem Ziele der Schadensminimierung wie die Überlebenssicherung und die Verringerung von Gesundheitsgefährdungen impliziert – zunächst nur im Bereich der Infektionskrankheiten von HIV oder Hepatitis – später in fast allen Bereichen der Substanzgebrauchsstörungen (auch gegenüber legalen Drogen). Alltägliche Aufgaben umfassen hierbei u.a. die Ausgabe von Safer-Use-Informationen sowie von sterilem Injektionszubehör, Spritzentausch und die medizinische Akut- und Notfallbehandlung (Körkel/Nanz 2016). Eine hohe Relevanz besitzt die frühzeitige Kontaktaufnahme (Stöver 2009) zu den (vor allem für sich) problematisch konsumierenden Substanzgebrauchenden der niedrigschwelligen Angebote in Form von Kontaktläden und Gesundheits-/Konsumräumen, der ambulanten Wundversorgung, infektionsprophylaktischen Maßnahmen, Streetwork oder auch Wohn- und Übernachtungsprojekten. ‚Akzeptanz' ist in diesem Sinne bedeutsam mit einer Haltung, wonach der Substanzgebrauch als persönliche Entscheidung des/der Bürger:in betrachtet werden muss – demzufolge es um eine „Beteiligung der Betroffenen durch die Einbeziehung ihrer Kompetenz, um Bemündigung und um einen zieloffenen Dialog in einer Behandlungspartnerschaft" geht (Stöver 2008). Lange Zeit erfolgte eine kritische Betrachtung und Anfechtung der Beschränkung auf Angebote der Schadensminimierung ohne den Auftrag der Vermittlung in weiterführende Hilfeangebote für intrinsisch motivierte Substanzgebrauchende, die beispielsweise eine Konsumreduktion anstrebten (Körkel et al. 2011; Körkel/Waldvogel 2008). Die Forderungen nach ebenfalls gezielten Interventionen für weitergehende beraterische, therapeutische oder medizinische Behandlungen mit dem Ziel einer gesundheitlichen Stabilisierung durch beispielweise die Substitutionsbehandlung in Verbindung mit psychosozialer Betreuung, die Vermittlung in Entzugsbehandlungen sowie die Unterstützung bei der sozialen Reintegration werden mittlerweile jedoch weitestgehend gut umgesetzt. Für chronisch Mehrfachabhängige sowie auf multiple Weise geschädigte und sozial desintegrierte sowie langjährige Substanzkonsumierende besitzt die niedrigschwellige und akzeptanzorientierte Suchtarbeit v. a. eine hohe Wichtigkeit zur Überlebenshilfe (Körkel/Nanz 2016) und bildet folglich einen unverzichtbaren Bestandteil im Gesundheits- und Suchthilfesystem.

1.6.3 Die Konsumreduzierung

Verhaltenstherapeutische Selbstkontrollprogramme (wie z.B: KISS: Kontrolle im selbstbestimmten Substanzkonsum[1]), pharmakologische Behandlungen sowie Selbsthilfegruppen implizieren bereits seit mehreren Jahren Behandlungsansätze zur Reduktion des Substanzkonsums (Körkel 2014; Mann/Körkel 2013). Hierdurch werden Substanzgebrauchende angesprochen, die eine Veränderung ihres Substanzkonsums anstreben, aber dennoch keine abstinente Lebensweise beabsichtigen. Eine Konsumreduktion soll dabei so weitreichend stattfinden, dass sowohl akute und chronische Schädigungen durch eine Alkoholintoxikation als auch juristische und soziale Folgen minimiert werden (Toumbourou et al. 2005). Deutlich mehr Menschen sind zu einer Konsumreduktion im Vergleich zu einer Abstinenz bereit, zudem weisen Reduktionsbehandlungen die gleiche Effektivität wie Abstinenzbehandlungen auf – dies ergaben verschiedene Studien und Metaanalysen. Bei der Behandlung von Alkohol (Walters 2000; Körkel 2015) sowie von illegalen Substanzen (Körkel et al. 2011; Körkel/Verthein 2010) und nicht zuletzt auch bei Tabak (Hughes 2000; Hughes/Carpenter 2005) konnten diese Resultate nachgewiesen und belegt werden. Gleichzeitig repräsentieren Reduktionsbehandlungen für 10–30 % der Betroffenen eine Brücke für einen Übergang in die Abstinenz (Körkel et al. 2011; Körkel 2015). Dennoch und trotz des scheinbar hohen Potenzials werden Reduktionsansätze und -behandlungen nach wie vor

---

1 https://www.idh-frankfurt.de/kiss (Letzter Aufruf am 30.8.2023.).

nicht als ein Regelangebot im Suchthilfesystem mit aufgenommen (Unger 2014). Das fehlende Angebot der Abstinenzreduktion hält jedoch mit hoher Wahrscheinlichkeit einen Teil der Substanzgebrauchenden davon ab, therapeutische Unterstützung überhaupt aufzusuchen und in Anspruch zu nehmen – so dass durch das Suchthilfesystem bisher vermutlich nur ein geringer Anteil der Betroffenen auch erreicht wird (Kohn et al. 2004).

Der Ansatz des reduzierten Trinkens als mögliches Therapie- und Behandlungsziel als Alternative zur Abstinenz bei Alkoholgebrauchsstörungen unterliegt bereits seit mehreren Jahren einer kontrovers geführten Diskussion und Debatte. Unschlüssig bleibt dabei, ob sich die Erreichbarkeit der Betroffenen durch eine Flexibilisierung der Therapieziele tatsächlich verbessern lässt. Von fachlicher Seite wird zum einen nach wir vor die Abstinenz als das „beste anzustrebende Therapieziel" benannt (van Amsterdam; van den Brink 2013; Mann et al. 2016). Zum anderen ergeben sich von den im Beratungskontext befragten Betroffenen deutliche Wünsche in Richtung des mengenreduzierten Konsums als Behandlungsziel. Ein optimaler Weg (Bischof et al. 2019) könnte infolgedessen in einer indikationsgesteuerten Flexibilisierung der Therapiezielfindung und -anwendung bestehen sowie in einem möglicherweise stufenweisen Umsetzen einer angemessenen Zielannäherung im individuellen Einzelfall. Zum Erreichen optimaler Behandlungsansätze sollten darüber hinaus – unabhängig vom zunächst vereinbarten konsumbezogenen Therapieziel – entsprechende Zugangsschwellen gesenkt werden. Entsprechend muss sich auch die Suchtprävention auf die Befähigung einzelner Individuen zum bewussten und verantwortungsvollen Umgang mit psychotropen Substanzen konzentrieren und Menschen mit dem Ziel einer Abstinenz in diesem Vorhaben bestärken (AWO Bundesverband e.V. 2020).

Fragen und Übungen

1. Welche Ziele und Arbeitsansätze verfolgt die Soziale Arbeit in der Suchthilfe?
2. Erläutern Sie Ihren Kommiliton:innen das bio-psycho-soziale Modell der Sucht.
3. Was wird unter dem Begriff ‚Empowerment' verstanden?
4. Grenzen Sie das Abstinenz-Paradigma vom Ansatz der Harm Reduction ab. Wie unterscheiden sich die beiden Zielachsen im Rahmen der Suchthilfe?

Weiterführende Literatur

Stöver, H. (2009): Akzeptierende Drogenarbeit weiterentwickeln. Leitmotive akzeptierender Drogenarbeit. In: Sozial Extra 33, H. 33. DOI:10.1007/s12054–009–0108–2.

Thiersch, H./Grunwald, K./Köngeter, S. (2012): Lebensweltorientierte Soziale Arbeit. In: Thole, W. (Hrsg.): Grundriss Soziale Arbeit. Wiesbaden: Springer VS Verlag für Sozialwissenschaften, S. 175–196.

Tretter, F. (2020): „Bio-psycho-soziales Modell" – Steckbrief und Perspektiven. In: Gaßmann, R. (Hrsg.): Sucht: bio-psycho-sozial. Die ganzheitliche Sicht auf Suchtfragen: Perspektiven aus Sozialer Arbeit, Psychologie und Medizin. Stuttgart: Kohlhammer, S. 13–24.

Vongehr, S. (2022): Suchthilfe. In: Vongehr, S. (Hrsg.): Suchthilfe und Suchtprävention als Aufgabe des Öffentlichen Gesundheitsdienstes. Wiesbaden: Springer, S. 31–44.

2 Präventionskonzepte – Definitionen

Zusammenfassung

Das Kapitel gibt einen Überblick über verschiedene Präventionskonzepte und differenziert zwischen den unterschiedlichen Interventionsformen der Krankheitsprävention und der Gesundheitsförderung. Im Rahmen beider Präventionskonzepte werden sowohl Prinzipien der Wirksamkeit erläutert sowie die Klassifikationen in ,Primär-, Sekundär- und Tertiärprävention' dargelegt als auch die Systematik der universellen, selektiven und indizierten Prävention veranschaulicht. In diesem Zusammenhang werden jeweilige Schutz- sowie Risikofaktoren benannt. Der Drogennotfall-Prophylaxe als eigenständiges Präventionskonzept wird ein eigenes Unterkapitel gewidmet, bevor abschließend eine erste Unterscheidung und Definition zur Verhaltensprävention auf der einen Seite und Verhältnisprävention auf der anderen Seite gegeben wird.

Die beiden Begrifflichkeiten der Krankheitsprävention und Gesundheitsförderung beschreiben Handlungsschritte und Formen der Interventionen und des gezielten Eingreifens von Akteur:innen, um Einfluss auf sich abzeichnende oder bereits eingetretene Verschlechterungen der Gesundheit bei einzelnen Personen oder spezifischen Gruppen der Bevölkerung zu nehmen (Hurrelmann et al. 2018, S. 24). Dennoch beziehen sich die Begriffe auf unterschiedliche Bezugsrahmen und werden sowohl in der nationalen als auch internationalen Fachliteratur nicht einheitlich verwendet. Während die Krankheitsprävention auf einem pathogenetischen Wirkungsprinzip beruht, geht es bei der Gesundheitsförderung um ein Handeln auf salutogenetischer Ebene. Infolgedessen werden sie, differenziert voneinander betrachtet, definiert.

2.1 Interventionsform der Krankheitsprävention

Infobox

Von großer Bedeutung ist hierbei die auf den Medizinsoziologen Aaron Antonovsky (1987) zurückgehende Unterscheidung in Pathogenese und Salutogenese:

Die Pathogenese erklärt Gesundheit aus der Perspektive der Entstehung von Krankheit und entspricht dem medizinischen Modell in dem Sinne, dass Risikofaktoren verringert werden.

Die Salutogenese hingegen erklärt Gesundheit aus der Perspektive der Entstehung von Gesundheit und impliziert die Stärkung von Schutzfaktoren (Franke 2012, S. 169; Uhl 2005)

Eine Strategie zur Vermeidung oder Verringerung von Krankheiten wird als Krankheitsprävention – oftmals auch verkürzt als Prävention – bezeichnet (Vongehr 2022, S. 27). Sie stellt im Vergleich zur Gesundheitsförderung das wesentlich ältere Konzept dar und impliziert im Gegensatz zur Gesundheitsförderung ein eher *biomedizinisches Gesundheitsmodell*. Entsprechend ist die Krankheitsprävention enger mit der Medizin verknüpft bzw. entwickelte sie sich aus der Sozialmedizin des 19. Jh. und wird folglich auch als medizinische Prävention bezeichnet (Naidoo/Wills 2019, S. 133). Das Eingreifen und Intervenieren konzentriert sich hierbei auf das Verhindern und Abwenden von Risiken für das Eintreten und die Ausbreitung von Krankheiten. Die Kenntnis pathogenetischer physiologischer sowie psychischer Dynamiken und somit das Wissen über Entwicklungs- und Verlaufsstadien des Krankheitsgeschehens stellen hierbei die Voraussetzung für ein zielbestimmtes Intervenieren dar (Hurrelmann et al. 2018, S. 24). Vor allem aus den Reihen innovativer Bereiche der Medizin sowie etwaigen naturwissenschaftlichen Disziplinen wurden erste Ansätze eines vorbeugenden, prophylaktischen und präventiven Handelns formuliert (Abholz 2006).

2.1.1 Prinzipien der Wirksamkeit

Der Krankheitsprävention liegt die Annahme zugrunde, dass eine zukünftige Entwicklung des Krankheitsgeschehens individuell und kollektiv vorhersehbar ist, so dass die Interventionsform auf einer Zukunftsprognose beruht. Diese wiederum baut auf der Abschätzung der Eintrittswahrscheinlichkeit des unerwünschten Ereignisses Krankheit auf. Die zentrale Auffassung hierbei besteht darin, dass gezielte Interventionen zur Abwendung des Eintritts der Krankheit und ihren Folgen dann eingeleitet werden können, wenn die Voraussetzungen für das Eintreten der Krankheit früh erkannt und die Regeln des Krankheitsverlaufs antizipiert werden (Franke 2012). Die Erfolgsmessung der präventiven Intervention wiederum orientiert sich am Ausmaß der Minderung oder Verhinderung des zu erwartenden Krankheitsausbruchs oder sich verschlimmernden Krankheitsverlaufs (Dietscher/Pelikan 2016). Von Relevanz für die Auslösung der Interventionshandlungen ist dabei das Wissen um die sogenannten Risikofaktoren, die nachweislich bei der Entstehung und beim Verlauf einer Krankheit Relevanz besitzen. Darüber hinaus lassen sich verschiedene Stadien benennen, in denen anhand der identifizierten Risikofaktoren eingegriffen werden kann. Die Stadien lassen sich im Sinne der primären, sekundären und tertiären Prävention differenziert veranschaulichen und werden im Folgenden skizziert.

2.1.2 Die Klassifikation „Primär-, Sekundär- und Tertiärprävention"

Klemperer unterscheidet in seinem triadischen Modell (2020) Prävention anhand von drei Gesundheitszuständen in die Kategorien „primär", „sekundär" und „tertiär". Die Kategorien lassen sich in Bezug auf ihren Ursprung jedoch zeitlich noch deutlich weiter zurückführen. Zunächst wurde von der Commission on Chronic Illness (CCII) im Jahr 1957 eine zweistufige Einteilung in Primär- und Sekundärprävention vorgeschlagen, die dann 1964 von Caplan um die Tertiärprävention ergänzt wurde.

Primäre Prävention richtet sich an gesunde Menschen und versucht durch die Information und Beratung bestimmter Risikogruppen die Entstehung einer Erkrankung zu verhindern. Beispielsweise fallen Impfungen und Vorsorgeuntersuchungen oder die Gesundheitsaufklärung in Schulen und Betrieben unter primärpräventive Aktivitäten. Im Kontext der Substanzgebrauchsstörungen wird hierbei die allgemeine Prophylaxe an unselektierten Personengruppen verstanden.

Sekundäre Prävention verfolgt das Ziel, gesundheitsschädigende Verhaltensweisen zu verändern, um die Erkrankungsdauer zu verkürzen sowie ein Fortschreiten der Erkrankung zu verhindern. Diese Krankheitsfrüherkennung richtet sich an

Menschen, die sich zwar gesund fühlen, keine Krankheitssymptome aufweisen oder zeigen, jedoch bereits erkrankt sind. Die Sekundärprävention kann somit als Prophylaxe an Hochrisikogruppen vor der Krankheitsmanifestation eingeordnet werden. Beispielhafte Interventionen hierfür sind u.a. die Aufklärung über Medikamenteneinnahmen oder die Ernährungsberatung für Diabetiker.

Tertiäre Prävention versucht die Lebensqualität Betroffener und bereits erkrankter Menschen zu verbessern, indem sie die aus irreversiblen Erkrankungen entstehenden Leiden und Komplikationen mildert und die biologischen, psychischen und sozialen Krankheitsfolgen durch medizinische Behandlung, Psychotherapie und soziale Unterstützung mindert. Folglich werden Maßnahmen nach der Krankheitsmanifestation der Tertiärprävention zugeordnet. Eine weitere Unterteilung der Tertiärprävention kann zwischen den Behandlungsmaßnahmen (Tertiärprävention Typ A) und der Rückfallprophylaxe (Tertiärprävention Typ B) vorgenommen werden (Uhl 2005; Klemperer 2020).

2.1.3 Das System universell, selektiv und indiziert

Das System von „universell", „selektiv" und „indiziert" repräsentiert eine weitere wichtige Klassifizierung von Präventionsmaßnahmen und hat das zuvor vorgestellte und eher medizinisch orientierte Klassifikationssystem der „primären", „sekundären" und „tertiären" Prävention abgelöst, indem es sich eher an den Lebenswelten der Adressat:innen orientiert und ausrichtet (Laging 2020, S. 130). Folglich wird Prävention in dieser Klassifizierung an der Ausprägung des Risikos der Zielgruppe und der damit einhergehenden Spezifität der Maßnahmen kategorisiert (Vongehr 2018, S. 28) und lässt sich auf Gordon (1983) zurückführen.

1. **Universelle Prävention** richtet sich hierbei an die gesamte Bevölkerung oder umschriebenen Zielgruppen der Bevölkerung, deren Mitglieder ein sehr unterschiedliches Risiko für eine spätere Substanzgebrauchsstörung aufweisen. Adressat:innen können hierbei z. B. eine Klassengemeinschaft oder die Gesamtbevölkerung eines Landes darstellen.

2. **Selektive Suchtprävention** richtet sich an bestimmte Zielgruppen, deren Mitlieder statistisch gesehen ein erhöhtes Risiko für eine spätere substanzbezogene Störung aufweisen. Beispielsweise kann es sich hierbei um Kinder aus suchtbelasteten Familien handeln oder um spezifische Berufsgruppen, die besonders leichten Zugang zu Betäubungsmitteln haben – wie u.a. Ärzt:innen oder Pflegekräfte.

3. **Indizierte Prävention** richtet sich an Zielgruppen, bei welchen bereits ein Risikoverhalten in Form eines z. B. riskanten oder missbräuchlichen Konsums von psychotropen Substanzen festgestellt wurde und negative Folgeerscheinungen wahrscheinlich oder erkennbar sind. Hierbei könnte es sich u.a. um Personen handeln, die wegen Fahrens im intoxikierten Zustand auffällig geworden sind.

Allgemein wird die Suchtprävention heute als die Beeinflussung der Risiko- und Schutzfaktoren verstanden, welche die Lebenswelten der Menschen sowie sie selbst prägen und kennzeichnen (Laging 2020, S. 129). Entsprechend lassen sich auch die bereits erwähnten Risikofaktoren, die maßgeblich als Auslöser für die verschiedenen präventiven Interventionen dienen, wiederum klassifizieren und – wie im Folgenden veranschaulicht – in verschiedene Gruppen einteilen.

2.1.4 Kategorisierung der Risikofaktoren

Risikofaktoren sind Eigenschaften bzw. Bedingungen, welche die Wahrscheinlichkeit erhöhen, dass Menschen Problemverhalten zeigen bzw. ausbauen. Je stärker ausgeprägt Risikofaktoren und je zahlreicher diese Risikofaktoren kumuliert auftreten, desto höher ist die Wahrscheinlichkeit einer Gefährdung. Sowohl in der Gesellschaft, den Gemeinden oder Schulen als auch in Familien, bei Peers oder den einzelnen Personen selbst können Risikofaktoren bestehen. Hierbei kann es sich z. B. um eine leichte Erhältlichkeit von Substanzen handeln, um einen geringen sozialen Zusammenhalt oder dysfunktionale Familienstrukturen, um das Fehlen tragfähiger Bindungen oder aber um einen Mangel an sozialen, kognitiven oder psychischen Kompetenzen wie z. B. einer geringen Impulskontrolle oder Frustrationstoleranz. Allgemein lassen sich Risikofaktoren in vier Gruppen einteilen und können auf unterschiedliche Weise im weiteren Zeitverlauf zu einer Erkrankung führen. Hierbei lassen sich unterscheiden:

1. *Genetische, physiologische und psychische Anlagen* wie z. B. vererbte Stoffwechselstörungen, genetisch mitbedingte ungünstige Verteilung von Fettgewebe oder die Belastung des Organismus durch oxidativen Stress. Im Kontext einer Alkoholmissbrauchsstörung kann z. B. die genetische Disposition zur Bildung von Enzymen zur Metabolisierung des Alkohols auf Makroebene einen weiteren Risikofaktor in dieser Kategorie darstellen.

2. *Behaviorale Dispositionen* wie u.a. substanzorientierte Verhaltensweisen (Zigarettenrauchen, schädlicher Alkoholkonsum), fettreiche Ernährung, wenig Bewegung sowie körperliche Inaktivität und Übergewicht/Adipositas.

3. *Psychische Expositionen* wie u.a. dauerhafte Überlastungen und Stresszustände, Konflikte in der Partnerschaft und Familie.

4. *Ökologische Expositionen* wie z. B. eine erhöhte Strahlenbelastung durch Uranerze, eine chronische Belastung durch Luftverschmutzung, Lärmbelastungen, Schichtarbeit, chronische berufliche Stressbelastung, Belastungen neuer Arbeitsformen usw. (Hurrelmann et al. 2018, S. 26; Sperrlich/Franzkowiak 2022; Reis 2016).

Zu berücksichtigen ist hierbei, dass in der Regel nicht ein einzelner, genau zu bezeichnender Faktor als wiederum eindeutige Erklärung für das Entstehen eines Gesundheitsproblems identifiziert werden kann. Folglich ermöglichen es Risikofaktoren, einen bestimmten Krankheitszustand auf einen oder mehrere Ausgangsfaktoren oder -bedingungen zu beziehen und auf diese Weise die Bedeutung einer kumulativen bzw. spezifischen Kombination zu erkennen (Hurrelmann et al. 2018, S. 76).

2.2 Interventionsform der Gesundheitsförderung

Der Begriff der Gesundheitsförderung (Health Promotion) ist deutlich jünger und entwickelte sich aus den gesundheitspolitischen Diskussionen der Weltgesundheitsorganisation (WHO). Konkret wurde das Konzept der Gesundheitsförderung bei einer Konferenz in Ottawa (WHO 1986) im Rahmen einer Debatte über Umsetzungsstrategien des Gesundheitsbegriffs etabliert. Die Gesundheitsförderung kann als eine Promotionsstrategie bezeichnet werden, durch die Menschen eine Verbesserung ihrer Lebensbedingungen erleben sollen und damit wiederum eine Stärkung der gesundheitlichen Entfaltungsmöglichkeiten („Empowerment") (Hurrelmann et al. 2018, S. 24). Die Gesundheitsförderung implementiert hierbei alle Interventionen, die der Verbesserung der gesundheitsrelevanten Lebensbedingungen der Bevölkerung dienen – wobei die ökonomischen, ökologischen, kulturellen und sozialen Bedingungen der Lebensgestaltung einzelner Personen oder bestimmter Bevölkerungsgruppen fokussiert werden. Die Voraussetzung des Intervenierens besteht auch hier in einem fundierten Wissen über salutogenetische Dynamiken und somit den Entwicklungs- und Verlaufsformen für das Gesundsein und Gesundbleiben (ebd., S. 24). Ein Gesundheitsverständnis, welches die Gesundheit und nicht die Krankheit ins Zentrum der Maßnahmen stellt, ist hierbei grundlegend.

Das Konzept der Salutogenese von Antonovsky (1987) kann in diesem Sinne als Erweiterung des bio-psycho-sozialen Krankheitsmodells eingeordnet werden – indem es versucht nachzuvollziehen, wie und warum Menschen trotz Belastungen und Risiken aus dem bio-psycho-sozialen Spektrum gesund bleiben (Laging 2023, S. 21). Durch diese Anschauung wurde dazu beigetragen, dass Menschen nicht länger auf dichotome Weise in gesund und krank klassifiziert wurden. Durch dieses neue multidimensionale Gesundheits-Krankheits-Kontinuum (Pauls 2013, S. 103; Razum/Kolip 2020, S. 23) wurden neue relevante Perspektiven für die Anschauung einer Substanzgebrauchsstörung und den damit einhergehenden Bewältigungs- und Genesungsmöglichkeiten geschaffen. Demnach gewann die Identifizierung und Stärkung der gesunden Anteile an Bedeutung, womit sich der ressourcenorientierte Ansatz zu einem zentralen Ausgangspunkt für Genesung etablierte (Laging 2023, S. 21). Die Bewahrung und Stabilisierung von Gesundheit sowie die Verbesserung und Steigerung der Gesundheitspotenziale von sozialen Bevölkerungsgruppen stellen hierbei wichtige Ziele dar. Akteur:innen der Gesundheitsförderung stellen dabei nicht nur die Gesundheitsfachberufe dar – im Sinne von Public Health besteht die Aufgabe von allen Professionen und Berufen in der Analyse und Weiterentwicklung ihrer Arbeit unter gesundheitsförderlichen Aspekten (Vongehr 2022, S. 26). Die Unterstützung bei der Arbeits- oder Wohnungssuche eines Menschen mit Substanzgebrauchsstörung im Rahmen der z. B. medizinischen Rehabilitation verfolgt hierbei nicht nur die Intention, dem Wunsch einer Person nach sicherem Wohnraum und einem festen Beschäftigungsverhältnis nachzukommen. Aus der gesundheitsförderlichen Perspektive kann sowohl eine feste Arbeitsstelle als auch ein sicherer und eigener Wohnraum für die Person einen Gesundheitsgewinn darstellen, der sich wiederum positiv auf den psychischen Zustand dieser auswirkt.

2.2.1 Prinzipien der Wirksamkeit

Genau wie die Krankheitsprävention zielt auch die Gesundheitsförderung auf einen Gesundheitsgewinn und somit auf eine verbesserte Qualität der Befindlichkeit von Adressat:innen einer Intervention ab – im Vergleich zu Personen, die keine Intervention erfahren. Auf diese Weise impliziert die Gesundheitsförderung ein vergleichbares Wirkungsprinzip wie die Krankheitsprävention, indem in eine vorhersagbare Verlaufsdynamik von menschlichen Befindlichkeiten eingegriffen wird (Hurrelmann/Richter 2013, S. 150). Da gesundheitsförderliches Handeln auf salutogenetischer Basis erfolgt, werden entsprechend keine Risikofaktoren minimiert oder ausgeräumt. Hingegen werden Schutzfaktoren und Ressourcen gestärkt, die als Voraussetzung für eine verbesserte Gesundheitsentwicklung gelten (Hurrelmann et al. 2018, S. 27). Das vorrangige und übergeordnete Ziel besteht folglich darin, frühestmöglich den zu erwartenden Verlauf der Entwicklung des gesunden Zustands eines Menschen oder einer Gruppe mit der Intention zu beeinflussen, ein höheres Niveau des Gesundheitszustandes zu erreichen, als es ohne die Intervention wahrscheinlich gewesen wäre. Die Herstellung eines höheren als des ursprünglich zu erwartenden Gesundheitsstandes präsentiert hierbei folglich den Gesundheitsgewinn (Naidoo/Wills 2010; Loss/Warrelmann/Lindacher 2016).

2.2.2 Schutzfaktoren und Ressourcen

Den bereits aufgeführten Risikofaktoren stehen sogenannte Schutzfaktoren bzw. Ressourcen gegenüber, die protektiv gegen die Entwicklung von Krankheiten wirken und jene negativen Auswirkungen von Risikofaktoren abmildern oder kompensieren können. Im salutogenetischen Sinne werden demnach Schutzfaktoren fokussiert, welche Menschen trotz Risiken und Belastungen gesund erhalten – womit das Konzept der Resilienz angesprochen wird. Dabei sind sie nicht nur in Abhängigkeit zu Risikofaktoren zu betrachten, sondern fördern auch in deren Abwesenheit das Wohlbefinden. Schutzfaktoren können in personale und in soziale bzw. familiäre Ressourcen unterteilt werden (Altgeld/Kolip 2018).

Unter *personalen Ressourcen* können gesundheitsförderliche Persönlichkeitsmerkmale bzw. individuelle Lebenskompetenzen wie z. B. eine hohe Selbstwirksamkeitserwartung, eine optimistische und zuversichtliche Lebenshaltung, eine positiv ausgerichtete Zukunftserwartung und die Fähigkeit zum Erleben positiver Emotionen verstanden werden sowie günstige und funktionale persönliche Stile der Bewältigung von Lebensanforderungen (Rönnau-Böse et al. 2022; Ravens-Sieberer et al. 2018).

> **Merke**
>
> - *Risikofaktoren* sind Bedingungen, die die Entwicklung oder Beibehaltung einer Substanzgebrauchsstörung befördern.
> - *Schutzfaktoren* stellen Bedingungen dar, die Wirkungen vorhandener Risiken mindern oder aufheben (Reis 2012).

Soziale und familiäre Ressourcen umfassen die mobilisierbaren sozialen Beziehungen zu Freunden und dem sozialen Umfeld, da eine gute Integration in soziale Beziehungen auch mit einer hohen sozialen Kompetenz sowie mit einer Kompetenz zur präventiven und vorbeugenden Bewältigung gesundheitlicher Krisensituationen einhergeht. Auf diese Weise kann die Auftretenswahrscheinlichkeit belastender Situationen minimiert werden. Gleichzeitig kann psychische und praktische Hilfe durch soziale Unterstützung in Krisen- und Belastungssituationen wiederum zu einer produktiven und funktionalen Verarbeitung der Anforderungen führen und dazu beitragen, negative Auswirkungen zu reduzieren. Soziale Ressourcen können darüber hinaus die Fähigkeit stärken, mit bereits eingetretenen schweren Gesundheitsstörungen und Erkrankungen umzugehen (Berkmann 1995; Kolip/Lademann 2016). Soziale Unterstützung kann dabei unterschiedliche Formen annehmen – so kann es sich hierbei um Partnerschaften, Sozialbeziehungen am Arbeitsplatz oder ein Netz sozialer Bindungen im privaten Bereich handeln. Im Kindesalter sind hierbei außerdem eine gute Bindung zu den Eltern sowie Strukturen und Regeln im familiären Alltag zu benennen oder auch unterstützende Beziehungen zu pädagogischen Fachkräften in Kindertageseinrichtungen oder Schulen (Fröhlich-Gildhoff/Rönnau-Böse 2022).

Die Gesundheitsförderung hat es sich auf Grundlage des Salutogenese-Modells entsprechend zum Auftrag gemacht, an diesen Schutzfaktoren anzusetzen, um sie zu fördern und damit das Wohlbefinden und die Gesundheit zu steigern.

2.3 Drogennotfallprophylaxe

Drogennotfälle aufgrund von bewusst oder unbewusst erfolgten Überdosierungen oder gestrecktem, falsch deklariertem oder fehlerhaft kommuniziertem Substanzkonsum sind weitverbreitete Phänomene – im Grunde sind sie unmittelbar mit jedem Substanzkonsum verbunden. Experimentierkonsum kann die Grenze zwischen ‚Genuss und Gefahr‘ überschreiten. Die Krankenhauseinlieferungen junger/heranwachsender Menschen aufgrund einer Alkoholintoxikation sprechen Bände (siehe HaLt – Daten; Härtl et al. 2021). Aber auch im alltäglichen Gebrauch durch Erwachsene kann ein Drogennotfall aufgrund körperlicher Beeinträchtigungen (v. a. im Alter), psychischer Vulnerabilität etc. erfolgen. Ein Beispiel ritueller Berauschung und oftmaligen Drogennotfalls ist die größte Massenintoxikation der Welt, das Oktoberfest in München. Drogennotfall ist also in vielen Fällen ein Normalfall, der entweder durch die soziale Kontrolle Mitkonsumierender oder Außenstehender unterhalb einer medizinischen Behandlung oder nur durch schnelle professionelle Hilfe durch den Rettungsdienst bzw. Intensivstationen der Krankenhäuser aufgefangen wird.

In Bezug auf Alkohol und Überdosierung lässt sich zwar eine zunehmende gesellschaftliche Sensibilisierung und Aufmerksamkeit feststellen, doch noch immer bestehen zu wenig präventive Safer Use-Botschaften und präventives strategisches Gegensteuern gegen ‚unbeabsichtigte‘ Überdosierungen.

In Bezug auf Alkoholüberdosierungen bestehen angesichts der Größe des Problems erstaunlicherweise wenig evidenzbasierte Maßnahmen. Neben den verhaltensorientierten Programmen „Kenn Dein Limit" und v. a. „HaLt" (siehe Kapitel 8.2), in dem die Überdosierungen Jugendlicher/Heranwachsender noch während der Krankenhausbehandlung durch Sozialarbeiter:innen/Psycholog:innen angesprochen werden, besteht eine große Bandbreite verhältnisorientierter Maßnahmen, die an kulturelle, soziale und technische Schutzmechanismen unserer Alkoholkultur anknüpfen und die uns vor unbeabsichtigten Schädigungen durchaus bewahren können: Diese unterschiedlichen Mechanismen reichen etwa von der Sicherstellung einer hohen und kontrollierten Produktqualität und -kennzeichnung, über die Reflexion des Alkoholgehalts der jeweiligen Getränke durch die Größe der entsprechenden Gläser (Schnaps-, Wein-, Bierglas) und die Sicherstellung von medizinischer Versorgung bei Volks-, Schützen- oder Oktoberfesten bis hin zu den (so wichtigen) kulturellen und erfahrungsgeleiteten Regeln, Ritualen und Normen, die uns einen weitgehend unproblematischen Konsum ebenso ermöglichen wie einen mehr oder weniger kontrollierten Kontrollverlust durch die Erzeugung eines Rausches (vgl. hierzu auch Marzahn 1994). Unsere Alkoholkultur ist so betrachtet die zentrale Basis, auf die Konzepte von Gesundheitsförderung und Harm Reduction aufbauen könnten (Schmidt-Semisch/Stöver 2012). Und doch fehlen (interaktive) Hinweise auf Flaschenetiketten, Warnhinweise, Aufklärungsbotschaften, klarere Kennzeichnung der Standard-Trinkmengen etc., um unbeabsichtigte Drogennotfälle weiter einzuschränken.

In Bezug auf Opioidüberdosierungen bestehen mittlerweile klare evidenzbasierte Präventionsstrategien. Das European Monitoring Center for Drugs and Drug Addiction (EMCDDA) in Lissabon hat eine klare Strategie der vorwiegend verhältnispräventiv orientierten Interventionen ausgegeben (EMCDDA 2018): An erster Stelle stehen die Einrichtung von Drogenkonsumräumen und die Mitgabe des Antidots ‚Naloxon‘, an zweiter Stelle die risikoreduzierenden Interventionen (Halten in Opioidsubstitutionsbehandlungen, Risikoabschätzungen in Therapie und Gefängnissen und Verbesserungen des Wissens über Überdosierungen). Schließlich geht es darum, die Vulnerabilität Opioidkonsumierender durch niedrigschwellige Drogenhilfeangebote zu reduzieren – auch auf der Straße, um den Zugang zu Diensten zu erleichtern – sowie eine unterstützende Umgebung zu schaffen (durch das Ausräumen von Barrieren zum Behandlungszugang, Empowerment der Drogengebraucher:innen selbst und einen Public-Health-Ansatz größeren Umfangs).

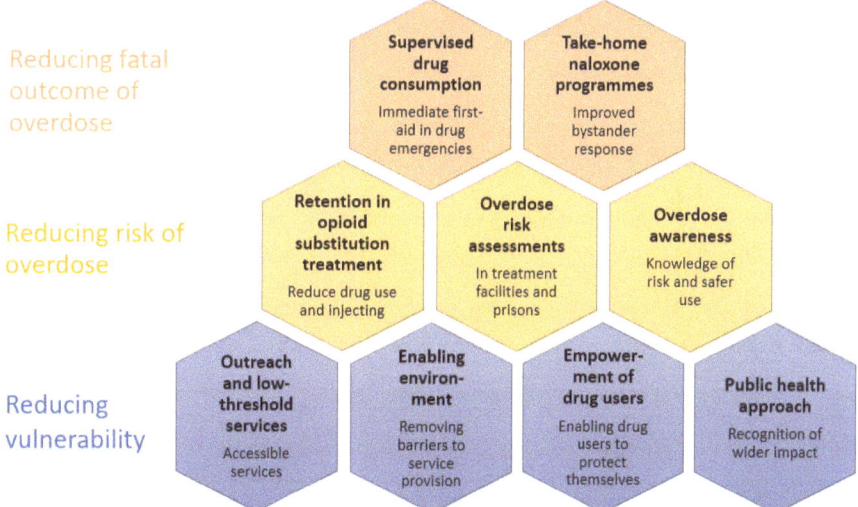

Abbildung 2: Interventions to reduce opioid-related deaths, z.D. Interventionen zur Verringerung opioidbedingter Todesfälle. Quelle: EMCDDA 2018.

Die EMCDDA hat dazu umfangreiche Materialien und Videos entwickelt.[2] Die beiden Kernelemente der zentralen Drogennotfallprophylaxe-Strategie werden im Folgenden kurz erläutert. Sie beinhaltet einen Mix aus verhaltens- und verhältnisorientierten Maßnahmen (siehe hierzu auch Kapitel 2.4)

2.3.1 Drogenkonsumräume und Harm-Reduction Maßnahmen

Eine der beiden zentralen, von der EMCDDA empfohlenen Strategien zur Prävention von Drogennot- und -todesfällen sind Drogenkonsumräume (DKR). Sie sind eine sinnvolle ‚sekundärpräventive' Ergänzung im bestehenden Drogenhilfesystem, die einerseits als Überlebenshilfen dienen und andererseits die Möglichkeit erweitern, individuelle Lebensperspektiven mit und ohne Drogen zu entwickeln. Das Ziel der Konsumräume ist es, zur Risikominimierung des Konsums illegaler Drogen beizutragen, Todesfällen durch Überdosierung vorzubeugen und besonders gefährdete Drogenkonsumierende mit Einrichtungen der Suchtbehandlung und anderen Gesundheits- und Sozialdiensten in Kontakt zu bringen (Brückenfunktion).

Gleichzeitig sollen die Angebote sozialverträglich und lokalpolitisch verankert werden. Die Zielgruppe der Konsumräume sind im Prinzip alle Konsument:innen von illegalen Drogen, obwohl die Mehrheit der Konsument:innen hauptsächlich aus schwer kranken und sozial benachteiligt älteren Drogenabhängigen besteht.

---

2 https://www.emcdda.europa.eu/topics/pods/preventing-overdose-deaths_en (Letzter Aufruf am 30.8.2023.).

Anonymität bei der Nutzung von Konsumräumen ist Voraussetzung für deren Akzeptanz. Drogenkonsumräume bewegen sich im Spannungsfeld zwischen verbraucherorientierter Gesundheitspolitik und kommunaler Ordnungspolitik.

Ein hierarchischer Kompromiss zwischen Verbraucherinteresse, Gesundheitspolitik und regulatorischem Interesse ist erforderlich. Mit ihren niederschwelligen und akzeptanzorientierten Kontaktmöglichkeiten bilden die Angebote der Konsumräume eine Brückenfunktion zu weiteren Angeboten der gesundheitlichen und psychosozialen Betreuung. Konsumräume sollten daher organisatorisch in ein soziales und medizinisch orientiertes Hilfesystem der Gemeinde/Region eingebettet sein (Stöver/Michels 2019/2020). Das folgende Servicemodell stellt die präventiven Potenziale und die Einbettung in das lokale Hilfesystem von Drogenkonsumräumen sehr gut dar.

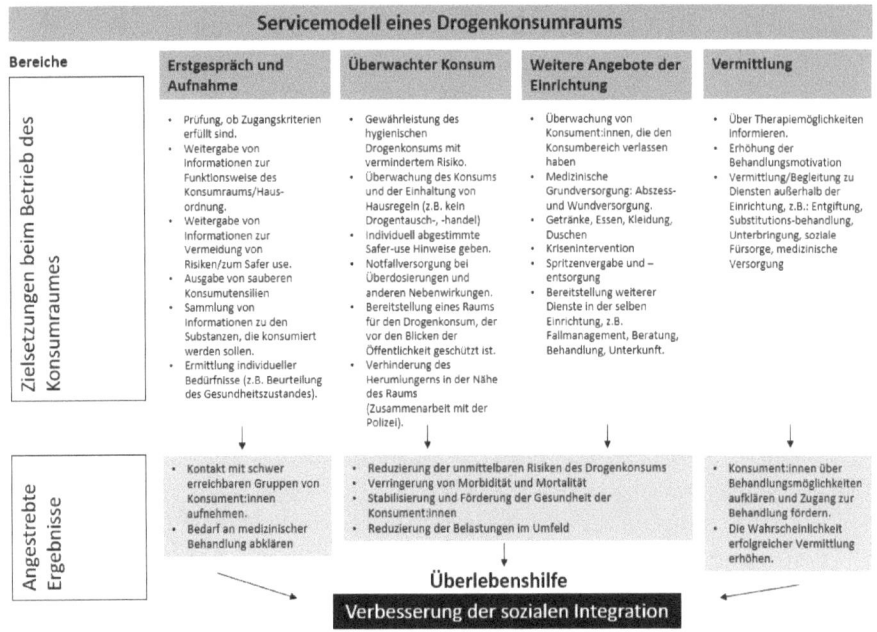

Abbildung 3: Servicemodell eines Drogenkonsumraums. Quelle: Hedrich 2019/2020, in: Stöver/Michels 2019/2020, S. 203.

In Deutschland bestehen zurzeit 30 Drogenkonsumräume, allerdings nur in 8 Bundesländern und dort auch nicht flächendeckend (Schäffer 2019/20, S. 212ff.).[3]

2.3.2 Take-Home-Naloxon

Die zweite zentrale Strategie beinhaltet die Vergabe von Take-Home-Naloxon. Bei einer Überdosierung mit Opioiden erleidet die betroffene Person eine Atemdepres-

---

3 https://www.drogenkonsumraum.de/de. (Letzter Aufruf am 30.8.2023.).

sion. Naloxon kann in wenigen Minuten die potenziell tödliche Atemdepression aufheben und damit das Leben der betroffenen Person retten (Strang et al. 2019). Naloxon verdrängt die Opioide von den Rezeptoren, bleibt aber selbst wirkungslos. Die Anwendung von Naloxon, ohne dass Opioide an einer Überdosierung beteiligt sind, bleibt folgenlos. Durch den Ruf eines Rettungswagens wird die betroffene Person so schnell wie möglich in die Hände von Ärzt:innen und Rettungssanitäter:innen übergeben.

In Deutschland ist Naloxon ein verschreibungs- und apothekenpflichtiges Medikament. Die Indikation für eine Verschreibung ist gegeben, wenn eine Opioidabhängigkeit vorliegt oder sich die Person in einer Substitutionsbehandlung befindet. Naloxon ist erstattungsfähig und kann zu Lasten der gesetzlichen Krankenkassen verschrieben werden. Seit 2018 ist Naloxon als Nasenspray auch in Deutschland verfügbar und die Anwendung durch Laien ist dadurch einfacher und sicherer geworden (Schäffer 2020; Fleißner et al. 2023).

Die Zahl der drogenbezogenen Todesfälle in Deutschland ist in den letzten 10 Jahren gestiegen. Im Jahr 2021 waren 1.826 Drogentodesfälle zu verzeichnen (Der Beauftragte der Bundesregierung für Sucht und Drogenfragen 2021), ein Jahr später derer 1.990 (Der Beauftragte der Bundesregierung für Sucht und Drogenfragen 2022). Die Steigerung der drogenbedingten Todesfälle um mehr als 100 % in den letzten 10 Jahren führt allen die Dramatik der Lage vor Augen. Der Anteil der Todesfälle im Zusammenhang mit Opioiden ist stets die häufigste Todesursache. Die flächendeckende Umsetzung von Take-Home-Naloxon kann in Zukunft Todesfälle vermeiden. Das bedeutet, dass Laien in der Anwendung von Naloxon geschult und anschließend mit Naloxon ausgestattet werden. Take-Home-Naloxon ist nachweislich eine wirkungsvolle Maßnahme zur Vermeidung von opioidbedingten Drogentodesfällen (Olsen et al. 2018).

Insgesamt ist Take-Home-Naloxon eine wirksame Maßnahme zur Reduktion von Drogentodesfällen. In Anbetracht der seit Jahren steigenden opioidbedingten Todeszahlen (1.990, Stand 2023; Statista Research Department 2023a) kann Take-Home-Naloxon Leben retten und vermeidbare Todesfälle durch Opioidüberdosierungen verhindern. Take-Home-Naloxon ist dabei nur eine von verschiedenen Harm Reduction-Maßnahmen, die sich gegenseitig ergänzen und bleibt in Deutschland noch weit hinter ihrem Potenzial zurück: V. a. fehlt eine flächendeckende Einführung von Take-Home-Naloxon in allen Bundesländern. Naloxon rettet Leben!

2.3.4 Opioidsubstitutionsbehandlung

Die Behandlung Opiatabhängiger mit Hilfe einer pharmakologischen Behandlung (Substitutionstherapie/-behandlung) wurde vom Pharmakologen Vincent Dole und der Psychiaterin Mary Nyswander entwickelt, die 1963 am New Yorker Rockefeller Hospital begannen, Drogenabhängige mit Methadon zu behandeln. Sie fanden heraus, dass mit einer Gabe von Methadon der spezifische Opioidrezeptor blockiert ist, und ein weiterer Opiatkonsum keine Wirkung mehr erzeugen kann und daher keinen Sinn mehr macht. Die Erfolge des Dole-Nyswander-Projekts führten 1970 in den USA zur Anerkennung der Methadonbehandlung als einer zweckmäßigen Behandlungsmethode (Gastpar et al. 1998). Seitdem breitete sich diese Therapieform in den USA rasch aus.

Die Substitutionsbehandlung ist Teil einer umfassenden Behandlung Opiatabhängiger. Es ist nicht Ziel dieser Therapie, eine abhängige Person zum Aufgeben des Opiatkonsums zu bewegen, sondern sie richtet sich vielmehr sekundärpräventiv an Personen, die noch nicht oder nicht mehr für eine abstinenzorientierte Behandlung bereit sind. Die medikamentengestützte Therapie dient daher der Vermeidung oder der Reduktion der negativen Folgeerscheinungen der Abhängigkeitserkrankung.

In Europa startete das erste Methadonprogramm 1966 in Schweden (Uppsala), das eng an das Dole-Nyswander-Modell angelehnt war. In der Schweiz ist die Substitutionsbehandlung mit Methadon und anderen Medikamenten seit mehr als 30 Jahren fester Bestandteil des Therapieangebots für Opiatabhängige. Auch in anderen europäischen Ländern wurde im Laufe der 70er Jahre die Substitutionsbehandlung eingeführt: In den Niederlanden existiert beispielsweise ein vielfältiges Angebot mit unterschiedlichen Zugangsschwellen und Rahmenbedingungen. Heute befinden sich in der Schweiz und in den Niederlanden mehr als 50 % der Heroinabhängigen in einer Substitutionsbehandlung.

Im Gegensatz zu diesen internationalen Erfahrungen ist die Methadonsubstitution in der Bundesrepublik Deutschland eine relativ junge Therapieform zur Behandlung von Heroinabhängigen. Erst zu Beginn der 90er-Jahre setzte sie sich über spezielle Erprobungsvorhaben in einzelnen Bundesländern durch. Es kann deshalb von einem „Sonderfall Deutschland" gesprochen werden, der darauf zurückzuführen ist, dass Politik, Ärzteschaft und Drogenhilfe jahrzehntelang einseitig dem Konzept der stationären Langzeittherapie mit Abstinenzziel anhingen. Diese Abstinenzorientierung fand ihren Niederschlag in einem therapeutischen Ausschluss der Methadonbehandlung. Es bestanden solche rechtlichen und standesärztlichen Restriktionen, die einem Methadonverbot gleichkamen.

Jahrelang stand in Deutschland nur das linksdrehende, etwa doppelt so stark wirkende Levomethadon als L-Polamidon® für die Verschreibung zur Verfügung. Erst seit 1994 ist das international verwendete Methadon auch bei uns verkehrs- und verschreibungsfähig. Als weitere Substanz kann seit dem Jahr 2000 Buprenorphin zu Substitutionszwecken in Deutschland verschrieben werden. Seit 2015 ist auch die Substitution mit retardierten Morphinen in Deutschland zulässig.

Auch diese Ausweitung möglicher Substitutionsmittel trug zu einem weiteren Anstieg der Substituiertenzahlen in Deutschland bei (gegenwärtig bei ca. 81.000 und damit 50 % der geschätzten Zahl von Opioidgebraucher:innen in Deutschland; Statista 2023b).

Zwischen 2001 und 2007 wurde das „Modellprojekt zur heroingestützten Substitutionsbehandlung" in sieben Städten Deutschlands durchgeführt. Im Rahmen der klinischen Studie wurden die Effekte der Diamorphinbehandlung im Vergleich zur Substitution mit Methadon im langfristigen Verlauf untersucht. Die positiven

Ergebnisse des Modellprojekts bildeten die Grundlage der in Deutschland im November 2009 erfolgten Zulassung von Diamorphin (Diaphin®) zum Einsatz in der Substitutionsbehandlung der Opiatabhängigkeit. Sowohl im deutschen Modellprojekt als auch in internationalen Studien – z. B. in Kanada, Spanien und Großbritannien – zeigte sich die Überlegenheit der Diamorphinbehandlung gegenüber der oralen Methadonbehandlung in Hinblick auf die Haltequote und der gesundheitlichen Stabilisierung. Zudem reduzierte sich der Konsum von illegalem Heroin in fast allen durchgeführten Studien gegenüber der Methadongruppe signifikant (Verthein/Löbmann o. J.).

Seit dem 1. Oktober 2010 ist die Diamorphinbehandlung zu Lasten der Gesetzlichen Krankenversicherung (GKV) in Deutschland abrechenbar. Die aktuelle Versorgungslage Opiatabhängiger bezüglich der Behandlung mit Diamorphin ist heute nicht ausreichend. Laut Bericht zum Substitutionsregister 2022 entfallen lediglich 1,5 % aller verabreichten Substitutionsmittel auf die Substanz Diamorphin. Aktuell werden Patient:innen in lediglich 14 Diamorphinambulanzen in Deutschland behandelt: Berlin (Patrida), Berlin (Praxiskombinat), Bonn, Düsseldorf, Frankfurt, Hamburg, Hannover, Karlsruhe, Köln, München, Stuttgart, Unna, Wuppertal und Iserlohn. Seit 2010 sind lediglich sieben neue Ambulanzen eröffnet worden, die nicht zu den ursprünglichen sieben Modellstädten und Einrichtungen zu zählen sind.

Behandlungsziele/-durchführung

Die Behandlungsziele der Opioidsubstitution leiten sich ab aus den suchtbedingten körperlichen, psychischen und interaktionell-sozialen Störungen. Sie umfassen:

1. Die Behandlung und Bewältigung von suchtbedingten körperlichen, psychischen und sozialen Störungen sowie Suchtfolgeerkrankungen. Dazu gehören:
   - Die Beendigung des Abstinenzsyndroms und die Wiederherstellung von Kontrollerleben gegenüber dem Suchtmittel,
   - die Behandlung der körperlichen Auswirkungen, Begleit- und Folgeerkrankungen, u.a. von chronischen Infektionen (Hepatitis, HIV) und Leberfunktionsstörungen,
   - die Reduzierung der mit dem abhängigen Opiatkonsum und der i. v.-Applikation einhergehenden besonderen Risiken wie Überdosierung und Infektionen im Sinne einer Sekundärprophylaxe;
2. Die Behandlung der suchtbedingten und suchtassoziierten psychischen Funktionsstörungen. Ziele sind hier:
   - Die Rückfallvermeidung und Vermeidung von Beikonsum durch Befähigung zum bewussten Umgang mit dem inneren Verlangen nach Substanzkonsum (Suchtdruck, Craving),
   - die Klärung individueller, das Craving und die Rückfallgefährdung bahnender Mechanismen. Da bei den substanzbezogenen Störungen Gedanken und Aktivitäten häufig auf die Substanzbeschaffung und den -konsum eingeengt sind, gleichzeitig andere Lebensbereiche vernachlässigt werden, ist die Überwindung des eingeengten Denkens und Handelns ein wichtiges Therapieziel.

Deshalb ist hier die Reduzierung der Häufigkeit und Schwere von Rückfällen und Beigebrauch ein entsprechend zentrales Therapieziel.

3. Die Behandlung von interaktionellen, psychosozialen und entwicklungsbedingten Störungen:

   – Die Bearbeitung basaler sozialer Defizite, die sich als Hinderungsgrund für ein selbständiges Leben auswirken (finanzielle Existenzsicherung, Schuldenregulierung, Wohnungsangelegenheiten etc.).

   – Bestehende juristische Probleme müssen mit Vorrang geklärt werden.

   – Die Gefährdung der Erwerbsfähigkeit durch die Suchtstörungen ist ein wichtiger Ausgangspunkt für die suchtspezifische Behandlung und das Erreichen bzw. Wiedererreichen von Arbeitsintegration als ein bedeutendes übergeordnetes Therapieziel.

Soziale Kontakte sowie familiäre und partnerschaftliche Bindungen sind bei opiatabhängigen Patient:innen häufig in hohem Ausmaß gestört: Soziale Kontakte sind durch den Drogenkonsum geprägt, häufig fehlen familiäre und partnerschaftliche Bindungen oder sie sind konfliktbehaftet. Die Behandlung zielt auf eine Bearbeitung der jeweiligen Konfliktbereiche.

Wenn der Drogenkonsum im Jugendalter begonnen wurde, bestehen zum erheblichen Teil Entwicklungsdefizite im schulischen und beruflichen Bereich. In diesem Fall besteht ein wichtiges Therapieziel in der Bearbeitung einer realistischen beruflichen Perspektive. Eine Voraussetzung ist die Entwicklung einer realistischen Selbsteinschätzung der eigenen Fähigkeiten und Leistungen. Angemessene Maßnahmen zur beruflichen Weiterentwicklung, gegebenenfalls Umschulungs- und Weiterbildungsmaßnahmen, müssen in der Therapie thematisiert und initiiert werden. Die z. T. erheblichen Unterschiede in Umfang und Art der psychosozialen Einbindung müssen hinreichend gewürdigt und im Behandlungsplan angemessen berücksichtigt werden.

Wie in allen Beratungs- und Behandlungsprozessen sind Ziele und Verfahren jeweils abhängig von den im Einzelfall diagnostizierten Störungen und Belastungen, dem Grad sozialer Integration, der Veränderungsmotivation und dem psychischen und sozialen Entwicklungsstand der Patient:innen. Trotzdem gibt es typische Schwerpunkte therapeutischer Gespräche. Sie beziehen sich bei den meisten Patient:innen auf den Loslösungsprozess von der Drogenszene und die Distanzierung zum bisherigen Drogenkontext; auf die Problematik eines fortbestehenden Beikonsums, eventueller Suchtverlagerung und der Funktion der Drogen; auf Beziehungsprobleme, Partnerschaft und Sexualität; auf die Probleme, mit Einsamkeit und Diskriminierung umgehen zu können sowie die Schwierigkeiten, sich neue Freundeskreise zu erschließen; auf die Schwierigkeiten, mit den eigenen Gefühlen und Schwächen umgehen zu können; auf die psychischen Beeinträchtigungen und Belastungen; auf die Entwicklung von Zukunftsperspektiven, den Umgang mit Leistungsdruck und Erwartungshaltungen Dritter sowie der Verbesserung der Ausbildungs- und Arbeitssituation.

Nachstehend werden typische Teilziele und Hilfestellungen genannt, die sich aus unterschiedlichen psychosozialen Ausgangssituationen und Motivationsstadien ergeben könnten:

Teilziele: Krisenhilfe und Wiederherstellung der elementaren materiellen und sozialen Existenzgrundlagen

Bei Abhängigen mit hoher Bindung an die Drogenszene und akuter, oft bereits über lange Zeiträume bestehender Verelendung und Verwahrlosung müssen zunächst elementare Voraussetzungen für eine geregelte Behandlung hergestellt werden:

- Regelmäßige und verbindliche Mitarbeit in der medizinischen Behandlung und bei interkurrenten medizinischen Behandlungen.
- Klärung der juristischen Situation und ggf. Hilfestellungen, um die Voraussetzungen für die Behandlung abzusichern: Z. B. offene Strafverfahren, Bewährungs- oder Therapieauflagen, ausländerrechtlicher Status.
- Kontaktaufnahme zur Staatsanwaltschaft, zum Gericht, zur Ausländerbehörde: Begleitung zu Terminen, Unterstützung bei der Beantragung oder Verhandlung über Rückstellung der Strafvollstreckung mit Therapieauflage etc.
- Absicherung und Stabilisierung des Lebensunterhalts und des sozialrechtlichen Status: Klärung von Anspruchsberechtigungen, Krankenversicherungsstatus, ggf. Sicherung medizinischer und sozialer Hilfen auf der Grundlage des Asylbewerber-Leistungsgesetzes.
- Wohnen: Vermittlung von Unterkunft oder provisorischen und ggf. betreuten Wohnmöglichkeiten, ggf. Anmeldung eines Wohnsitzes. Tagesaufenthalt und tagesstrukturierende Maßnahmen in Krisenzentren, Kontaktläden, Drogenambulanz.

Teilziel: Lösung aus der Drogenszene

- Wiederherstellung geregelter Wohnverhältnisse und Befähigung zum eigenständigen Leben in Wohnverhältnissen ohne Bezug zur Drogenszene.
- Entwicklung bzw. Verstärkung eines von der Drogenszene abgegrenzten sozialen Umfeldes, z. B. durch Förderung von gemeinsamen Freizeitaktivitäten und Selbsthilfeaktivitäten mit anderen Substituierten als „Milieu des Übergangs".
- Klärung bzw. Wiederherstellung und Erneuerung familiärer Bezüge, des Kontaktes zu Freunden und Bekannten; Bearbeitung von Störungen und Beziehungsmustern zu ‚Mit-Betroffenen', Beratung ggf. unter Einbeziehung von Angehörigen und Partner:innen.
- Schuldnerberatung und Schuldnerschutz mit dem Ziel, die Schuldendynamik zu begrenzen und die Spirale von Forderungen zu stoppen (Sichtung und Zusammenstellung der Forderungen, Kontaktaufnahme zu Gläubigern und Information über Einkommensstatus, Stundung von Forderungen).
- Aushilfe- und Gelegenheitsarbeiten, Jobbörse, den Voraussetzungen der Patient:innen angepasste Arbeitsprojekte. Mit Blick auf die Inanspruchnahme von

Leistungen nach dem Arbeitsförderungsgesetz sollte grundsätzlich die Meldung beim Arbeitsamt geprüft werden.

Teilziele: Rehabilitation und soziale Integration

- Berufliche Qualifizierungsmaßnahmen, Reintegration in Arbeitsverhältnisse. Schuldenregulierung mit Unterstützung von professioneller Schuldnerberatung und von „Resozialisierungsfonds".
- Themen der Beratung und Behandlung: Rückfallprävention, Bewältigung von Konflikten und emotionalen Krisen, soziale und kulturelle Verortung und Identität, Selbstwertgefühl und Selbstbewusstsein, soziale Kompetenz, Interessen und Werthaltungen, Verhaltensmuster in Beziehungen, biographische Belastungen, Traumata, Konflikte und Entwicklungsaufgaben.
- Beikonsum (komorbide substanzbezogene Störung in der Substitutionstherapie).

Opioidkonsument:innen bzw. Opioidabhängige leiden in großer Zahl unter komorbiden substanzbezogenen Störungen. Bei einem Großteil liegt zusätzlich noch eine Einzeldiagnose aufgrund des Konsums von Tabak, Cannabis, Kokain, Stimulanzien und/oder Benzodiazepinen vor. Dies verdeutlicht die erhebliche Mehrfachbelastung, die diese Personengruppe allein aufgrund des Konsums verschiedener Substanzen aufweist. Der zusätzlich bestehende Konsum von Substanzen neben der Opioidabhängigkeit, als ‚Beikonsum' bezeichnet, findet oft nicht die notwendige Beachtung der diesem Verhalten zugrundeliegenden Strukturen. Die Opioidsubstitution schafft es dabei lediglich, die Verwendung von Opioiden in eine medizinisch überwachte Bahn zu lenken und deren illegalen Konsum zu beenden, eine Veränderung der übrigen Drogenkonsumgewohnheiten ist damit nicht verbunden. Der Konsum weiterer Substanzen wird oftmals mit einem Versagen der Behandlung gleichgesetzt, wobei aber oft weder zwischen den verschiedenen Konsumformen noch der Intensität des Konsums unterschieden wird. Eine Mehrheit der Substituierten verringert den Konsum während der Behandlung oder verzichtet ganz darauf. Während vor allem der Heroin- und auch Kokainkonsum verringert wird, bleibt der Alkoholkonsum oft konstant oder wird noch intensiver betrieben. Der Konsum von Benzodiazepinen (BZD) – die Barbiturate spielen nur eine untergeordnete Rolle – findet sich vor allem bei Patient:innen mit starker Depressivität und häufigen Angstzuständen. Es kommt häufig zu Formen der Selbstmedikation, die zum Teil ärztlich in eine reguläre und kontrollierte Behandlung – oft mit Antidepressiva – überführt werden kann. Ein hochproblematischer Konsum findet sich bei Patient:innen mit starken psychischen Störungen und hoher Suizidalität. Hier kommt es gehäuft zu einem erheblichen parallelen Konsum von Heroin, Kokain, Benzodiazepinen und Cannabis.

Zu Beginn der Opioid-Substitution sind deshalb wiederholte Drogenscreenings erforderlich, um einen Überblick über verwendete Substanzen zu haben. Ist eine Stabilisierung des Behandlungsverlaufs erfolgt, können größere Kontrollintervalle gewählt werden. Bei ‚Take-home-Vergabe' ist regelmäßiges Drogenscreening aus eben jenem Aspekt heraus sinnvoll. Insbesondere ist darauf zu achten, dass eine

Einnahme des Substituts in Kombination mit Alkohol und/oder Sedativa zu Atemdepressionen und tödlicher Gefährdung führen kann.

Den Richtlinien entsprechend hat der/die Arzt/Ärztin eine sorgfältige Dokumentation darüber zu tätigen. Eine optimale Einstellung der Patient:innen mit dem Substitutionsmittel und seltene Dosierungsveränderungen verringern den zusätzlichen Konsum unabhängig von der Höhe der Substitutionsdosis. Häufige Veränderungen der Dosis erreichen hier hingegen keine Stabilisierung.

Insbesondere Mischintoxikationen ereignen sich aufgrund des Konsums von Benzodiazepinen und/oder Alkohol. Diesbezüglich stellt die offensichtlich durch nicht gerechtfertigte (ohne Indikation) getätigte ärztliche Verordnung von Benzodiazepinen an Abhängige eine anhaltende Gefährdung dar.

2.4 Verhaltens- und Verhältnisprävention

Auch hinsichtlich des gewählten strategischen Ansatzpunktes zur Erreichung von Veränderungen können Präventionsstrategien differieren. Die Herbeiführung von gesundheitlichen Veränderungen bei einzelnen Personen oder Bevölkerungsgruppen stellt zwar das vorrangige Ziel von Prävention dar. Dennoch können die entsprechenden Interventionen entweder direkt bei den Individuen und ihrem Verhalten ansetzen oder aber die Umwelt dieser Personen stellt den Ausgangs- und Ansatzpunkt der Prävention dar. In diesem Kapitel sollen die beiden Ansätze erstmals anhand zweier Definitionen zur Einordnung verhaltens- sowie verhältnispräventiver Maßnahmen differenziert werden.

2.4.1 Verhaltensprävention

Die Verhaltensprävention als personenorientierte Prävention (Uhl 2005) setzt folglich an der Beeinflussung von individuellem Risikoverhalten wie Rauchen oder Bewegungsarmut an sowie an der Motivation von Personen, medizinische Interventionen wie Impfungen oder Früherkennungsverfahren in Anspruch zu nehmen. Beispiele für verhaltenspräventive Maßnahmen in der Suchtprävention sind u.a. schulische Interventionsprogramme, die vor dem Einstieg in den Konsum von bspw. Tabak, Alkohol oder illegalen Substanzen schützen sollen. Diese Maßnahme fokussiert z. B. die Risiken des Tabak- und Alkoholkonsums und versucht auf diese Weise Kindern und Jugendlichen durch altersgerechte Angebote ein Bewusstsein über die negativen Folgen des Zigarettenrauchens und riskanten oder schädlichen Alkoholgebrauchs zu vermitteln. Eines der übergeordneten Ziele würde darin bestehen, zukünftig die Zahl der Raucher:innen zu senken, wodurch wiederum eine Verbesserung der Bevölkerungsgesundheit und eine Senkung der Gesundheitskosten erreicht werden soll. In bisherigen Studien haben sich allerdings die Effekte dieser verhaltenspräventiven Maßnahmen im Vergleich zu verhältnispräventiven Maßnahmen als eher gering erwiesen (Bühler et al. 2020).

2.4.2 Verhältnisprävention

Die Verhältnisprävention als umgebungsorientierte Prävention setzt hingegen an den Veränderungen von ökologischen, sozialen, ökonomischen oder kulturellen

Umweltbedingungen an, die für die Entstehung und Entwicklung von Krankheiten verantwortlich sind, diese ermöglichen oder auch begünstigen können. Beispielsweise fallen gesetzliche Verbote sowie bestimmte Altersbeschränkungen z. B. für den Verkauf von Alkohol oder Tabakprodukte unter verhältnispräventive Maßnahmen. Damit zielt Verhältnisprävention auf Strukturen ab und kann auch als strukturelle Prävention bezeichnet werden (Uhl 2005). Die Wirksamkeitsforschung empfiehlt beispielsweise im Hinblick auf eine gelingende Alkoholprävention als Weiterentwicklung und Stärkung von wirkungsorientierten Angeboten v. a. die Schaffung politischer Rahmenbedingungen, die die Verfügbarkeit von Alkohol und Alkoholwerbung einschränken (wie die Besteuerung von Alkohol, Heraufsetzung der Altersgrenze, Werbeverbote etc.) (Bühler et al. 2020). Zentrales Charakteristikum der Verhältnisprävention ist vor allem der Setting-Gedanke und somit der Einbezug der Umwelt in die Konzeptualisierung und Praxis von Gesundheitsförderung und Suchtprävention. Seit Beginn der 1990er-Jahre gehört dieser in die Theoriebildung der Suchtprävention. Allerdings konnte er sich konzeptionell mit Ausnahme der betrieblichen Suchtprävention nur wenig entfalten. Heute jedoch gilt der Setting-Ansatz als Schlüsselstrategie der Suchtprävention und wird nahezu in allen Förderprogrammen als Konzept eingefordert – wodurch letztlich auf die Wirkungsfelder Umwelt und Lebensbedingungen gezielt eingegangen wird (Laging 2018, S. 127).

> **Merke**
>
> **Verhaltensprävention**
> Die Einflussnahme auf den individuellen Gesundheitszustand oder auf individuelles Gesundheitsverhalten.
>
> **Verhältnisprävention**
> Die Einflussnahme auf Gesundheit/Krankheit durch Veränderung der Lebensbedingungen/Umwelt von Personen.

2.4.3 Das Präventionsindikatorensystem

Der zweite Präventionsbericht nach § 20d Abs. 4 SGB V der Träger der Nationalen Präventionskonferenz (2023) schafft Transparenz über das Engagement von deren Mitglieder sowohl zur Prävention und Förderung der Gesundheit als auch zur Sicherheit und Teilhabe in Lebenswelten wie Kommunen, Betrieben, Bildungs- oder auch Pflegeeinrichtungen. Aufgrund der komplexen und vielfältigen Verknüpfung der Einflussfaktoren auf Gesundheit und Krankheit eignet sich für eine bessere Nachvollziehbarkeit ihrer Wirkungsweise die Betrachtung anhand von Wirkungsketten. Diese beginnen am äußeren Rand bei den Rahmenbedingungen (upstream) und enden bei krankheitsbezogenen Endpunkten (downstream) (Abb. 4).

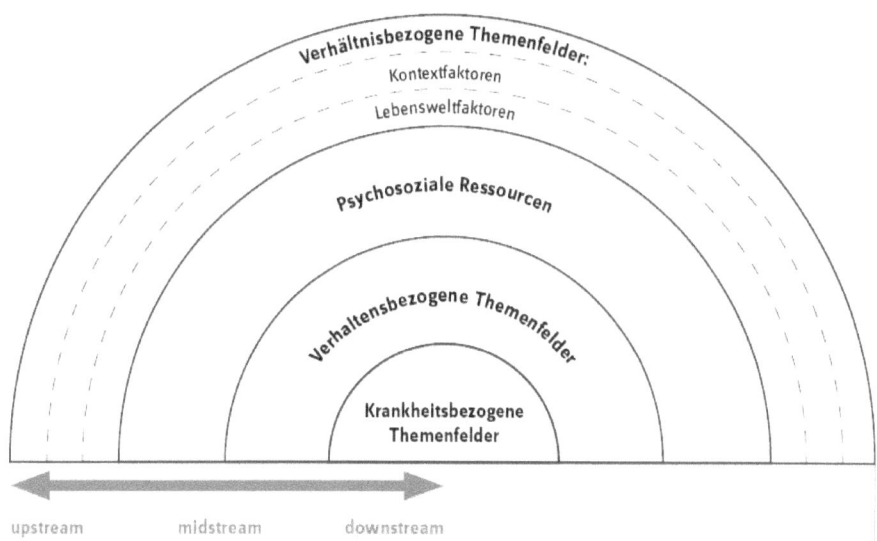

Abbildung 4: Mehrebenenmodell zur theoretischen Einordnung der Themenfelder der Präventionsindikatoren. Quelle: UAG Präventionsindikatoren (Unterarbeitsgruppe Präventionsindikatoren der Arbeitsgruppe Gesundheitsberichterstattung, Prävention, Rehabilitation und Sozialmedizin (AG GPRS) der Arbeitsgemeinschaft der Obersten Landesgesundheitsbehörden, 2021).

Die Kontextfaktoren lassen sich auf der äußeren Ebene der Verhältnisse verorten und beinhalten die politischen, gesellschaftlichen und kulturellen Rahmenbedingungen sowie die physische Umwelt. Die Bildungs-, Arbeits- und Wohnbedingungen, die kommunale Infrastruktur und Gesundheitsversorgung, das soziale Milieu, die Nachbarschaft und die Familie wiederum werden der darunterliegenden zweiten Verhältnis-Ebene der Lebensweltfaktoren zugeordnet (Turrell et al. 1999). Psychosoziale Ressourcen sowie verhaltensbezogene Einflussfaktoren sind auf der mittleren Ebene ersichtlich. Diese innere Ebene inkludiert letztlich Endpunkte, die sich auf gesundheitliche Outcomes beziehen (Krankheiten, Lebenserwartung und gesunde Lebenserwartung). Diesem Modell können entsprechend alle Themenfelder und Indikatoren des Präventionsindikatorensystems zugeordnet werden. Die Gesundheit wird folglich direkt und indirekt von den Verhältnissen auf den unterschiedlichen Ebenen beeinflusst. Dies geschieht durch Veränderung der darunterliegenden Ebenen oder durch die Prägung des Gesundheitsverhaltens – die wiederum z. B. durch die vorherrschende Esskultur, Produktwerbung und schließlich gesetzgeberische Maßnahmen erfolgt. Darüber hinaus findet eine Mitbedingung des Gesundheitsverhaltens durch individuelle psychosoziale Ressourcen und Belastungen statt. Auch diese stehen unter dem Einfluss der Verhältnisse sowie in engem Zusammenhang mit der individuellen Biografie. Darunter wird die Mitwirkung von erlernten Bindungsmustern, Vorbilder, Einflüsse der Peergroup oder auch Traumatisierungserfahrungen verstanden (Mielck/Wild 2021).

Wichtig hierbei zu verstehen und einzuordnen ist, dass je stärker verhältnisbezo-gene Determinanten einen ungünstigen Lebensstil fördern, desto schwieriger es auf Verhaltensebene (midstream) ist, einen gesunden Lebensstil im Hinblick auf Ernährung, Bewegung, Schlaf, Stressbewältigung sowie Alkohol-, Zigaretten- oder Substanzkonsum zu entwickeln oder beizubehalten. Ein Resultat dessen ist, dass in der Wirkungskette ein zusätzliches Risiko für weitere Erkrankungen besteht, wenn bereits zuvor psychische und/oder körperliche Erkrankungen vorliegen (Tur-rell et al. 1999).

Insgesamt 73 Präventionsindikatoren werden den Themenfeldern zugeordnet. In nachfolgender Tabelle soll eine umfassende Übersicht gegeben werden, wobei Ver-hältnisindikatoren sowohl in den Themenfeldern 1 und 2 (Kontext- und Lebens-weltfaktoren) als auch aufgrund inhaltlicher Zusammenhänge in den Themenfel-dern zu Ressourcen und Verhalten (Themenfelder 3–7) aufgeführt werden.

Nr.	Themenfeld	Indikatoren	
1	Kontextfaktoren (Verhältnisse)	1.1	Sozioökonomische Deprivation
		1.2	Alleinerziehende Familien
		1.3	Kinder und Jugendliche unter 15 Jahren in Bedarfs-gemeinschaften nach SGB II
		1.4	Schulabgängerinnen und Schulabgänger ohne Schulabschluss
		1.5	Arbeitslosenquote
		1.6	Kinderarmutsrisikoquote
2	Lebensweltfakto-ren (Verhältnisse)	2.1	Landesprogramme zur Gesundheitsförderung Schu-le
		2.2	Landesprogramme zur Gesundheitsförderung Kin-dertageseinrichtung
		2.3	Grad der Verstädterung
		2.4	Erholungsfläche
		2.5	Betriebliches Gesundheitsmanagement
3	Psychosoziale Ressourcen	3.1	Psychosoziale Ressourcen
		3.2	Soziale Unterstützung (Verhältnisindikator)
		3.3	Selbstwirksamkeitserwartung
		3.4	Subjektiv eingeschätzte gesundheitsbezogene Le-bensqualität
		3.5	Subjektiv eingeschätzte seelische Belastung
		3.6	Subjektive Stress-Einschätzung/chronischer Stress
		3.7	Berufsbezogenes Stresserleben
4	Gesundheitskom-petenz	4.1	Gesundheit im Bildungsrahmenplan Kindertagesein-richtung/Schule

Nr.	Themenfeld	Indikatoren
5	Bewegung/körperliche Aktivität	5.1. Modal Split (Verhältnisindikator) 5.2 Walkability (Verhältnisindikator) 5.3 Fahrradfreundlichkeit/Fahrradinfrastruktur (Verhältnisindikator) 5.4 Sportinfrastruktur (Verhältnisindikator) 5.5 Schulsport (Verhältnisindikator) 5.6 Thema Bewegung ist Baustein im Bildungsrahmenplan Kindertageseinrichtung (Verhältnisindikator) 5.7 Gesundheitsfördernde körperliche Aktivität 5.8 Transportbezogene körperliche Aktivität 5.9 Sitzendes Verhalten 5.10 Arbeitsbezogene körperliche Aktivität 5.11 Körperkoordination bei der Einschulungsuntersuchung
6	Ernährung	6.1 Stillen 6.2 Zertifizierte Stillförderung in Geburtskliniken (Verhältnisindikator) 6.3 Umsetzung von Ernährungsstandards in Kindertageseinrichtungen (Verhältnisindikator) 6.4 Umsetzung von Ernährungsstandards in Schulen (Verhältnisindikator) 6.5 Umsetzung von Ernährungsstandards in Betriebskantinen (Verhältnisindikator) 6.6 Umsetzung von Ernährungsstandards in der stationären Seniorenversorgung (Verhältnisindikator) 6.7 Lebensmittelpreise (Verhältnisindikator) 6.8 Obst- und Gemüsekonsum 6.9 Konsum zuckerhaltiger Getränke/Softdrinks
7	Tabak und Alkohol	7.1 Tabaksteuer (Verhältnisindikator) 7.2 Alkoholsteuer (Verhältnisindikator) 7.3 Tabakwerbung (Verhältnisindikator) 7.4 Alkoholwerbung (Verhältnisindikator) 7.5 Tabakkonsum 7.6 Alkoholkonsum 7.7 Nikotin-/Tabakattributable Diagnosen bei den Krankenhausbehandlungen 7.8 Alkoholattributable Diagnosen bei den Krankenhausbehandlungen 7.9 Alkoholattributable Diagnosen bei den Sterbefällen

Nr.	Themenfeld	Indikatoren
8	Impfen	8.1 Impfquoten der von der STIKO empfohlenen Impfungen bei der Einschulungsuntersuchung 8.2 Impfquote vollständige HPV-Impfung im Alter von 15 Jahren 8.3 Anteil der erwachsenen Bevölkerung ab 60 Jahren mit einer Grippeschutzimpfung
9	Übergewicht und Adipositas	9.1 Body-Mass-Index Erwachsene 9.1 Body-Mass-Index Kinder
10	Diabetes	10.1 Diabetes-Inzidenz 10.2 Diabetes-Prävalenz
11	Herz-Kreislauf-Erkrankungen	11.1 12-Monats-Prävalenz Bluthochdruck 11.2 12-Monats-Prävalenz Koronare Herzkrankheit 11.3 12-Monats-Prävalenz Schlaganfall 11.4 Hospitale Morbidität Herzinfarkt, Angina pectoris und Schlaganfall
12	Krebs	12.1 Brustkrebs-Mortalität bei Frauen 12.2 Darmkrebs-Inzidenz 12.3 Gebärmutterhalskrebs-Inzidenz 12.4 Lungenkrebs-Inzidenz
13	Psychische Störungen	13.1 Anteil der Kinder und Jugendlichen mit psychischen Auffälligkeiten 13.2 Einschlaf- und Durchschlafstörungen 13.3 Depressive Symptome 13.4 Ambulante Diagnosen psychischer Erkrankungen 13.5 Arbeitsunfähigkeit wegen psychischer Erkrankungen 13.6 Rehabilitation wegen psychischer Erkrankungen 13.7 Frühberentung wegen psychischer Erkrankungen 13.8 Suizide
14	Lebenserwartung und vorzeitige Sterblichkeit	14.1 Lebenserwartung und gesunde Lebenserwartung 14.2 Vorzeitige Sterblichkeit

Abbildung 5: Themenfelder und Präventionsindikatoren. Quelle: UAG Präventionsindikatoren.

Fragen und Übungen

1. Wie können Sie Krankheitsprävention von Gesundheitsförderung abgrenzen?
2. Beschreiben Sie das Konzept der universellen, selektiven und indizierten Prävention.
3. Finden Sie beispielhaft eine Zielgruppe für den Bereich einer tertiären Präventionsmaßnahme und erläutern Sie ihre Wahl.
4. Benennen und erklären Sie zwei soziale Schutzfaktoren.

Weiterführende Literatur

Hurrelmann, K./Richter, M./Klotz, T. et al. (2018): Krankheitsprävention und Gesundheitsförderung. In: Hurrelmann, K./Richter, M./Klotz, T. et al. (Hrsg.): Referenzwerk Prävention und Gesundheitsförderung. Grundlagen, Konzepte und Umsetzungsstrategien. 5., vollst. überarb. Aufl., Bern: Hogrefe.

Laging, M. (2023): Soziale Arbeit in der Suchthilfe. Grundlagen – Konzepte – Methoden. 3., überarb. Aufl., Stuttgart: Kohlhammer.

Naidoo, J./Wills, J. (2019): Lehrbuch Gesundheitsförderung. 3., akt. Aufl., Bern: Hogrefe.

3 Geschichte der Suchtprävention

Zusammenfassung

Das Kapitel beleuchtet die Entwicklung der Suchtprävention seit den 1970er-Jahren bis heute und stellt hierbei wichtige geschichtliche Bezüge zu den verschiedenen Ansätzen in der Präventionsarbeit mit Blick auf deren unterschiedlichen Zielsetzungen her. Anhand dieser Entwicklungen und Prozesse werden allgemeine Zielsetzungen der Suchtprävention dargelegt und die hierfür erforderlichen Akteur:innen und Strukturen veranschaulicht. In diesem Zusammenhang werden Verantwortlichkeiten zwischen Bund, Ländern und Kommunen dargelegt und Erforderlichkeiten für eine erfolgreiche Suchtprävention herausgearbeitet. Eine ausführliche Darstellung eines Praxisbeispiels für eine nicht-evidenzbasierte Präventionsmaßnahme zur Veranschaulichung, wie Prävention nicht ausgeübt werden sollte, bildet den komplementären Gegenpol hierzu. Die Erläuterung des Konzepts der Schadensminimierung sowie eine Positionierung für die Rolle v. a. der Sozialen Arbeit in der Prävention schließen das nachfolgende Kapitel ab und leiten zur Evidenzbasierung über.

Die Suchtprävention war über Jahrhunderte hinweg – und ist es teilweise heute noch – ein probates Werkzeug der Politik, das nach Bedarf eingesetzt oder weggelassen werden konnte. Dieser Prozess vollzog sich im Spiegel der Zeit/des Zeitgeists und im Kontext der gesellschaftlichen Machtverhältnisse, die bestimmten, welches Verhalten als ‚normal‘ und welches als ‚unnormal‘ oder ‚gefährlich‘ definiert wurde.

Scheerer (1989) zeigt auf, dass Drogenpolitik und die Suchtprävention als Teil davon immer ein Mittel war, um gesellschaftliche Minderheiten zu kontrollieren, zu sanktionieren und zu kriminalisieren. Suchtprävention ist also als ein selektiver Prozess im Kontext der jeweiligen gesellschaftlichen Machtverhältnisse zu verstehen, in denen Minderheiten verfolgt oder bestärkt werden können: Ist der Cannabisgebrauch Gegenstand einer subkulturellen Hippiebewegung oder in der Mitte der Gesellschaft angekommen – entsprechend verändern sich Reaktionen und Problemsichtweisen auf die Substanzen. Aber auch wachsendes gesundheitspolitisches Bewusstsein (z. B. gegenüber Rauchen) führt zu veränderten Problemwahrnehmungen und suchtpräventiven Maßnahmen.

Historisch gesehen ist ‚Prävention‘ und v. a. auch ‚Suchtprävention‘ kein wertfreier Prozess, sondern immer als interessengeleitet zu verstehen. Die Problemidentifikation und -definition sowie die entsprechenden Maßnahmen sind Ausdruck der jeweiligen macht- und gesundheitspolitischen Konstellationen.

Der Historiker Jakob Tanner (1993) zeigt an einigen Beispielen auf, wie äußere Umstände verschiedene Gesellschaften dazu bringen, völlig unterschiedliche Substanzen als ‚gefährlich‘ zu deklarieren und präventive Maßnahmen gegen deren Gebrauch oder Missbrauch in die Wege zu leiten. Im Europa des 16. und 17. Jahrhunderts z. B. schien der demonstrative Genuss von v. a. Kaffee, Tee und Tabak, die im Rahmen der kolonialen Expansion nach Europa gelangten, für die kulturelle und politische Elite eine solche Gefahr darzustellen, so dass mit vielfältigen Verboten – bis hin zur Todesstrafe – versucht wurde, dieser Genusskultur Einhalt zu gebieten – natürlich immer mit dem Hinweis auf eine vermeintliche oder reelle Schädlichkeit der verbotenen Substanz für den/die Einzelne/n bzw. für die ‚Volksgesundheit'/die Gesamtbevölkerung (vgl. auch Schivelbusch 1993).

‚Drogenprobleme' und ‚Prävention' gehen also immer miteinander einher, sind politisch und auch fachlich oft verwoben – insgesamt geht es um eine Herausforderung der Machteliten. Sobald sie sich bzw. das System, das sie repräsentieren, als ‚gefährdet' sehen, werden entsprechende drogen-/gesundheitspolitische und v. a. repressive Maßnahmen eingeleitet. Wenn der Konsum als ‚systemstabilisierend' betrachtet wird, erfolgen hingegen keine Problematisierung und auch keine präventiven Strategien.

Drogenkulturhistorisch betrachtet wird dieser Zusammenhang noch deutlicher: Der italienische Kulturhistoriker Piero Camporesi beschreibt in seinem Buch „Das Brot der Träume. Hunger und Halluzination im vorindustriellen Europa" (1990), wie die Armen psychoaktive Substanzen wie Mohn, Hanf und Mutterkorn in ihre Alltagsernährung miteinbezogen, um einerseits ihre Hungergefühle zu lindern und andererseits aus ihrem Schicksal in „künstliche Paradiese" entfliehen zu können. Auch die rapide Ausbreitung des Branntweinkonsums in Europa im 18. Jahrhundert kann so erklärt und angeführt werden: Der Schnaps war billig, einfach herzustellen und dazu erst noch kalorienreich; er half, den Hunger zu stillen und die unmenschlichen Arbeitsbedingungen zur Zeit der industriellen Revolution zu ertragen – Funktionen, die im Übrigen die Kokapflanze in südamerikanischen Ländern bis heute erfüllt. Was zu Beginn der industriellen Revolution kein Problem darstellte, weil die arbeitenden Massen ruhig gehalten werden konnten, änderte sich, als sich die Industrialisierung etabliert hatte und die Gewinne auch mit weniger ausbeuterischen Methoden realisiert werden konnten: Nun mehrten sich die Stimmen, die den Alkoholkonsum zum „Problem", zur „Pest" und zur „Seuche" umdefinierten. Tanner (1993, S. 5) zeigt an diesem Beispiel auf, wie manipulativ mit dem Begriff „Drogenproblem" umgegangen wird: Der – unangemessene – Lösungsversuch eines Problems wurde also kurzerhand zum Problem umdefiniert – dieser Prozess lässt sich bis in die Gegenwart hinein verfolgen.

Prävention im Sinne von Ursachenbekämpfung wurde nicht betrieben, vielmehr wurde „die „Alkoholfrage" während Jahrzehnten von gesellschaftlichen Autoritäten instrumentalisiert und auch missbraucht [...] für soziale Disziplinierung, für die Stigmatisierung von Minderheiten, für die Durchsetzung eines Normalitätsideals im Dienste von nationalistischen und volkswirtschaftlichen Zielsetzungen." (Tanner 1993, S. 5).

Tanner (1993) und Schivelbusch (1993) zeigen auf, wie bestimmte psychoaktive Substanzen Karriere machen von einer Alltags- zu einer Problemdroge, hin zu einem Genussmittel und wiederum zu einer Problemdroge – von einer ‚Verteufelung' hin zu einer Integration und Nutzung therapeutischer Potenziale (z. B. Cannabis).

3.1 ‚Drogenprävention' in den 70er-Jahren

Angesichts einer Zunahme des Konsums illegalisierter Drogen (v. a. Cannabis, Opioide und LSD) beschränkte sich die Prävention bis spät in die 70er-Jahre des letzten Jahrhunderts auf die Strategien des Verbots, der Abschreckung und der (einseitigen) Aufklärung. Legale Drogen waren kaum im Visier der Präventionsagenturen. Unbelegt herrschte – systemdestabilisierend – die Angst vor, Jugendliche/Heranwachsende könnten massenhaft nach Nepal auswandern, mit der wachsenden Zahl der Aussteiger seien die Renten nicht mehr gesichert und das „amotivationale Syndrom" „verweichliche" die Jugend (Protokoll des Deutschen Bundestages 1971).[4] Die Prohibitionspolitik wurde bis auf eine kleine ‚Legalize-It‘-Bewegung gesamtgesellschaftlich unwidersprochen hingenommen.

3.2 ‚Suchtprävention‘ in den 80er-Jahren

In den 80er-Jahren mehrten sich kritische Stimmen in Bezug auf die als einseitig empfundene Prohibitionspolitik gegenüber illegalen Drogen. Kritik wurde bereits laut wegen der ausschließlichen Fixierung auf Primärprävention, die nach einiger Erfahrung und wachsender Konsumprävalenz mit dieser eindimensionalen Ausrichtung der Drogenprävention auf Verhinderung kaum wirksam war. Auch verwiesen Kritiker:innen darauf, dass die Warnung vor und Aufklärung über Suchtmittel zumindest bei Jugendlichen auch eine konsumfördernde Wirkung haben können (Quensel 1982).

Der Prozess der Differenzierung der Ziele und der Botschaften vollzog sich in den 80er-Jahren hin zum Konzept der ‚Suchtprävention‘ – also nicht länger das alleinige Ziel der Abstinenz, sondern ‚Schadensminimierung/Harm Reduction‘ wurden in die Präventionsbotschaften eingezogen: Es ging darum, die Entstehung von Sucht zu verhindern bzw. die Auswirkungen der Sucht zu lindern.

Die Unterscheidung zwischen ursachen- und symptomorientierter Prävention (oder Prophylaxe) setzt sich deutlicher durch als in den 70ern. Gleichzeitig wird erkannt, dass eine Bekämpfung der Ursachen von Suchtmittelmissbrauch so aufwendig ist, dass die Gefahr von Hilflosigkeit und Resignation besteht – ein Zeichen dafür, dass eine wirkliche Auseinandersetzung mit der Notwendigkeit von Veränderungen in unserer Sucht- und Konsumgesellschaft stattfindet und die Notwendigkeit für solche Veränderungen nicht nur pro forma erwähnt wird (Hafen 1995).

3.3 Von der ‚Suchtprävention‘ zur ‚Konsumkompetenz‘ und zur ‚Drogenmündigkeit‘ – ab den 90er-Jahren

Ende der 1980er-Jahre entwickelte sich ein „akzeptierender Ansatz" in der Suchthilfe und -politik als Gegenpol zu einer zunehmend als „entmündigend" empfundenen Drogenpolitik (Schuller/Stöver 1990). Dies geschah vor allem vor dem Hintergrund der Ausbreitung von HIV/AIDS und später HCV. Es wurden niedrigschwellige Drogenhilfeangebote entwickelt, die ohne Vorbedingung (Abstinenzwunsch) angenommen werden konnten. V. a. ging es darum, mehr und mehr die Kompetenzen der Betroffenen einzubinden und ihr Expert:innenwissen für eine

---

4 Übereinkommen vom 21. Februar 1971, BGBl. 1976 II, S. 1477 (Bundesministerium der Justiz o. J.).

authentische Ansprache und Durchführung von Hilfen und Präventionsstrategien zu nutzen.

Vor diesem Hintergrund entwickelte sich eine weitere Ausdifferenzierung der Prävention: Z. B. migrations- und geschlechtsspezifische Prävention (Stöver 2021b) oder die Suchtprävention als Gesundheitsförderung. Stigmatisierungen in Sprache, Begriffen und Angebotsgestaltung wurden thematisiert – ebenso wie „Drogenmündigkeit".

Deutlich wurde (nach Hafen 1995):

- Das Konzept der protektiven Faktoren (Welche Faktoren schützen vor Suchtmittelmissbrauch?) ist dem Konzept der Risikofaktoren (Welche Faktoren prädestinieren zum Missbrauch?) vorzuziehen.
- Kurzfristige Maßnahmen sind nicht effektiv.
- Informationsvermittlung ist kritisch zu beurteilen.
- Die Förderung der Lebenskompetenz ist eine wirksame Präventionsmaßnahme.
- Als Ergänzung zum Lebenskompetenzkonzept ist die Schaffung von Alternativen zum Drogenkonsum positiv zu beurteilen, wobei diese Programme in der Regel keine Auswirkung auf den Suchtmittelmissbrauch haben, wenn sie alleine zur Anwendung kommen.
- Das Konzept der affektiven Erziehung, welches davon ausgeht, dass Suchtmittelmissbrauch in erster Linie durch zwischenmenschliche Defizite verursacht wird, hat ohne konkrete Verhaltensübungen keine (in einigen Studien negative) Auswirkungen auf den Suchtmittelmissbrauch.
- Präventive Maßnahmen sollten bereits im Kindesalter beginnen.
- Präventive Maßnahmen sind für Nichtkonsumierende wirksamer als für Probierende und Konsumierende.
- Der Einfluss der Familie auf den späteren Umgang mit Suchtmitteln wird in der Prävention zu wenig beachtet.
- Neben der Familie soll auch die Schule vermehrt als Ort präventiver Maßnahmen genutzt werden.
- Die Gestaltung des Peer-Gruppen-Einflusses hat eine hohe Bedeutung für präventive Maßnahmen.
- Präventive Maßnahmen über Massenmedien bedingen sorgfältige Planung, Durchführung und Auswertung.
- Der Forschungsstand ist unzureichend.

3.4 Allgemeine Ziele der Suchtprävention

Das vorrangige Ziel der Suchtprävention besteht darin, den mit dem Gebrauch legaler und illegaler Substanzen und mit den Folgen abhängigen Verhaltens verbundenen gesundheitlichen, sozialen und ökonomischen Schäden, vorzubeugen. Die Chance auf ein suchtfreies Leben oder ein von Substanzgebrauchsstörungen weitestgehend unbeeinträchtigtes Leben soll hierdurch für jeden Einzelnen erhöht werden. In der Suchtprävention inkludiert sind alle verhaltens- und verhältnisbezogenen Maßnahmen, die auf eine Verhinderung oder Reduktion eines riskanten und abhängigen Gebrauchs von Substanzen sowie von suchtnahen und abhängigen Verhaltensweisen abzielen und gleichzeitig risikoärmere Verhaltensweisen fördern wollen. Miteinbezogen wird hierbei die positive Beeinflussung der Lebenszusammenhänge, wodurch die Annahme, dass Prävention auch Gesellschaftspolitik ist, bekräftigt wird. Dem sogenannten Setting-Ansatz kommt hierbei eine besondere Bedeutung zu, bei dem es vor allem um die Verhältnisprävention geht und folglich um die gesundheitsförderliche Veränderung der Lebenswelten. Settings repräsentieren dabei Orte, an welchen die dort lebenden, lernenden oder arbeitenden Bevölkerungsgruppen dazu befähigt werden sollen, mehr Kontrolle über die Rahmenbedingungen ihrer Gesundheit zu erlangen und die Gesundheit auf diese Weise zu stärken. Eine weitere Relevanz besitzt in diesem Zusammenhang das Empowerment, indem Kinder und Jugendliche beispielsweise in den Settings Familie, Kita, Schule oder auch Freizeit eine Stärkung ihrer individuellen Kompetenzen erfahren können. Gleiches gilt ebenso für Erwachsene in deren Settings – wie z. B. in ihrer Arbeitswelt. Auch zielt Suchtprävention auf den Schutz des sozialen Umfeldes und sogenannter Dritter wie im Zusammenhang mit dem Nichtraucher:innenschutz, bei der Verhinderung des Fetalen Alkoholsyndroms (FAS/FASD), an der Schnittstelle zur Gewalt- oder Verkehrsunfallprävention oder ebenfalls bei der Unterstützung von Kindern aus suchtbelasteten Familien und anderen Lebensgemeinschaften (DHS 2014).

Zusammengefasst bestehen vorrangige Ziele des suchtpräventiven Handelns zur Vorbeugung von vorzeitigen Todesfällen, Krankheiten und sonstigen Problemlagen in Zusammenhang mit schädlichem Substanzgebrauch darin, den Einstieg in den Konsum illegaler oder legaler Substanzen zu vermeiden oder hinauszuzögern, riskantes Konsumverhalten frühzeitig zu erkennen und entsprechende Frühinterventionen durchführen zu können sowie Missbrauch und Abhängigkeit zu verringern. Letztlich kann durch zielgerichtete und auf wissenschaftlichen Ergebnissen gestützte Suchtprävention ein bedeutsamer Beitrag zur Steigerung der Bevölkerungsgesundheit, zur Senkung gesellschaftlicher Kosten und zur Erhöhung der Lebensqualität geleistet werden (BZgA, o. J.).

3.4.1 Verantwortlichkeiten, Strukturen und Akteur:innen

Föderale Strukturen wie Bund, Länder und Kommunalebenen sowie eine Vielfalt von Zuständigkeiten in Form von Fachdienststellen der öffentlichen Verwaltung und gesellschaftlichen Institutionen bzw. Träger:innen prägen die Suchtprävention in Deutschland. Die Jugend-, Bildungs-, Sozial- und Gesundheitspolitik sowie -verwaltung übernehmen auf der Bundes-, Länder- und Kommunalebene auch Aufgaben der Suchtprävention, die sich sowohl ergänzen als auch überschneiden. Geregelt sind diese durch Gesetz (Bund) oder durch Gesetz und Erlass (Länder) und sie finden weitgehend auf kommunaler Ebene Anwendung (DHS 2014).

Geprägt ist die grundlegende Struktur der Suchtprävention durch das Subsidiaritätsprinzip. Das bedeutet, dass eine gesellschaftliche Aufgabe von einer staatlichen Einrichtung immer nur dann übernommen werden darf, wenn diese durch privatrechtliche Organisationen oder Einzelpersonen nicht oder nur schlechter übernommen werden kann. Entsprechend sind sowohl öffentliche Träger:innen und Akteur:innen wie auch privatrechtlich organisierte Träger:innen der Suchtprävention auf den Ebenen des Bundes, der Länder und der Kommunen präsent. Dabei werden die privatrechtlich organisierten Träger:innen in der Regel durch öffentliche Mittel gefördert (Laging 2018, S. 131).

Insbesondere die Jugendhilfe, der Jugend- und Verbraucherschutz, die Werbung, der Straßenverkehr, das Arzneimittel- und Betäubungsmittelgesetz (BtMG) sowie die Suchtmittelsubvention (Bundesmonopolverwaltung für Branntwein, Agrarsubventionen für Wein- und Tabakanbau) und die Steuergesetze befinden sich in der Zuständigkeit der Bundesgesetzgebung.

Die Länder wiederum haben ihre Zuständigkeit vor allem bei Gesundheits-, Glücksspiel-, Nichtraucher:innenschutz sowie Ladenschlussgesetzen. Durch Forschung oder anhand von Modellprojekten kann die Umsetzung von suchtpräventiven Aktivitäten befördert werden.

Die Umsetzung der Gesetze und Erlasse – den Jugendschutz, die Gesundheitsförderung und Prävention oder auch das Gaststätten- sowie Ordnungsrecht (u.a. Spielhallengesetzgebung) betreffend – unterliegt wiederum als Aufgabe den Kreisen, den kreisfreien Städten sowie den kreisangehörigen Städten und Gemeinden.

Die kommunale Bedarfsfeststellung und Koordination, die Versorgung im Suchthilfebereich sowie die Durchführung von Projekten wird schließlich dem öffentlichen Gesundheitsdienst der unteren Gesundheitsbehörde (Kreis oder Stadt) zugeordnet. Darüber hinaus kommen gesetzlichen Krankenkassen oder Rentenversicherungen im Bereich der gesundheitlichen Prävention und damit auch der Suchtprävention gesetzliche Aufgaben und Verpflichtungen zu (DHS 2014).

	Staatlich/Öffentlich	Privatrechtlich
Bund	Bundesministerium für Gesundheit; Drogenbeauftragter der Bundesregierung; Bundeszentrale für gesundheitliche Aufklärung	Deutsche Hauptstelle für Suchtfragen e.V.; Fachverband Drogen und Rauschmittel e.V.; akzept e.V.
Land	Ministerium für Soziales und Integration Baden-Württemberg; Landesgesundheitsamt	Landesstelle für Suchfragen Baden-Württemberg
Kommune	Beauftragte für Suchtprophylaxe / Kommunale Suchtbeauftragte; Gesundheitsamt	Psychosoziale Beratungsstellen; Jugend- und Drogenberatungsstellen

Abbildung 6: Akteur:innen der Suchtprävention. Quelle: Laging (2018).

3.4.2 Erforderlichkeiten erfolgreicher Suchtprävention

Dauerhafte und spürbare Effekte einer erfolgreichen Suchtprävention können nur dann erzielt werden, wenn die Gesundheitspolitik, der Gesundheitsschutz und die Gesundheitsförderung auf allen Ebenen Vorrang vor wirtschaftlichen Partikularinteressen genießen. Die Deutsche Hauptstelle für Suchtfragen (DHS) spricht sich hinsichtlich einer wirksamen und erfolgversprechenden nationalen Suchtprävention entsprechend für Handlungsbedarf in verhältnispräventiver, qualitativer und finanzieller Hinsicht aus. Ein nationales Präventionsgesetz ist folglich dazu angehalten, diese Handlungsbedarfe aufzugreifen und zur suchtpräventiven handlungsleitenden Option zu erklären. Eine Suchtpolitik muss folglich konsequent und glaubhaft sein, wenn sie hinsichtlich Präventionsbemühungen erfolgreich sein soll. Gleiches gilt für die Bereiche des Sozialleistungsrechts sowie für die Wirtschaftsförderungs- und Subventionspolitik – auf nationaler sowie auf EU-Ebene. Benötigt werden für eine wirksame Prävention eindeutige Zielsetzungen, konkret beschriebene Zielgruppen sowie langfristige Planungen und nicht zuletzt Ressourcen für die Evaluation zur Gewährleistung der Weiterentwicklungen von Strategien und Botschaften. Damit in Verbindung stehende Erfordernisse sieht die DHS auf den folgenden drei Ebenen:

Verhältnis- und verhaltenspräventive Erfordernisse

Hierunter fallen beispielsweise die Steuerung von Angebot und Nachfrage durch die aktive Lenkung der Preise für Alkohol- und Tabakprodukte, der Verfügbarkeiten sowie der Werbung. Bezüglich letzterem wird auch von der DHS ein umfassendes Werbeverbot für Substanzen befürwortet – einschließlich Internetwerbung und des Verbots für Sponsoring der Hersteller (DHS 2014). Die Angebotsseite kann hierbei als Pendant zur Verhältnisprävention bezeichnet werden, wohingegen die Nachfrageseite der Verhaltensprävention zugeordnet werden kann (Laging 2018, S. 130). Die Nachfragereduktion soll durch Information, Aufklärung und Schulung der Konsumierenden sowie aller (Personal-)Verantwortlichen wie z. B. in Schule, Ausbildung, Studium oder am Arbeitsplatz erreicht werden. Um Akteur:innen im Handlungsfeld der Sucht einen niedrigschwelligen Zugang zu Konsumierenden und Abhängigkeitserkrankten zu gewährleisten und um schadensminimierende Maßnahmen zu ermöglichen, ist außerdem die Anerkennung des fortdauernden Konsums der breiten Palette möglicher Substanzen in der Gesellschaft unabdingbar. Produzent:innen und Händler:innen alkoholischer Getränke, der Tabakindustrie sowie Glücksspielanbieter:innen sind für die Einhaltung gesetzlicher Vorschriften verantwortlich, da Selbstverpflichtungen der Industrie unwirksam sind. Darüber hinaus werden gesetzliche Verpflichtungen zur Transparenz jeglicher Lobby-Aktivitäten der verschiedenen Industrien im Bereich staatlicher Politik auf nationaler sowie EU-Ebene benötigt. Weiter sollten eigene suchtpräventive Konzeptionen von Berufsgruppen und -verbänden formuliert und deren Einhaltung transparent gemacht werden. Schließlich sollen Vertretungen definierter Zielgruppen in Gremien mitbeteiligt werden, die über Erfordernisse und Strategien von Maßnahmen zur Suchtprävention oder über Forschungsprojekte entscheiden (DHS 2014). Da in der Kategorisierung von Angebot und Nachfrage die schadensminimierenden Ansätze nicht miteingeschlossen sind, schlägt Uhl (2007) wiederum vor, die Angebots- und Nachfragereduktion um die Kategorie der *Problemreduktion* zu erweitern, die sich auf die Verringerung der mit dem Konsum zusammenhängenden Problematiken bezieht.

Qualitative Erfordernisse

Suchtpräventive Maßnahmen und Projekte sollten kontinuierlichen Evaluationen unterliegen sowie geprüfte Qualitätsstandards erfüllen und dabei die Ergebnisse durchgeführter Evaluationen und wissenschaftlicher Forschungen berücksichtigen. Die in der Suchtprävention tätigen Fachkräfte sind auf drei Handlungsmaximen zu verpflichten, die sich aus den abgestimmten Gesundheitszielen, der Methodik und Interventionstypen sowie den daraus entwickelten Konzepten und schließlich der professionellen Qualitätssicherung und Evaluation zusammensetzen. Weiter hat die Suchtprävention den Setting-Ansatz, wonach die Lebenswelten und sozialen Lagen der Zielgruppen zu berücksichtigen und Angebote dementsprechend zu entwickeln sowie erleichterte Zugänge zu schaffen sind. Medienkampagnen nehmen hierbei eine unterstützende und ergänzende Funktion ein, indem diese die Bevölkerung und Zielgruppen informieren sollen. Weiterhin können und sollen sie eine Aufmerksamkeit zu suchtspezifischen Themen schaffen und eine Motivation zur Auseinandersetzung mit diesen fördern. Notwendig sind für diese anspruchsvolle Tätigkeit verbindliche Aus-, Weiter- und Fortbildungen für Präventionsfachkräfte im Gesundheitsbereich, der Sozialen Arbeit sowie in angrenzenden Arbeitsfeldern. Letztlich sollen Forschungs- und Modellprojekte für die Prüfung relevanter Fragestellungen bzgl. der Suchtprävention eingesetzt werden (DHS 2014).

Finanzielle Erfordernisse

Es müssen eine gesetzliche Regelung sowie eine verlässliche und planungssichere Finanzierung für Leistungen der Suchtprävention vorliegen – folglich sollte die *Regelfinanzierung* suchtpräventiver Maßnahmen das Ziel aller politischen Entscheidungsgremien darstellen. Hierfür ist eine Transparenz aller Aktivitäten dringend herzustellen, da Zuständigkeitsvielfalt und gesetzliche Teilzuständigkeiten die Norm in der Suchtprävention darstellen. Die Transparenz sollte sowohl für Angebote privater als auch öffentlicher Anbieter:innen gelten. Eine tragfähige Grundlage effektiver suchtpräventiver Arbeit kann schließlich durch eine gemeinsame und verlässliche Finanzierung aller Sozial- und Krankenversicherungen geschaffen werden. Neben der Beratung und Behandlung bzw. Therapie und Rehabilitation soll die öffentliche Suchtprävention in gleichberechtigter Weise als eigenständiger Typus der öffentlich finanzierten Gesundheitsförderung abgesichert werden. Durch insbesondere die wissenschaftliche Herausforderung der Evaluation in der Sozialen Arbeit benötigt diese eine finanzielle Absicherung – so dass letztlich eine Regelfinanzierung für erfolgreich evaluierte suchtpräventive Maßnahmen eingeführt werden muss (ebd.).

Ziele und Erfordernisse der Suchtprävention

1. Benennen Sie drei wesentliche Ziele der Suchtprävention.
2. Wie können Strukturen der Suchtprävention beschrieben werden?
3. Welche drei Dimensionen der Erfordernisse für gute Suchtprävention benennt die Deutsche Hauptstelle für Suchtfragen?

3.5 Wie geht Prävention nicht! – Das Konzept der abschreckenden Prävention am Beispiel des nicht-evidenzbasierten ‚Revolution Train'

Mehr und mehr Jugendliche und junge Erwachsene begannen in den 1960er-Jahren die illegalen Substanzen Haschisch und LSD zu konsumieren – ebenfalls auf dem Drogenmarkt erschienen ist Heroin. Von vielen Konsumierenden wurde der Substanzkonsum als Teil und Ausdrucksform einer Jugend- und Protestbewegung verstanden, die zum einen Kritik an gesellschaftlichen Autoritäten und am Establishment üben wollte. Zum anderen sorgte sie mit neuen Formen des Auftretens und der Kleidung für soziales Aufsehen. Gleichzeitig wurden die ersten Opiatabhängigen auffällig und die ersten Drogentoten wurden gezählt. Infolgedessen wurde darüber diskutiert, wie dem Konsum vorbeugend entgegengewirkt werden kann (Laging 2018, S. 122). Anknüpfend hieran wurde zunächst in der Praxis der Drogenprävention auf Konzepte von Abschreckung und Aufklärung gesetzt – wobei drastische Darstellungen der Risiken des Substanzkonsums gewählt wurden. Dabei wurden u.a. auch im Rahmen der stoffkundlichen Belehrungen teilweise unsachliche Botschaften verwendet – wovon Plakate, Broschüren und andere Materialien von verschiedenen Institutionen wie der Polizei oder den Krankenkassen aus dieser Zeit geprägt waren. Auch die Auseinandersetzung mit dem Buch „Christiane F. – Wir Kinder vom Bahnhof Zoo" sowie dessen Thematisierung anhand der Verfilmung im Rahmen des Schulunterrichts verfolgte das Ziel der Abschreckung. Diese sollte v. a. durch Verteufelung und Mythisierung der Substanzen und deren Konsumierenden erreicht werden und somit vor Missbrauch schützen. In diesem Kontext waren auch die Strafverfolgung von Konsumierenden sowie deren pauschale Verurteilung und Stigmatisierung Teil dieser Art und Strategie der Drogenprävention. Durch diese sehr einseitige Risikodarstellung litt die Glaubwürdigkeit der Aufklärer:innen stark, so dass die überzogenen Darstellungen viele der Adressat:innen überhaupt erst neugierig auf Substanzen machte. Erfolge bei dieser Art der Prävention blieben demnach weitgehend aus (Franzkowiak/Schlömer 2003).

Auch definierte sich die damalige Suchtprävention fast ausschließlich als Drogenprävention, die mit ihrer Problem- und Risikoorientierung die positiven oder funktionalen Aspekte und Folgen des Drogenkonsums vollständig ausblendete. Diese Art der Suchtprävention implizierte somit von Beginn an eine Kontroll- und Defizitlogik, die es sich zum Ziel erklärte, das Verhalten der Zielgruppen verändernd zu beeinflussen und auf diese Weise die illusionäre Norm eines rationalen, nüchternen und substanzfreien Menschen propagierte und verbreitete (Sting/Blum 2003, S. 14).

Die Furchtappellforschung griff das Konzept der abschreckenden Prävention in Bezug auf deren Sinnhaftigkeit und Effektivität Ende der 1990er-Jahre wieder auf. Resultate experimenteller Studien ergaben, dass für Einstellungsveränderungen durch hohe Furchtinduktionen mehrere Furchtebenen berücksichtigt werden müssen. Demzufolge müssen neben den langfristigen schädlichen Folgen des Substanzmissbrauchs vor allem die unmittelbar erfahrbaren negative Folgen und Konsequenzen für eine Wirkung herausgearbeitet und sichtbar gemacht werden – wie beispielsweise Gefahren bei der Schwangerschaft oder im Straßenverkehr (Barth/ Bengel 1998, S. 122f.).

Grundsätzlich muss die Wirksamkeit bei Furchtappellen in Abhängigkeit zu den jeweiligen Zielgruppen betrachtet werden. Folglich können Furchtappelle bereits vorhandene und ablehnende Haltungen stärken. Bei hingegen bereits konsumierenden Personen zeigen sie kaum eine Wirkung. Allerdings können sie mit ihren einseitigen Botschaften zur Stigmatisierung und Ausgrenzung jener Zielgruppe der bereits Konsumierenden beitragen. Somit können sozial selektive und selektierende Effekte bei der Prävention mit abschreckenden Informationen festgestellt werden. Zum einen erfolgt eine Bestätigung jener Personen, die in der Ablehnung des unerwünschten Verhaltens übereinstimmen. Zum anderen wird sie von bereits Betroffenen ignoriert, wodurch eine Vergrößerung der sozialen Distanz stattfindet (Sting/Blum 2003, S. 72). Eine weitere Kritik bezieht sich darauf, dass der Ansatz auf manipulativ-repressive Weise die Zielpersonen als passive Objekte statt als entscheidungsfähige und selbstständige Subjekte erscheinen lässt – Uhl (2007) spricht in diesem Kontext von paternalistisch-kontrollierenden Präventionsansätzen.

3.5.1 Konzept des Revolution Trains

Beim Revolution Train handelt es sich um ein tschechisches Suchtpräventionsprojekt zur primären Drogenprävention, welches auf Interaktivität und Wahrnehmung durch den Einsatz aller Sinne basiert. Der Revolution Train ist ein multimedialer mobiler Zug, bei welchem sechs Zugwaggons zu multimedialen Erlebnisräumen umgebaut wurden. Durch die Aktivierung aller menschlichen Sinne soll in diesen Waggons Einfluss auf die Persönlichkeit der Besucher:innen genommen werden mit dem Ziel einer Beeinflussung der Sichtweise auf legale und illegale Substanzen. Unter Projektzielen wird weiter aufgeführt, dass Kinder und Jugendliche nicht durch Angst vor den Folgen einer Substanzgebrauchsstörung eingeschüchtert werden sollen. Hingegen sollen Anreize zum Nachdenken und zur aktiven Auseinandersetzung mit der Thematik geschaffen werden. Außerdem sollen Abwehrmechanismen im Falle einer Konfrontation mit dem Angebot von Substanzgebrauch gestärkt werden. Kurzfristige Effekte bestünden darin, dass Zug-Besucher:innen unmittelbar nach Besichtigung die präsentierte Gefahr der Substanzen verstärkt wahrnehmen. Langfristig soll der Besuch die Teilnehmer:innen dazu motivieren und anregen, Eigenverantwortung für ihre Entscheidungen zu übernehmen. Zudem soll die individuelle persönliche Widerstandsfähigkeit gegenüber psychotropen Substanzen, aber auch anderen Risikofaktoren gestärkt werden. Das Präventionsprojekt richtet sich an die Zielgruppe der Schüler:innen aller Schultypen im Alter von 12–17 Jahren sowie an Lehrer:innen. Die andere Zielgruppe besteht aus Familien mit Kindern und Jugendlichen im Alter von 10–17 Jahren sowie Erwachsenen mit Interesse an dieser Problematik.

Vier der Waggons sind vollständig für das Programm ausgestattet, indem diese zu multimedialen und interaktiven Sälen umgebaut wurden. In diesen wird eine Geschichte über die Ursprünge, die Entwicklung und Folgen einer Substanzgebrauchsstörung gezeigt. In den Räumen werden Orte wie ein Drogennest, Gefängnis, Untersuchungsraum einer Polizeistation und die Stätte eines Autounfalls infolge von Substanzmissbrauch gezeigt. Die Besucher:innen wiederum können durch interaktive Technologien an der Geschichte teilnehmen.

Auch gibt es nach einem gewissen Zeitabstand ein Folgeprogramm im Rahmen des Projekts, bei welchem die Moderator:innen die Schüler:innen in ihren jeweiligen Schulen besuchen und eine gemeinsame Diskussion über die in dem Zug erlebte Geschichte und die damit verbundenen weiteren Themen, stattfindet. Mit der Diskussion wird wiederum die Wissenserweiterung zu den Themen Abhängigkeit, legale und illegale Substanzen, Spielsucht sowie Manipulation und negativer Einfluss der Werbung angestrebt (Revolution Train o. J.).

Abbildung 7: Revolution Train. Quelle: Revolution Train (o. J.)

3.5.2 Eine kritische Stellungnahme zum Revolution Train

Suchtpräventionsfachkräfte ordnen dieses Präventionsprojekt und das Konzept des Revolution Train als äußerst kritisch ein, da es in zu großem Umfang auf Abschreckung abzielt und diese Form der Prävention nicht mehr als zeitgemäß gilt und als bereits überholt einzustufen ist. Unter anderem die Landesstelle für Suchtfragen Schleswig-Holstein e.V. (LSSH) hat 2019 eine offizielle Stellungnahme zum Revolution Train veröffentlicht, in der die kritischen Aspekte deutlich aufgeführt werden. In diesem Zusammenhang betonen die Fachkräfte, dass das Abschreckungskonzept und der starke Fokus auf die substanzzentrierte Suchtprävention zu einseitig ist und die Einbeziehung des derzeit anerkannten Mehrebenen-Ansatzes der Suchtprävention deutlich zu gering ausfällt. Hierunter fallen die Aspekte der Persönlichkeitsstärkung, der Aktivierung von Ressourcen, das Kompetenztraining, Informationen zu psychotropen Substanzen und deren Risiken, Schadensminimierung, Hilfeangebote und Interventionsmöglichkeiten. Im Sinne der lediglich einseitigen Darstellung des Programmes vermittelt dieses außerdem den Eindruck eines ‚pädagogischen Zeigefingers' mit einem rein moralisierenden Ansatz und der Botschaft, dass Substanzgebrauch zwangsweise in die Kriminalität und zum Tod führt. Dargestellt werden plakativ lediglich extreme Lebensläufe ohne die Darstellung möglicher Gründe, Auslöser oder Ursachen für den Substanzgebrauch. Auch werden mögliche frühzeitige (regionale) Hilfeangebote und Interventionsmöglichkeiten des sozialen Umfelds völlig außer Acht gelassen und finden keine Erwähnung. Die Substanzgebrauchsstörung wird infolgedessen ausschließlich verurteilt und stigmatisiert, indem sie keinesfalls als Erkrankung definiert und gezeigt wird. Es wird zudem nicht ersichtlich, ob und inwiefern die Selbstreflektion der Besucher:innen angeregt wird und interkulturelle Besonderheiten hierbei berücksichtigt werden, da die Aufarbeitung erst mehrere Wochen später im Rahmen des Folgeprogramms stattfindet. Letztlich ist das Präventionsprojekt aufgrund fehlender wissenschaftlicher Nachweise in Bezug auf dessen Wirksamkeit nicht evidenzbasiert (LSSH 2019).

Hierdurch wird trotz eines immensen finanziellen Aufwands keine Nachhaltigkeit des Projekts garantiert. Auf Ressourcen stärkende Elemente und positive Aspekte der Lebensgestaltung ausgerichtete Präventionsangebote sind aus fachlicher und wissenschaftlicher Sicht als wirksam anzusehen, wobei der Revolution Train diesen Faktoren in keiner Weise gerecht wird. Auch die Lebenswelten und -realitäten der Jugendlichen werden inhaltlich und konzeptionell beim Revolution Train nicht miteinbezogen und berücksichtigt. Jedoch sollten Ansätze in der Präventionsarbeit mit der Zielgruppe der Jugendlichen lebensweltbezogen und an deren Lebensverhältnissen orientiert sein. Bezüglich des Revolution Train entsprechen die Thematisierung von Substanzen wie Ecstasy, Crystal Meth und Heroin nicht den Lebenswirklichkeiten Kinder und Jugendlicher im Alter von 12 bis 17 Jahren. Die LSSH spricht daher keine Empfehlung für den Einsatz des Revolution Train aus (ebd.).

3.6 Das Konzept der Schadensminimierung – Akzeptanzorientierte Suchtprävention

Das Konzept der Schadensminimierung greift Anfang der 1990er-Jahre die Kritik der selektiven Wirksamkeit des abschreckenden Präventionskonzepts auf, indem erstmalig ein Ansatz erschien, der explizit und offensichtlich von der Abstinenzorientierung abrückte. Infolgedessen fokussierte der Ansatz die Zielgruppe der bereits konsumierenden Jugendlichen. Auch in der akzeptierenden Drogenarbeit wurde parallel dazu begonnen, mit erwachsenden, abhängigen Substanzgebrauchenden Strategien und Maßnahmen mit dem Ziel der Verringerung von gesundheitlichen Folge- und Begleiterscheinungen des Substanzkonsums zu entwickeln (Laging 2018, S. 126). Infolgedessen entwickelten sich die Ansätze von Streetwork, niedrigschwelligen Kontaktläden oder Spritzentausch. Das Prinzip wurde im Rahmen der Sekundärprävention etabliert (Schmidt 1998) und wurde vorrangig v. a. im neuaufkommenden Partydrogenbereich angewendet (Sting/Blum 2003,

S. 84). Der substanzbezogenen Information und Aufklärung wurde z. B. im Rahmen von Drug-Checking eine völlig neue Bedeutung zugemessen, indem diese aktualisierte und parteiliche Verbraucher:innen-Information und schließlich auch -beratung der Lebenswelt der Substanzgebraucher:innen entsprach. Der starke Einbezug von Peers in Form von deren Vermittlung von praktischen Hilfen und Erfahrungswissen repräsentiert ein weiteres Merkmal dieser bis heute erfolgreich praktizierten Ansätze (Sting/Blum 2003, S. 84).

3.7 Welche Rolle kann Soziale Arbeit dabei spielen? Eine Positionierung

Mit ihren handlungsorientierten Theorien wie z. B. dem Lebenswelt-Ansatz von Hans Thiersch (2008) ist die Soziale Arbeit anschlussfähig an die Strategie der Gesundheitsförderung – indem ihre Alltags- und Lebensweltperspektive insbesondere dafür geeignet ist, Gesundheit im Sinne der Gesundheitsförderung als alltägliche Aufgabe zu behandeln. Sie erhält damit als aktive und gestalterische Akteur:in in der Gesundheitsförderung eine wichtige Stellung (Steen 2005). Im Rahmen des biopsychosozialen Modells von Substanzgebrauchsstörungen besitzt die Soziale Arbeit vordergründig die Aufgabe, die Aspekte der sozialen Umwelt zu bearbeiten. Ganz allgemein wird unter Sozialer Arbeit eine Vielzahl von Einrichtungen und Maßnahmen verstanden, die Menschen dabei helfen sollen, sich in die Gesellschaft zu integrieren und in dieser ein Leben zu führen, das der Würde des Menschen entspricht (Müller 1996, S. 503). Im Rahmen dieses Verständnisses kümmerten sich Fachkräfte der Sozialen Arbeit immer auch um die gesundheitlichen Belange ihrer Klient:innen. Heute wird dieser Bereich als „gesundheitsbezogene Sozialarbeit" bezeichnet (Ortmann/Waller 2005). Diese lässt sich wiederum in Sozialarbeit im Gesundheitswesen und Gesundheitsarbeit im Sozialwesen differenzieren. Erstere findet in Einrichtungen des Gesundheitswesens statt, wie bspw. in der Suchtkrankenhilfe. Sozialarbeit im Gesundheitswesen entstand im Rahmen der Tertiärprävention, indem sie das mit Krankheit verbundene Risiko einer sozialen, beruflichen und finanziellen Benachteiligung zu vermeiden oder abzumildern versucht. In diesem Zuge war der Krankenhaussozialdienst eines der ersten anerkannten Handlungsfelder der Sozialen Arbeit (Reinicke 2003). Die Sozialarbeit im Gesundheitswesen ist folglich primär krankheitsorientiert, da sie überwiegend mit bereits erkrankten Menschen arbeitet. Eine gesundheitsfördernde Perspektive wird hierbei jedoch keinesfalls ausgeschlossen. Folglich sind die soziale Unterstützung, Empowerment, Selbsthilfe, aber auch die Gestaltung von gesundheitsförderlichen Behandlungs- und Rehabilitationsbedingungen Beispiele für Maßnahmen aus der Sozialen Arbeit (Waller 2006).

Primär gesundheits- und präventionsorientiert ist dagegen die Gesundheitsarbeit im Sozialwesen. Dort findet sie potenziell in allen Sozialen Diensten statt, wie in Jugendzentren oder Beratungsstellen etc. Auf diese Weise kommt der Sozialen Arbeit auch außerhalb von Einrichtungen des Gesundheitswesens eine bedeutende und wichtige gesundheitsbezogene Rolle zu – insbesondere für die Gesundheitsförderung und Prävention mit benachteiligten Bevölkerungsgruppen. Demnach ist Gesundheitsarbeit nicht als Übertragung der Gesundheitsförderung im Sinne der Ottawa-Charta in die Sozialarbeit zu verstehen. Hingegen ist sie eine nach eigenen theoretischen Konzepten im Rahmen einer anwendungsorientierten Sozialarbeitswissenschaft entwickelte Praxis (ebd.).

Die Gesundheitsarbeit beinhaltet demnach die Wahrnehmung und Analyse gesundheitlicher Problemlagen, die Erarbeitung angemessener Handlungskonzepte sowie deren Umsetzung im Rahmen Sozialer Dienste. Ersteres erfolgt im engen Kontakt mit den Klient:innen der Sozialen Arbeit und im Kontext ihrer ökopsychosozialen Lebensbezüge mit Hilfe sozialarbeitswissenschaftlicher Erhebungsmethoden. Angemessene Handlungskonzepte lassen sich wiederum auf Basis sozialarbeitswissenschaftlicher Erkenntnisse und Methoden wie Einzelfallhilfe, Gruppen- und Gemeinwesenarbeit, Case-Management, Förderung von Empowerment, Selbsthilfe und sozialen Netzwerken entwickeln. Wiederum die Umsetzung der Gesundheitsarbeit ist prinzipiell in allen Sozialen Diensten möglich (ebd.).

Der Beitrag und die besondere Kompetenz der Sozialen Arbeit in der Prävention gesundheitlicher Benachteiligung kann schließlich als Gesundheitsarbeit aufgefasst und beschrieben werden. Diese Kompetenz gilt es vor dem Hintergrund der sich zunehmend verschärfenden Problemlagen in der Gesellschaft, weiter auszubauen.

3.7.1 Chancengerechtigkeit und Gesundheitsdeterminanten

Präventions-Akteur:innen begegnen in ihrer alltäglichen Arbeit mit den Multiplikator:innen oftmals einem heterogenen Verständnis von Gesundheit und der Entstehung von Krankheiten oder Substanzgebrauchsstörungen. *Multiplikator:innen* definieren sich dadurch, dass sie empfangene Informationen und vermittelte Kompetenzen an andere Personen und Institutionen weitergeben und auf diese Weise vervielfachen bzw. multiplizieren (Buchli 2021, S. 40). Es existieren in Bezug auf die Frage nach sozialen Dimensionen von Gesundheit sehr unterschiedliche Definitionsversuche und Ansichten. Zu Beginn der Arbeit mit Multiplikator:innen stellt es daher häufig eine Aufgabe dar, das Grundverständnis von Gesundheit zu erklären – beispielsweise durch den Ansatz einer bio-psycho-sozialen Gesundheit durch u.a. das Modell der Gesundheitsdeterminanten des Bundesamtes für Gesundheit (BAG/GDK 2016). Demnach können diese auf sowohl positive wie negative Art Einfluss auf die Gesundheit nehmen und in die fünf übergeordneten Bereiche eingeteilt werden:

1. Soziale, wirtschaftliche, ökologische und kulturelle Rahmenbedingungen
2. Lebens- und Arbeitsbedingungen
3. Soziales Umfeld
4. Persönliches Verhalten
5. Erbanlagen, Alter und Geschlecht

Dabei stehen die verschiedenen Dimensionen in einer Wechselwirkung zueinander, wobei die wirtschaftlichen, sozialen und kulturellen Lebensbedingungen erheblichen Einfluss auf die Gesundheit nehmen und gleichzeitig für die soziale Ungleichheit der Gesundheit verantwortlich sind (Fachkonzept Berner Gesundheit 2016). Hierbei ist es von großer Wichtigkeit, sich mit denjenigen Fragen zu beschäftigen, inwieweit die Teilhabe am sozialen Leben vom jeweiligen sozioökonomischen Status beeinflusst wird oder welchen Einfluss die soziale Dimension auf körperliche oder psychische Beschwerden hat. Infolgedessen ist es sowohl für die Akteur:innen der Gesundheitsförderung und Prävention als auch und insbesondere für professionelle Fachkräfte der Sozialen Arbeit bedeutend, dass Prävention auch besonders belastete Zielgruppen erreicht und die Multiplikator:innen über den Zusammenhang von Verhalten, Verhältnissen und vor allem über ungleiche Gesundheitschancen sensibilisiert werden und ihr Handeln entsprechend darauf ausrichten. Der Auftrag der Sozialen Arbeit ist in diesem Kontext vor allem die Arbeit an der sozialen Dimension (Buchli 2021, S. 47f.).

Im Feld der Gesundheitsförderung und Prävention beinhaltet die Aufgabe der Sozialen Arbeit folglich die Förderung einer chancengerechten Gesundheitsförderung und Prävention in Form von Thematisierungen, Bestrebungen und Umsetzungen. Nach Weber/Salis Gross strebt eine chancengerechte Gesundheitsförderung und Prävention nach der Reduzierung von Ungleichheiten in der Verteilung von Schutzfaktoren und Ressourcen und beabsichtigt gleichzeitig die Minimierung von Risikofaktoren und Belastungen (Weber/Salis Gross 2018, S. 14).

3.7.2 Der Auftrag besteht im Handeln – bevor das Kind in den Brunnen gefallen ist.

Problematisch ist gegenwärtig die zunehmende sicht- und spürbar werdende Medizinalisierung der Suchthilfe in der Prävention, wodurch die Expertise der Sozialen Arbeit der Medizin untergeordnet wird oder ihr gar indirekt ihre Position im Gesundheitswesen abgesprochen wird (Buchli 2021, S. 50). Jedoch hat vor allem die Soziale Arbeit die Thematik der chancengerechten Gesundheitsförderung als Zielsetzung und Auftrag der Gesundheitsförderung inne, indem Fachkräfte der Sozialen Arbeit insbesondere die sozialen Aspekte von Gesundheit thematisieren und positiv beeinflussen sowie sich für die Chancengleichheit aller Bevölkerungsgruppen beim Zugang zu Organisationen des Gesundheitswesens einsetzen. In dieser Form beschreibt der Berufsverband „Avenir social" gemeinsam mit dem Schweizerischen Fachverband „Soziale Arbeit im Gesundheitswesen (sages)" in einem „Leitbild Soziale Arbeit im Gesundheitswesen" das konkrete Arbeitsfeld der Sozialen Arbeit für die Gesundheitsförderung und Prävention (sages/Avenir Social 2018, S. 5).

Des Weiteren wird in der Zeit knapper Ressourcen häufig erst bei der Behandlung und somit der Schadensminimierung investiert – sprich, wenn sich Problemstellungen zeigen. Investitionen erweisen sich an dieser Stelle als notwendig, da Ursache und Wirkung greifbarer erscheinen. Universelle und Verhältnisprävention müssen sich dagegen erst einmal geleistet werden können. Die größte Herausforderung hierbei wird in dem Sinne formuliert, dass Prävention als strukturelle Prävention schon deshalb nicht mehr angestrebt wird, weil die sozialen Bedingungen, die zu Problemen bei Menschen führen, nicht mehr zur Debatte stünden. Hierdurch wird Prävention heute immer mehr als Identifikation potenzieller Versager missverstanden (Seithe 2010, S. 353). Der Auftrag der Sozialen Arbeit mit ihrem spezifischen Wissen zu Problemlagen ist es demnach in der Prävention immer wieder einen Hinweis darauf zu geben, dass die Unterstützung auch die Personen erreicht, die besonderen Bedarf aufweisen. Daraus ergibt sich, dass es weniger darum geht, wo genau die Soziale Arbeit ansetzt. Vor allem erscheint es wichtig, *dass* und *wie* sich die Soziale Arbeit im Rahmen der Suchtprävention berufspolitisch positioniert. Beim Engagement in der Prävention und Gesundheitsförderung sollten Fachkräfte der Sozialen Arbeit folglich darauf achten, ihre Tätigkeiten explizit in Relation zu ihrer sozialarbeiterischen Profession zu setzen (Buchli 2021, S. 52).

Das Thema der Substanzgebrauchsstörungen stellt ein Querschnittsthema in äußerst vielen Praxisfeldern der Sozialen Arbeit dar – beispielsweise in der Familien- oder Jugendhilfe. Die Auswirkungen eines riskanten und abhängigen Substanzgebrauchs strahlen in vielerlei Bereiche aus, deren Bearbeitung demzufolge nicht einer konkreten Profession zugeordnet werden kann. Somit stellt dies „eine geradezu exemplarische Herausforderung für ein professions- und leistungsbereichsübergreifendes Schnittstellenmanagement dar" (Abstein 2012, S. 8). Entsprechend ist die Soziale Arbeit ein wichtiger Player im Bereich der Suchthilfe und es wird ersichtlich, dass die Soziale Arbeit aufgrund dessen nach wie vor die dominierende Berufsgruppe im Bereich der Suchthilfe darstellt. Bereits im Studium dieser Profession wird die multiperspektivische Sicht- und Herangehensweise der Sozialen Arbeit gelehrt. Ein Fall wird auf biopsychosoziale Weise betrachtet. Dazu werden sowohl professionsspezifische Kompetenzen wie die Erfassung psychosozialer Lebenslagen und Hilfebedarfe, die Kenntnis sozialleistungsrechtlicher Ansprüche, Regelungsbereiche und Verfahrenswege als auch die Befähigung zur Hilfeplanung benötigt. All diese Qualifikationen befähigen Sozialarbeiter:innen in besonderem Maße, die sogenannten Vernetzungsleistungen zur Lösung dieser multifaktoriellen Problemlagen sicherzustellen und repräsentieren gleichzeitig die Herausforderungen, die an Fachkräfte der Sozialen Arbeit gestellt werden (ebd., S. 8). In der Gesundheitsförderung und Prävention sind professionell Agierende der Sozialen Arbeit dennoch leider noch wenig vertreten. Begrüßenswert wäre es, wenn sich mehr Sozialarbeitende mit ihren Kompetenzen fachlicher und methodischer Art zunehmend mehr diesem Feld annehmen und sich einbringen würden. Auf diese Weise könnte ein wichtiger Beitrag zur Thematisierung sozialer Dimensionen von Gesundheit geleistet werden, um zunehmend mehr gesundheitsförderliche und chancengleiche Rahmenbedingungen zu gewährleisten (Buchli 2021, S. 52).

Fragen und Übungen

1. Erläutern Sie den Ansatz des ‚Revolution Trains' und arbeiten Sie Ihre eigene kritische Stellungnahme hierzu heraus. Welche konzeptionellen Veränderungen würden Sie hier empfehlen?
2. Welche Aspekte beinhaltet eine akzeptanzorientierte Suchtprävention? Geben Sie Beispiele.
3. Welche Aufgaben und Zuständigkeiten werden im Rahmen der Prävention an die Soziale Arbeit gestellt?
4. Welche Akteur:innen prägen die Suchtprävention in Deutschland?

Weiterführende Literatur

Deutsche Hauptstelle für Suchtfragen (DHS) (2014): Suchtprävention in Deutschland. Stark für die Zukunft. www.dhs.de/fileadmin/user_upload/pdf/dhs-stellungnahmen/Suchtpraevention_in_Deutschland.pdf, 6.3.2023.

Hafen, M. (2005): Systemische Prävention. Grundlagen für eine Theorie präventiver Maßnahmen. Heidelberg: Carl-Auer.

Klein, M. (2015). Geschichte der Suchtprävention. In: Hoff, T., Klein, M. (eds) Evidenzbasierung in der Suchtprävention. Springer, Berlin, Heidelberg. https://doi.org/10.1007/978-3-662-45152-6_4.

Laging, M. (2023): Soziale Arbeit in der Suchthilfe. Grundlagen – Konzepte – Methoden. 3., überarb. Aufl., Stuttgart: Kohlhammer.

Schuller, K./Stöver, H. (Hrsg.): Akzeptierende Drogenarbeit. Freiburg: Lambertus.

Sting, S./Blum, C. (2003): Soziale Arbeit in der Suchtprävention. Stuttgart: UTB.

Tanner J. (1993): Von Genuss- und Heilmitteln zu „Rauschgiften". In: Sozialarbeit 93, H. 1, S. 3–9.

Vongehr, S. (2022): Suchthilfe. In: Vongehr, S. (Hrsg.): Suchthilfe und Suchtprävention als Aufgabe des Öffentlichen Gesundheitsdienstes. Wiesbaden: Springer, S. 31–44.

4 Evidenzbasierung in der Suchtprävention

Zusammenfassung

Das Kapitel veranschaulicht die hohe Wichtigkeit der Evidenzbasierung in der Suchtprävention und gibt anhand von Merkmalen und einer Definition von evidenzbasierter Suchtprävention einen Einstieg in die Thematik. Daran anknüpfend werden Dimensionen evidenzbasierten Handelns veranschaulicht, aber auch Grenzen der Evidenzbasierung aufgezeigt. Schließlich werden in Form von Handlungsempfehlungen der Verbesserungs- und Weiterentwicklungsbedarf aufgezeigt, indem es um u.a. eine bessere Zusammenarbeit von Forschung und Praxis wie auch eine praxisnähere Gestaltung von Forschung gehen muss. Forderungen für eine gelingende Suchtprävention runden die Inhalte zur Evidenzbasierung ab.

Als langwierig und wechselhaft kann die Geschichte der Suchtprävention in Deutschland beschrieben werden. Seit Jahrzehnten werden von verschiedenen Akteur:innen die unterschiedlichsten Konzepte entwickelt, umgesetzt und beforscht. In Anlehnung an die evidenzbasierte Medizin werden in jüngster Zeit die Vorgehensweisen und Ergebnisse in der Suchtprävention einer kritischen Würdigung unterzogen. Demzufolge steht auch die Suchtprävention vor der Herausforderung, ihre Methoden, Konzeptionen und Projekte im Hinblick auf ihre Evidenzbasierung zu überprüfen, womit auch die Wahrnehmung und Integration evidenzgenerierten Wissens in die Praxis einhergeht. Als bisher grundsätzliches Problem wird betrachtet, dass die Aspekte der Evidenzbasierung und der Evidenzgenerierung in vielen Publikationen zur Thematik der evidenzbasierten Suchtprävention nicht ausreichend getrennt werden. Die Forderung liegt in der Erbringung eines Wirkungsnachweises von einem evidenzbasierten Projekt – was jedoch weder semantisch korrekt noch inhaltlich sinnvoll ist. Denn bei gewissenhafter, vernünftiger und systematischer Nutzung des verfügbaren Wissens aus der Wissenschaft, der Praxis und den Zielgruppen im Rahmen der Konzeptionserarbeitung liegt Evidenzbasierung in der Suchtpräventionspraxis bereits vor. Die Begriffe der Evidenzbasierung und der Evidenzgenerierung stehen wie die evidenzbasierte Praxis in der Suchtprävention und der Suchtpräventionsforschung in einem vergleichbaren Verhältnis zueinander. Es handelt sich demnach um ein Kontinuum, bei dem die Praxis tendenziell auf der Seite der Evidenzbasierung einzuordnen und die Forschung somit bei der Generierung von Wissen zu verorten ist. Die Suchtpräventionspraxis orientiert sich primär an ihrer Identität als Profession, während die Suchtpräventionsforschung als wissenschaftliche Disziplin gelten kann (Experten- und Expertinnengruppe „Kölner Klausurwoche" 2014).

4.1 Definition und Merkmale evidenzbasierter Suchtprävention

In einer Untersuchung wurde festgestellt, dass lediglich 3 von 208 Präventionsmaßnahmen gegen Alkoholmissbrauch im Kindes- und Jugendalter in Deutschland eine „evidenzbasierte Wirksamkeit" zeigten (Korczak 2013). Es geht folglich um Präventionsmaßnahmen, deren Wirksamkeit an den wissenschaftlichen Belegen/Beweisen („Evidenz") gemessen werden können. Diese Evidenzbasierung, die wir in allen Handlungsfeldern auch der Sozialen Arbeit wiederfinden, ist der Medizin entliehen: Evidenzbasierte Medizin (EbM) ist „der gewissenhafte, ausdrückliche und vernünftige Gebrauch der gegenwärtig besten externen, wissenschaftlichen Evidenz für Entscheidungen in der medizinischen Versorgung individueller Patienten. Die Praxis der EbM bedeutet die Integration individueller klinischer Expertise mit der bestmöglichen externen Evidenz aus systematischer Forschung" (Sackett/Rosenberg/Gray et al. 1996, S. 644). Übertragen auf die Suchtprävention heißt dies: „Evidenzbasierte Suchtprävention entspricht der gewissenhaften, vernünftigen und systematischen Nutzung der gegenwärtig bestmöglichen theoretisch und empirisch ermittelten wissenschaftlichen Erkenntnisse als auch des Praxiswissens sowie des Wissens der Zielgruppen für die Planung, Implementierung, Evaluation, Verbreitung und Weiterentwicklung von verhältnis- und verhaltensbezogenen Maßnahmen. Die Generierung neuen Wissens für evidenzbasierte Suchtprävention erfolgt im Kontext von Forschung und Praxis." Das „Memorandum Evidenzbasierung in der Suchtprävention – Möglichkeiten und Grenzen" hat die Grundlagen für eine evidenzbasierte Suchtprävention erarbeitet (Experten- und Expertinnengruppe „Kölner Klausurwoche" 2014):

Evidenzbasierte Suchtprävention ist dementsprechend nicht gleichzusetzen mit der Erstellung von bloßen Wirksamkeitsnachweisen. Die Verständigung zwischen Forschung und Praxis über zentrale Dimensionen, Inhalte und Vorgehensweisen ist für eine evidenzbasierte Suchtprävention erforderlich und von beiden Seiten gleichermaßen zu fördern.

Evidenzbasiertes Handeln und Forschen in der Suchtprävention benötigen einen klaren, realistischen Auftrag vonseiten der Auftraggeber, eine angemessene finanzielle Ausstattung und genügend qualifiziertes Personal. Wenn diese Rahmenbedingungen nicht gegeben sind, ist evidenzbasierte Suchtprävention nicht möglich.

Evidenzbasierte Suchtprävention ist strukturell bei allen an der Suchtprävention beteiligten Institutionen und Entscheidungsträgern zu verankern.

Durch eine konsequente Beachtung und Umsetzung von Evidenzbasierung erwarten […] [die Autor:innen] mittel- und langfristig eine qualitative Verbesserung der Suchtprävention in Deutschland. Eine solche Verbesserung ist aus […] Sicht [der Autor:innen] unabdingbar.

Evidenzbasierte Suchtprävention

„Evidenzbasierte Suchtprävention entspricht der gewissenhaften, vernünftigen und systematischen Nutzung der gegenwärtig bestmöglichen theoretisch und empirisch ermittelten wissenschaftlichen Erkenntnisse als auch des Praxiswissens sowie des Wissens der Zielgruppen für die Planung, Implementierung, Evaluation, Verbreitung und Weiterentwicklung von verhältnis- und verhaltensbezogenen Maßnahmen.

Die Generierung neuen Wissens für evidenzbasierte Suchtprävention erfolgt im Kontext von Forschung und Praxis" (Experten- und Expertinnengruppe „Kölner Klausurwoche" 2014, S. 8).

4.2 Dimensionen evidenzbasierten Handelns

Evidenzbasiertes Handeln bedeutet auf Basis des derzeit besten verfügbaren Wissens zu agieren und umfasst dabei mehrere Dimensionen, die es zu berücksichtigen gilt. Dabei sollte *erstens* das eigene konzeptionelle Vorgehen zunächst anhand von relevanten Theorien, bisherigen empirischen Kenntnissen sowie von Praxis-, Zielgruppen- und Erkenntniswissen begründet werden, bevor in einem nächsten Schritt *zweitens* die Konzeptrealisierung fokussiert wird. Im Rahmen der Konzept-realisierung besitzen vor allem sowohl die Erreichbarkeit der Zielgruppe als auch die Qualifikationen der Akteur:innen eine Relevanz. Weiter geht es hierbei um die Überprüfung der Akzeptanz aller beteiligten Akteur:innen, der Zielgruppen sowie der Auftraggeber:innen und Konzeptabweichungen sind wiederum im Rahmen einer internen Prozessevaluation zu dokumentieren. Eine abschließende Bewer-tung soll *drittens* durch geeignete Instrumente zur internen Evaluation stattfinden unter Berücksichtigung der erwarteten, aber auch unterwarteten Wirkung – die positive wie negative Aspekte beinhalten kann. Der Transfer des Praxiswissens in die Forschung kann wiederum durch eine angemessene Dokumentation und Verschriftlichung erleichtert werden (siehe Abb. 8) (Experten- und Expertinnen-gruppe „Kölner Klausurwoche" 2014).

Dimensionen evidenzbasierten Handelns	Inhalte	Vorgehen
Konzeptions-begründung	• relevante Theorien • empirische Erkenntnisse (Risiko-/Schutzfaktoren, Wirksamkeit von Methoden, Bezug von Verhalten und Verhältnis, Zielgruppenfaktoren) • Praxiswissen (professionelles Erfahrungswissen) • Zielgruppenwissen (Einschätzungen, Empfehlungen) • Kontextwissen • Klärung relevanter ethischer Fragen	Nutzung von tauglichen Instrumenten zur Sicherung der vorgenannten Kriterien angemessene Dokumentation
Konzeptions-realisierung	• Erreichbarkeit der Zielgruppe • Qualifikation der Akteure • Konzepttreue inkl. begründeter Abweichungen • Akzeptanz durch Akteure • Akzeptanz durch Zielgruppe • Akzeptanz durch Auftraggeber	Nutzung von tauglichen Instrumenten im Rahmen einer Prozessevaluation angemessene Dokumentation
Bewertung des Handelns	• intendierte und nicht intendierte Wirkungen	Nutzung von tauglichen Instrumenten im Rahmen der internen Evaluation angemessene Dokumentation

Abbildung 8: Dimensionen evidenzbasierten Handelns in der Suchtprävention. Quelle: (Experten- und Expertinnengruppe „Kölner Klausurwoche" 2014).

4.3 Grenzen der Evidenzbasierung

Evidenzbasierung stößt aus Sicht der Forschung immer wieder an Grenzen, ein-schließlich der praktischen Umsetzung und Beforschung suchtpräventiver Aktivi-täten. Die Dimensionen dieser potenziellen Grenzen und Probleme umfassen dabei ökonomische, instrumentelle, erkenntnistheoretische, methodische sowie ethische Aspekte.

Ökonomische Grenzen beinhalten beispielsweise die Problematik, wenn Aufwand und Erkenntnisgewinn nicht in einem wirtschaftlich günstigen Verhältnis zueinander stehen, so dass z. B. der erforderliche Aufwand für ein Vorhaben im Vergleich zum Erkenntnisgewinn zu hoch ausfällt.

Instrumentelle Grenzen liegen vor, da empirische Daten alleine für die Ermittlung des praktischen Nutzens einer Maßnahme nicht ausreichend sind. Hieraus ergibt sich, dass Erkenntnisgrenzen mit Blick auf die Validität auch dann bestehen, wenn sich eine Maßnahme als wirksam erwiesen hat.

Ontologische Erkenntnisgrenzen beziehen sich auf die Aussage, dass methodische und inhaltliche Grenzen des Wirksamkeitsnachweises existieren (Uhl 2012) und folglich eine Akzeptanz dafür notwendig ist, dass es Fragen gibt, die nicht beantwortet werden können.

Die Wirkfaktorenverdeckung repräsentiert eine weitere Grenze, indem eine erfolgreiche Maßnahme als unwirksam erscheint, da die Wirksamkeit einer Intervention durch konkurrierende Maßnahmen anderer Akteur:innen überlagert wird. Die Alkoholprävention kann diesbezüglich als Beispiel angeführt werden, indem Effekte alkoholpräventiver Maßnahmen z. B. durch eine dauerhaft präsente Werbung für Alkohol beeinträchtigt werden könnte.

Da nicht alle Maßnahmen nach einer Werteüberprüfung durchgeführt werden können, sind letztlich auch *ethische Grenzen* zu benennen. Da eine Evidenz nicht ohne Werturteil bestehen kann, ist die Forschung dazu angehalten, die ihrer Arbeit zugrundeliegenden Werturteile offenzulegen und zu begründen. Im Rahmen einer Wertekontrollgruppen-Problematik würde die Vorenthaltung einer potenziell wirksamen Suchtpräventionsmaßnahme beispielsweise einen ethischen Konflikt darstellen, indem diese möglicherweise schädliche Auswirkungen nach sich ziehen kann (Experten- und Expertinnengruppe „Kölner Klausurwoche" 2014).

4.4 Handlungsempfehlungen für eine verbesserte Evidenzbasierung

Auch wurden im Memorandum der Expert:innen-Gruppe der Kölner Klausurwoche Handlungsempfehlungen für eine verbesserte Evidenzbasierung und diesbezüglich begrüßenswerten Weiterentwicklungen in der Suchtprävention erarbeitet, die nachfolgend kurz skizziert werden.

4.4.1 Bessere Zusammenarbeit von Forschung und Praxis

Im Rahmen der Zusammenarbeit von Forschung und Praxis ist eine klare Aufgabenteilung notwendig, so dass die Wissenschaft in der Regel für eine qualifizierte Evaluation und die Praxis für die professionelle Durchführung von Projekten und Programmen zuständig ist. Dabei sollte trotzdem bedacht werden, dass eine gemeinsame Entwicklung von Forschungsprojekten von Wissenschaft und Praxis im Sinne eines partizipativen Arbeitsverständnisses anzustreben ist. Zudem beinhaltet die angestrebte Gemeinschaftlichkeit beider Ebenen eine gute Verständigung über

Inhalte und das Vorgehen bei der Evidenzbasierung und -generierung in Form von Workshops, Tagungen und Klausurwochen. Zur Verstetigung des fachlichen Austauschs sollten regelmäßige Qualitätszirkel in einem verbindlichen Rahmen stattfinden.

4.4.2 Praxisnahe Gestaltung von Forschung

Vor allem sollten zentrale Anliegen und Fragen aus der Praxis in den Mittelpunkt der Suchtpräventionsforschung rücken, um praxisrelevante Fragestellungen und Untersuchungsgegenstände zu untersuchen. Darüber hinaus sollte die Qualitätssicherung der Suchtpräventionsforschung verbessert werden, z. B. in Form einer qualifizierten Nachwuchsförderung.

Zudem besteht die Erfordernis von realisierbaren Forschungsdesigns, um eine Verbesserung des wissenschaftlichen Erkenntnisstands zu erreichen. Hierbei sollte eine fundierte Prüfung des Zugangs zur Zielgruppe stattfinden sowie eine Risikoanalyse bei den Forschungsdesigns berücksichtigt werden. Weiter sollte der Austausch zwischen Wissenschaftler:innen aus verschiedenen Bereichen der Prävention intensiviert werden, um die Präventionsforschung über den Austausch und die Diskussion zu Möglichkeiten und Grenzen von Methoden insgesamt zu stärken.

4.4.3 Optimierung der Suchtpräventionspraxis

Es sollten nachhaltige Aus- und Fortbildung der Fachkräfte zum Thema Evidenzbasierung angestrebt werden, um zum einen die Akzeptanz von evidenzbasierter Suchtprävention zu erhöhen und zum anderen den Einsatz evidenzbasierter Maßnahmen zu fördern.

Die Praxis sollte außerdem geeignete Instrumente zur Konzeptbegründung und -realisierung sowie zur Recherche evidenzbasierter Maßnahmen nutzen. Infolgedessen könnte ein einheitliches und qualitativ hochwertiges Bewertungsinstrument genutzt werden.

Schließlich sollte eine verbesserte Vernetzung mit anderen Präventionsbereichen anvisiert werden, um die Evidenzbasierung bereichsübergreifend in der praktischen Präventionsarbeit zu stärken.

4.4.4 Veränderung der Forschungsförderung

Um dazu beizutragen, vor allem realisierbare Anforderungen an Forschungsprojekte im Rahmen der Suchtpräventionsforschung zu schaffen, könnte ein mehrstufiges Vorgehen in Projektphasen etabliert werden. In diesen könnten großangelegte und quantitative Wirksamkeitsstudien von relativ komplexen Interventionen an vorbereitete Machbarkeits- und Pilotstudien anknüpfen. Auch mehrstufige Ausschreibungsverfahren könnten hilfreich sein, um in der zweiten Stufe Forschungsdesigns realitätsgeprüft auszuformulieren.

Weiter plädieren die Autor:innen für eine Verstärkung der Implementationsforschung sowie für die Durchführung von Replikations- und vergleichenden Interventionsstudien. Im Kontext eines Forschungsverbundes sollte außerdem die systematische Untersuchung einer Präventionsmethode in verschiedenen Settings ermöglicht werden. Es sind finanziell gut ausgestattete Vorhaben notwendig, um Aufschluss darüber zu erhalten, ob und wie Suchtpräventionsmaßnahmen langfristig wirken. Um neue Forschungsschwerpunkte setzen zu können, wäre eine konstante Finanzierung in der Suchtprävention unabdingbar. Auch die Aufwendungen der Praxis für Forschungsvorhaben sollten regelfinanziert werden, wodurch ebenfalls die Akzeptanz von Forschungstätigkeiten in der Praxis erhöht werden könnte (Experten- und Expertinnengruppe „Kölner Klausurwoche" 2014).

4.5 Forderungen für eine gelingende Suchtprävention

Auch die Arbeiterwohlfahrt nimmt mit ihrem Positionspapier zur Suchtprävention (AWO Bundesverband e.V. 2020) Stellung zum Spannungsfeld zwischen Umsetzung und Finanzierung der Suchtprävention. Sie fordert gemäß ihrer Grundwerte der Solidarität und Gleichheit eine Gesellschafts- und Sozialpolitik, die der sozialen Ausgrenzung und Marginalisierung von Betroffenen mit Substanzgebrauchsstörung entgegenwirkt. Hierfür stellte sie die folgenden Punkte und Forderungen für eine verbesserte und gelingende Suchtprävention zusammen:

1. **Kontinuität, Langfristigkeit, Finanzierung**

   Um effektiv und effizient zu sein, benötigt Suchtprävention verbindliche Rahmenbedingungen und sollte kontinuierlich über einen längeren Zeitraum erfolgen. Erst dann werden wirksame Verhaltensänderungen möglich. Präventive Aktivitäten müssen lebensweltnah und im Alltag der Menschen erfolgen. Die Sinnhaftigkeit einer langfristigen Suchtprävention muss neben dem öffentlichen Bewusstsein, vor allem in der strategischen Planung von Präventionsangeboten verankert werden – wofür wiederum eine ausreichende sowie angemessene und gesicherte Finanzierungsgrundlage gewährleistet sein muss. Die Autor:innen kritisieren die bislang nicht vereinheitlichten und unterschiedlichen konzeptionellen Schwerpunkt in der Prävention. Hingegen sollte die Suchtprävention im GKV (Spitzenverband Bund der Krankenkassen) zum einen konkretisiert und zum anderen um alle psychotropen Substanzen sowie stoffungebundenen Verhaltensstörungen ergänzt werden. Die Autor:innen fordern demzufolge die politische Bereitschaft eines Umdenkens und im Kontext von Public Health klare Verantwortungen und Strukturen auf den Weg zu bringen. Suchtprävention soll ein Standardangebot werden und nicht erst auf individuelle Nachfrage erfolgen.

2. **,Zieloffene' Suchtprävention**

   Des Weiteren sollte Suchtprävention keinesfalls lediglich am Abstinenzziel anknüpfen, sondern eher dabei unterstützen, einen risikobehafteten Konsum frühzeitig zu erkennen, den Einstieg in den Substanzgebrauch legaler sowie illegaler Substanzen zu verhindern oder hinauszuzögern und damit Abhängigkeit und Missbrauch zu reduzieren. Anknüpfend daran gilt es für die Suchtprävention Schutzfaktoren und eine ausreichende Resilienz zu fördern, um Individuen zu befähigen, belastende Lebenssituationen und -phasen erfolgreich bewältigen zu können. Verhältnispräventive Maßnahmen sowie verhaltenspräventive Angebote sollen daher am Individuum ansetzen, um einem frühen Einstieg in den Substanzgebrauch entgegenzuwirken. Infolgedessen wird ein ressourcenorientierter Ansatz benötigt, der Kompetenzen und Fertigkeiten fördert.

3. **Berücksichtigung des bio-psycho-sozialen Modells**

Anlehnend an die Lebensweltorientierung nach Thiersch (1996) spiegeln Konsumverhalten sowie abhängige Verhaltensweisen und Konsummuster auch gesellschaftliche Entwicklungen wider. Beispielsweise können leistungssteigernde Substanzen dabei unterstützen, mit den Anforderungen der heutigen Leistungsgesellschaft zurechtzukommen – und repräsentieren damit gleichzeitig eine Notfallstrategie, um möglichen Überforderungen zu begegnen. Aber auch biologische Faktoren wie genetische Veranlagungen und psychische Faktoren wie dysfunktionale und destruktive Selbstannahmen bergen Risiken zur Entwicklung einer Substanzgebrauchsstörung. Folglich muss auch die Suchtprävention den multifaktoriellen Krankheitsbegriff der Sucht, das bio-psycho-soziale Krankheitsmodell, berücksichtigen. Die Autor:innen beschreiben es als Aufgabe der Suchtprävention, auf die gesellschaftlichen Zusammenhänge von Substanzgebrauchsstörungen zu verweisen. Diese Risikofaktoren müssen wiederum für lebensweltspezifische Präventionsangebote aufgegriffen werden.

4. **Suchtprävention als gesamtgesellschaftliche Aufgabe**

Präventionsfachkräfte können Suchtprävention aufgrund ihrer gesamtgesellschaftlichen Aufgabe nicht alleine umsetzen und sind daher zur Erreichung der verhältnis- und verhaltenspräventiven Ziele auf die Zusammenarbeit mit gesellschaftlichen Netzwerken angewiesen. Beispielsweise sollten bei politischen und strukturellen Entscheidungen der Stadtplanung und Quartiersentwicklung die Expertise von Präventionsfachkräften kontinuierlich miteinbezogen werden. Letztlich kann der Entwicklung von Substanzgebrauchsstörungen durch Vernetzung, Nachbarschaftshilfe und eine bedarfsorientierte Planung von Freizeit- und Bildungsangeboten entgegengewirkt werden. Da die Suchtprävention zur Inklusion und sozialen Teilhabe beiträgt, sollte sie in jedem Fall regelhaft in die relevanten Planungen und Entscheidungen von politischen Statements und Konzeptionen miteinbezogen und nicht lediglich benannt werden.

5. **Stärkerer Einbezug der Praxis in die Präventionsforschung**

Auch die Autor:innen des Positionspapiers benennen außerdem die Wichtigkeit eines guten Wissenstransfers von der Forschung in die Praxis und die Notwenigkeit, die Praxis stärker in die Präventionsforschung – für eine letztlich evidenzbasierte Suchtprävention – einzubinden (AWO Bundesverband e.V. 2020).

Fragen und Übungen

1. Was verstehen Sie unter evidenzbasierter Suchtprävention und weshalb ist diese allem Anschein nach so wichtig?
2. Wo stößt Evidenzbasierung an ihre Grenzen?
3. Führen Sie eine Forderung der AWO für eine gelingende Suchtprävention näher aus und geben Sie ein Beispiel für die Umsetzung in der Praxis.

Weiterführende Literatur

AWO Bundesverband e.V. (2020): Positionspapier der Arbeiterwohlfahrt zur Suchtprävention. www.awo.org/sites/default/files/2020-05/AWO%20Bundesverband_Positionspapier _Suchtpr%C3%A4vention.pdf, 18.4.2023.

Experten- und Expertinnengruppe „Kölner Klausurwoche" (2014): Memorandum Evidenzbasierung in der Suchtprävention – Möglichkeiten und Grenzen. www.katho-nrw.de/file admin/media/foschung_transfer/forschungsinstitute/DISuP/KoelnerMemorandum_EBSP2 014.pdf, 23.8.2023.

Korczak, D. (2013): Ist der Erfolg von Alkoholpräventionsmaßnahmen mess- und evaluierbar? Can the success of alcohol prevention be measured and evaluated?. In: Suchttherapie 14, S. 114–118. DOI:10.1055/s-0033–1349887.

5 Verhältnisprävention

Zusammenfassung

Das Kapitel veranschaulicht den Ansatz der Verhältnisprävention und dessen Zielsetzungen im Hinblick auf eine Veränderung sozial-ökologischer Einflussfaktoren auf die Erkrankungswahrscheinlichkeit, die sich in der Regel außerhalb der individuellen Handlungsmöglichkeiten befinden. Hierbei wird verdeutlicht, dass der verhältnispräventive Ansatz folglich in der Form legislativer und regulativer Maßnahmen eine breite Wirkung erzielen kann, wobei hierin sowohl gesetzgeberische Maßnahmen als auch die Beeinflussung der Nachfrage durch Preispolitik und Werbeverbote impliziert sind. Nachdem zunächst ein geschichtlicher Abriss der Verhältnisprävention gegeben wird, werden daran anknüpfend vor allem anhand der gegenwärtigen verhältnisorientierten Alkohol- und Tabakprävention die bisherigen Versäumnisse auf nationaler Ebene und gleichzeitig der notwendige Handlungsbedarf veranschaulicht.

Im Gegensatz zu verhaltenspräventiven Maßnahmen, die auf eine Veränderung im Verhalten von Individuen oder Gruppen ausgerichtet sind, zielen verhältnispräventive Maßnahmen auf eine Veränderung von Strukturen in der Lebenswelt der Bevölkerung ab (Kalke/Buth 2009). Strategien der Verhältnisprävention fokussieren sich v. a. auf eine Kontrolle, Reduzierung oder Beseitigung von Gesundheitsrisiken in den Lebens-, Arbeits- sowie Umweltverhältnissen (Sucht Schweiz 2013a). Nach Bauer (2005) wird unter Verhältnisprävention eine Veränderung sozial-ökologischer Einflussfaktoren auf die Erkrankungswahrscheinlichkeit verstanden, die sich in der Regel außerhalb der individuellen Handlungsmöglichkeiten befinden. Der verhältnispräventive Ansatz soll folglich in der Form legislativer und regulativer Maßnahmen eine breite Wirkung erzielen. Hierin sind sowohl gesetzgeberische Maßnahmen als auch die Beeinflussung der Nachfrage durch Preispolitik und Werbeverbote impliziert. Unter ersteres fallen beispielsweise Jugendschutzbestimmungen oder Beschränkungen von Öffnungszeiten. In dieser strukturorientierten Suchtprävention steht beispielsweise die Verringerung des missbräuchlichen Konsums psychotroper Substanzen über eine Reduktion der Verfügbarkeit und Nachfrage im Mittelpunkt.

5.1 Geschichtlicher Abriss der Verhältnisprävention

Die ersten verhältnisbezogenen Präventionsmaßnahmen entstanden Mitte des 19. Jahrhunderts zur Bekämpfung der sich ausbreitenden Infektions- und Armutskrankheiten innerhalb der Arbeiterschaft. Die hieraus resultierenden Ergebnisse sind die Arbeiterschutzgesetzgebung sowie die sozialhygienische Forschung (Bauer 2005). Die Ottawa-Charta der WHO zur Gesundheitsförderung von 1986 gilt als Meilenstein für die Entwicklung des heutigen Verständnisses von Verhältnisprävention. Denn das Profil der Gesundheitsförderung wurde in dieser Erklärung in Abgrenzung und Ergänzung von der bis dato geltenden verhaltensorientierten Ausrichtung (Gesundheitserziehung) neu dargestellt. In diesem Rahmen wurde als wesentlicher Faktor für die Gesundheitsförderung die Herstellung von gesunden Verhältnissen bestimmt – folglich die Gestaltung des natürlichen und sozialen Umfeldes. Diese Neudarstellung kann gleichzeitig als Geburtsstunde des ‚Setting-Ansatzes' aufgefasst werden (Kalke/Buth 2009), indem sich zunehmend auf die

Etablierung gesundheitsförderlicher Lebenswelten fokussiert wurde. Diesem Kontext liegt die Annahme zugrunde, dass die Beeinflussung der Gesundheit durch das Interagieren von strukturellen und persönlichen Faktoren stattfindet. Für das Einwirken auf jenes Setting können sowohl verhältnis- als auch verhaltenspräventive Komponenten zum Tragen kommen – auch heute ist dieses Präventionsverständnis weit verbreitet. Darüber hinaus findet in der Fachliteratur eine Unterscheidung zwischen direkter und indirekter Verhältnisprävention statt. Die unmittelbare Veränderung von materiellen oder sozialen Strukturen wie beispielsweise die Gesetzgebung zur Begrenzung des Alkoholverkaufs unterliegt der direkten Verhältnisprävention. Unter indirekter Verhältnisprävention werden hingegen Maßnahmen gefasst, die auf Verhaltensänderungen oder -umstellungen von Bezugspersonen wie Eltern oder Lehrer abzielen, die wiederum schließlich eine Verhaltensänderung der eigentlichen Zielgruppe bewirken sollen (Bauch 2008) – wie beispielsweise bei Peer-Education-Ansätzen.

5.2 Verhältnispräventive Maßnahmen

5.2.1 Verhältnisorientierte Alkoholprävention

Im Bereich der Alkoholprävention besteht eine sehr effektive und kostengünstige Maßnahme zur Verringerung der Alkoholnachfrage in der Preisgestaltung und entsprechend in der Besteuerung. Denn der Gesamtkonsum in der Bevölkerung sowie das Ausmaß alkoholbezogener Probleme wird letztlich von der Preisgestaltung alkoholischer Getränke beeinflusst. Insbesondere bei Jugendlichen zeigten preispolitische Maßnahmen im Vergleich zur Allgemeinbevölkerung einen größeren Effekt – wie mehrere Studien bislang belegten. Zudem waren diese Maßnahmen sogar bei Personen stärker, die vergleichsweise häufiger und mehr Alkohol konsumieren (Chaloupka et al. 2002). Für Deutschland zeigt sich im internationalen Vergleich, dass die Verhältnisprävention bislang nicht ausreichend ausgeschöpft wird. Beispielsweise sind die Alkoholsteuern niedriger als in einigen anderen europäischen Ländern. Darüber hinaus werden Altersbegrenzungen sowie Werbebeschränkungen in Deutschland vergleichsweise weniger restriktiv eingesetzt (Schaller et al. 2022). Zur Veranschaulichung: Die Alkoholsteuern wurden in Deutschland seit Jahrzehnten nicht erhöht – lediglich im Jahr 2004 wurde eine Steuer auf Alkopops eingeführt mit dem Ziel, den beliebten Konsum unter Jugendlichen zu reduzieren. Infolgedessen ging die Nachfrage von Jugendlichen nach Alkopops zwar zurück, jedoch stieg stattdessen die Nachfrage nach Spirituosen an. Entsprechend hatte die Steuer keine wesentliche Auswirkung auf den Gesamtalkoholkonsum. Hinzukommt, dass alkoholische Getränke seit 2010 immer leichter erschwinglich wurden und deren Verkaufspreise in den letzten zehn Jahren weniger stark angestiegen sind als das durchschnittliche Haushaltsnettoeinkommen. Für eine wirksame Alkoholprävention mit dem Ziel, den schädlichen Alkoholkonsum bis 2030 im Vergleich zu 2010 um mindestens 20 % zu verringern, empfiehlt die WHO (2021) die Kombination mehrerer Maßnahmen wie Steuer-/Preiserhöhungen für alkoholische Getränke, Beschränkungen der Verfügbarkeit, umfassende Werbebeschränkungen, Regelungen und Kontrollen zu Alkohol im Straßenverkehr sowie einen verbesserten Zugang zu Screening, Kurzinterventionen und Behandlungen der Alkoholabhängigkeit. Die von der WHO empfohlenen Maßnahmen zur Reduzierung der durch Alkoholkonsum bedingten Schäden werden in Form des „The SAFER Technical Package" in der folgenden Darstellung veranschaulicht:

Abbildung 9: The SAFER Technical Package der WHO. Quelle: Schaller et. al. 2022, S. 95.

Tatsächlich liegt der Fokus in Deutschland derzeit eher auf der Verhaltensprävention – legale Substanzen wie Alkohol oder Tabak wurden als neue Schwerpunkte der Suchtprävention erstmals im Aktionsplan „Drogen und Sucht" im Jahr 2003 erwähnt. Dann löste im Jahr 2012 die „Nationale Strategie zur Drogen- und Suchtpolitik" den eben erwähnten Aktionsplan ab (Pfeiffer-Gerschel et al. 2018), woraufhin 2015 das Gesundheitsziel „Alkoholkonsum reduzieren" vom Kooperationsverbund gesundheitsziele.de verabschiedet wurde. Konkrete und spezifische Maßnahmenempfehlungen wurden bislang jedoch nicht erarbeitet. Die Prävention in Lebenswelten wie Kitas, Schulen, Kommunen, Betrieben und Pflegeeinrichtungen wurde erstmals durch das im Juli 2015 verabschiedet Gesetz zur Stärkung der Gesundheitsförderung und der Prävention in den Vordergrund gestellt. Insbesondere in der Verhältnisprävention zum Alkoholkonsum besteht nach Einschätzung der WHO und der OECD (Organisation für wirtschaftliche Zusammenarbeit und Entwicklung) Handlungsbedarf in Bezug auf Verfügbarkeit, Werbebeschränkungen, Screening und Beratung im Gesundheitssystem und Steuererhöhungen.

In Deutschland sind im Rahmen verschiedener Gesetze – wie dem Jugendschutzgesetz, Gaststättengesetz oder Straßenverkehrsgesetz – wiederum unterschiedliche verhältnispräventive Maßnahmen zur Alkoholprävention festgelegt mit wiederum differenzierten Zielsetzungen in Bezug auf die Reduzierung des Alkoholkonsums oder des Einstiegs in den Alkoholkonsum.

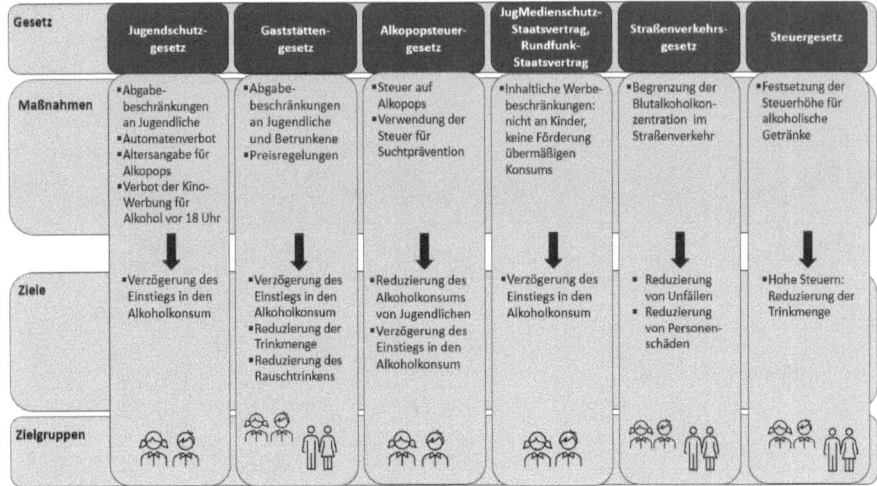

Abbildung 10: Verhältnispräventive Maßnahmen zur Alkoholprävention in Deutschland. Quelle: Schaller et al. 2022, S. 97.

Inwieweit die spezifischen Alkoholpräventionsmaßnahmen entsprechend der Globalen Strategie der OECD zur Reduzierung des schädlichen Alkoholkonsums in Deutschland derzeit umgesetzt werden, ist in folgender Abbildung nachzuvollziehen:

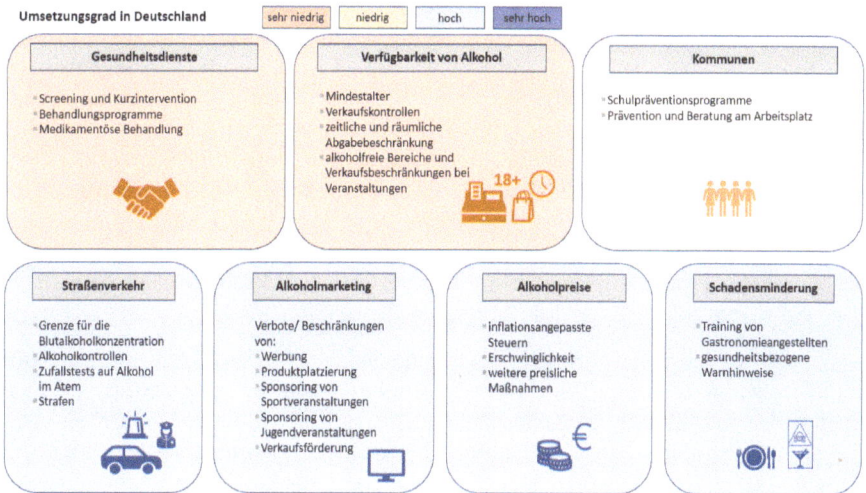

Abbildung 11: Umsetzungsgrad alkoholpräventiver Maßnahmen in Deutschland. Quelle: Schaller et al. 2022, S. 96.

5.2.2 Wirksamkeit der Verhältnisprävention bei Alkohol

Preisliche Maßnahmen können den Alkoholkonsum allgemein, die Trinkmenge und -häufigkeit sowie die Folgen des Alkoholkonsums reduzieren. Durch einen Preisanstieg um 10 % könnten alkoholbedingte Gesundheitsschäden und Verletzungen um 3,5 % verringert und ein Konsumrückgang um 6 % erzielt werden. Wichtig ist dennoch, dass Steuererhöhungen, die den Verkaufspreis deutlich erhöhen, wiederholt stattfinden, für alle Produkte ähnlich hoch sind und sich – um letztlich wirksam zu sein – in regelmäßiger Form an Einkommen und Inflation orientieren. Beispielsweise führen Mindestpreise zu einer Erhöhung der alkoholischen Getränkepreise und zur Senkung des Absatzes. Hierdurch kaufen Haushalte mit erhöhtem Alkoholkonsum weniger Alkohol ein, dennoch besteht der Nachteil darin, dass zusätzliche Einnahmen nicht an den Staat, sondern an Hersteller und Handel gehen (Schaller et al. 2022). Der WHO zufolge gelten Steuererhöhungen auf alkoholische Getränke als eine der wirksamsten und kosteneffektivsten Maßnahmen zur Erreichung des Ziels einer Verringerung des schädlichen Alkoholkonsums. Expert:innen schlussfolgern sogar, dass ein Preisanstieg für alkoholische Getränke alle fünf Jahre um 25 % in Deutschland über einen Zeitraum von 30 Jahren (2020–2050) über 143.000 alkoholbedingte Krebsfälle vermeiden kann.

Als ebenfalls effektiv gelten *Maßnahmen zur Beschränkung der Verfügbarkeit* von Alkohol, wonach von der WHO und der OECD die folgenden wesentlichen Maßnahmen empfohlen werden: Verkaufszeiten sollten verkürzt sowie die Dichte von Verkaufsstellen reduziert werden und es sollte ein Mindestalter für den Kauf und den Konsum von Alkohol bestehen. Vor allem vulnerable Gruppen werden im Hinblick auf den Zugang zu alkoholischen Getränken durch diese Strategien fokussiert und adressiert. Weiter kann hierdurch eine Reduktion des Alkoholkonsums und alkoholbedingter Schäden durch die Gesellschaft stattfinden. Bei Betrachtung der aktuellen Situation in Deutschland fällt jedoch unmittelbar auf, dass Alkohol in den meisten Bundesländern prinzipiell rund um die Uhr verkauft werden darf. Beispielsweise dürfen Tank- und Verkaufsstellen in Bahnhöfen und Flughäfen täglich rund um die Uhr geöffnet haben; für Gaststätten bestehen in sechs Bundesländern sogar keinerlei nächtliche Sperrzeiten. Nur in 11 Staaten der insgesamt 53 Länder, die die WHO zur Region Europa zählt, gibt es in irgendeiner Form einen Mindestpreis auf alkoholische Getränke (WHO 2022), Deutschland zählt nicht dazu. Nach wie vor bestehen außerdem keine einheitlichen Alkoholkonsumverbote und Abgabebeschränkungen wie Ladenschlusszeiten, Sperrstunden und beschränkte Verkaufsverbote über Automaten.

Maßnahmen, die den Alkoholkonsum reduzieren und gleichzeitig kosteneffektiv sind, umfassen Werbeverbote für alkoholische Getränke, gesetzliche Regelungen im Straßenverkehr wie die Begrenzung der straffreien Blutalkoholkonzentration für das Führen eines Fahrzeugs und verstärkte Alkoholkontrollen, sowie gesundheitsbezogene Warnhinweise, Kennzeichnungen und Aufklärungskampagnen. In Deutschland besteht beispielsweise derzeit noch keine generelle Pflicht für Warnhinweise auf alkoholischen Getränken – was erneut den notwendigen Handlungsgebedarf für die Stärkung verhältnispräventiver Alkoholprävention widerspiegelt.

5.2.3 Tabakrauchen – Versäumnisse und nationale Praxis

Ähnlich wie bei dem dargestellten Bemühen zur Reduktion des Alkoholkonsums fokussiert die Prävention beim Tabakkonsum auch auf verhaltens- statt auf weit effektivere verhältnispräventive Strategien.

Dies ist umso verwunderlicher, weil Rauchen in Deutschland und weltweit zu schwerwiegendsten gesundheitlichen, sozialen, ökonomischen, und ökologischen Schäden führt und nach wie vor das größte vermeidbare Gesundheitsrisiko in Deutschland überhaupt darstellt. Fast 40 % aller Krebsfälle sind die Folge vermeidbarer Risikofaktoren. Das Rauchen ist unter diesen der bedeutendste Krebsrisikofaktor: In Deutschland ist etwa jede fünfte Krebsneuerkrankung eine Folge des Rauchens – jährlich sind dies etwa 85.000 Krebsfälle, die vermeidbar wären, wenn die Menschen nicht rauchen würden (Baumann 2020). Das Deutsche Krebsforschungszentrum (DKFZ) in Heidelberg schätzt, dass jährlich ca. 127.000 Menschen vorzeitig an tabakbedingten Folgen sterben – das entspricht 13 % aller Todesfälle.[5] Circa eine halbe Million Menschen müssen jährlich stationär behandelt werden aufgrund von rauchbedingten gesundheitlichen Störungen. Insgesamt betragen die volkswirtschaftlichen Kosten der rauchbedingten Folgen ca. 97 Milliarden Euro jährlich – ganz zu schweigen von den weitreichenden ökologischen Schäden in der Tabaklieferkette (Abholzung, Wasserverschmutzung, CO_2-Emissionen, weggeworfene Zigarettenkippen etc.).

Gleichzeitig ist Deutschland eines der Länder in der Welt, das eine sehr permissive Tabakpolitik betreibt: 340.000 Zigarettenautomaten bieten einen 24/7-Zugang,

---

5 https://www.dkfz.de/de/tabakkontrolle/download/Publikationen/sonstVeroeffentlichungen/Tabakatlas-Deutschland-2020_Auf-einen-Blick.pdf (Letzter Aufruf am 30.8.2023.).

Außenwerbung für Tabakprodukte ist noch bis 2024 erlaubt, die Nichtraucher-schutzgesetze liegen in der Hoheit der Bundesländer und sind äußerst heterogen (‚Flickenteppich', wie Kritiker:innen sagen), es gibt keine nationale, interministeri-ell abgestimmte Tabakkontrollpolitik und auch keine Präventionsstrategie.

Zudem ist der Rückgang der Raucher:innenzahlen in Deutschland ins Stocken geraten:

Während die Zahl jugendlicher Raucher:innen bis 2022 jedes Jahr einen histori-schen Tiefstand erreicht hatte (BZgA 2020), bleibt die Rauchprävalenz im mitt-leren und höheren Erwachsenenalter stabil oder steigt sogar an (Mons 2021). Die letzte Welle der DEBRA-Studie (Kotz 2023) zeigt sogar drastisch gestiege-ne Rauchprävalenzen bei Erwachsenen und Jugendlichen während der Covid-19-Pandemie. Insbesondere hinsichtlich der Entwicklung bei Jugendlichen sind auf-grund der geringen Datenbasis Zweifel angebracht, jedoch ist dies in jedem Fall ein Hinweis darauf, dass der Gebrauch von Zigaretten nicht weiter zurückgeht. Die auf das Rauchen zurückzuführende Mortalität und Morbidität wird voraus-sichtlich in den nächsten Dekaden ansteigen (Mons/Brenner 2017). Es sind insbe-sondere benachteiligte Gruppen, in denen die Raucher:innenzahlen immer noch überproportional hoch sind (Balfour et al. 2021; Bruggmann 2021).

Diese und andere Erkenntnisse belegen die enormen tabakbedingten Herausfor-derungen für die Gesundheit und Volkswirtschaft. Leitend für die Tabakkon-trollpolitik in Deutschland ist die internationale Verpflichtung im Rahmen des WHO-Rahmenübereinkommens zur Eindämmung des Tabakgebrauchs. Das Rah-menübereinkommen zur Eindämmung des Tabakgebrauchs der Weltgesundheits-organisation (WHO) (Framework Convention on Tobacco Control, kurz FCTC) wurde seitens der Weltgesundheitsversammlung einstimmig am 21. Mai 2003 be-schlossen und ist am 27. Februar 2005 in Kraft getreten. Das Ziel der FCTC ist gemäß der Präambel des Übereinkommens, „heutige und künftige Generationen vor den verheerenden gesundheitlichen, gesellschaftlichen, umweltrelevanten und wirtschaftlichen Folgen des Tabakkonsums und des Passivrauchens zu schützen" (WHO 2003) und sieht in diesem Zusammenhang national wie auch international zu ergreifende Maßnahmen für eine umfassende Tabakprävention zur Senkung des Tabakkonsums vor.

Bei der Konvention handelt es sich um einen völkerrechtlichen Vertrag. Deutsch-land hat diesen ebenso wie 180 andere Staaten sowohl unterzeichnet als auch ratifiziert und sich damit zur Umsetzung zahlreicher spezifischer (Tabakkon-troll-)Maßnahmen verpflichtet, wie insbesondere:

- Preisbezogene und (nicht)steuerliche Maßnahmen zur Verminderung der Nach-frage nach Tabak (Artikel 6 und 7)
- Schutz vor Passivrauch durch ausschließliche Rauchverbote in öffentlichen und umschlossenen Räumen (Artikel 8)
- Produktregulation und Angabe von Inhaltsstoffen (Artikel 9 und 10)
- Verpackungs- und Etikettierungserfordernisse (Artikel 11)

- Aufklärung, Information, Schulung und Bewusstseinsbildung in der Öffentlichkeit (Artikel 12)
- Tabakwerbe-, Verkaufsförderungs- und Sponsoringverbote (Artikel 13)
- Maßnahmen zur Verminderung der Nachfrage im Zusammenhang mit Tabakabhängigkeit und der Aufgabe des Tabakkonsums (Artikel 14)
- Maßnahmen zur Unterbindung des Tabakschmuggels (Artikel 15)
- Verbot der Abgabe von kostenlosen Tabakerzeugnissen bzw. Verkaufsverbote von Tabakwaren an Personen unter dem rechtlich festgelegten Alter (Artikel 16)

Nach der „Tobacco Control Scale", einer Skala von 37 europäischen Ländern, die die Umsetzung der Maßnahmen zur Eindämmung des Tabakkonsums quantifiziert, liegen Österreich (Platz 26), Deutschland (34) und die Schweiz (36) auf den letzten Plätzen (Joossens et al. 2021). In Deutschland liegt der Anteil der Bevölkerung, der täglich raucht, bei 32,4 % (Kotz 2023). Zum Vergleich: Im Vereinigten Königreich, das auf der Tabakkontrollskala an zweiter Stelle steht, rauchen nur noch 13,3 % (Office for National Statistics 2022).

Verhältnispräventive Maßnahmen der Tabakkontrolle haben eindeutig eine höhere Wirksamkeit als eine verhaltenspräventiv orientierte Politik zur Eindämmung des Tabakkonsums. Verhaltenspräventiv ausgerichtete Tabakkontrolle ist in Deutschland ein ebenso aktuelles wie vernachlässigtes Thema. Die am weitesten verbreiteten und bewährten Maßnahmen/Vorgehensweisen gehen in Deutschland mit hohen Misserfolgsquoten einher. Evidenzbasierte Maßnahmen – wie v. a. psychologische Beratung und Nikotinersatztherapien (NET) – reichen allein offenbar nicht aus, um signifikante Veränderungen in der Rauchprävalenz zu erreichen.

Unklar ist, ob und wie die ambitionierten Ziele vieler Fachgesellschaften[6], die Rauchprävalenz – von gegenwärtig 32 % der erwachsenen Bevölkerung (Stand Juni 2023) – bis 2030 zunächst auf 19 % und bis 2040 auf 5 % zu senken, erreicht werden können (d.h., dass weniger als 5 % der Erwachsenenbevölkerung raucht). Ein ‚Weiter-So' mit Schwerpunktsetzung auf verhaltenspräventive Maßnahmen und Unterstützungen wird kaum dazu führen, diese hehren Ziele zu erreichen.

Strategien zur Schadensminimierung werden selten angewandt und sind in Deutschland nicht Teil der nationalen Gesundheitspolitik. Dabei sind jedoch zielfördernde Strategien der ‚Harm Reduction' (Schadensminimierung) bei der Unterstützung und der Motivation des Ausstiegs aus dem Konsum von Verbrennungszigaretten von großer Bedeutung. Bereits in der WHO Framework Convention of Tobacco Control (FCTC) wird Harm Reduction verstanden als Strategie der Tabakkontrolle. Dort heißt es in Artikel 1: „tobacco control" means a range of supply, demand and harm reduction strategies that aim to improve the health of a population by eliminating or reducing their consumption of tobacco products and exposure to tobacco smoke..." (WHO 2003).

---

6 https://dserver.bundestag.de/btd/19/321/1932151.pdf. (Letzter Aufruf am 30.8.2023.).

Das Konzept „Tobacco Harm Reduction" positioniert sich zwischen den Polen Abhängigkeit und Abstinenz – dabei ist es mit seinen Botschaften und differenzierten Zieloptionen komplexer als dichotomische Modelle des ‚Entweder-Oder'/‚Quit or Die': Es verlangt mehr Einlassungen auf die individuellen Zielorientierungen und vorhandenen Ressourcen, denn nicht alle Tabakkonsument:innen sind in der Lage oder gegenwärtig bereit, die Zieloption ‚Abstinenz' für sich zu übernehmen. Obwohl letztlich ein erheblicher Teil der Raucher:innen ambivalent ist, Rauchstoppversuche unternimmt/unternommen hat, greift offenbar nur ein geringer Teil (13 %) auf (mindestens eine) evidenzbasierte Unterstützungsmethode(n) zurück. Viele Raucher:innen wünschen sich zwar eine Veränderung des eigenen Tabakkonsummusters – jedoch besteht offensichtlich eine Kluft zwischen den Angeboten zur Rauchentwöhnung und dem tatsächlichen Bedarf bzw. den nutzbar zu machenden Ressourcen der Rauchenden.

Gleichzeitig mehrt sich die Evidenz, dass Maßnahmen der Tobacco Harm Reduction (THR) mit dazu beitragen können, die Rauchprävalenz und die damit verbundenen Gesundheitsrisiken – individuell und auf Bevölkerungsebene – zu senken:

Im Wesentlichen setzt THR auf das Ausschalten des Verbrennungsprozesses und der damit verbundenen Schadstoffexposition durch den Umstieg auf risikoreduzierte Nikotinprodukte wie E-Zigaretten, Tabakerhitzer[7], Nikotinbeutel[8] oder Snus[9]. Es ist bekannt, dass die Gesundheitsschädlichkeit des Rauchens im Wesentlichen darin besteht, dass der Körper den Emissionen des Verbrennungsprozesses von Tabak ausgesetzt wird. Die Schadstoffe, die durch die Verbrennung entstehen und beim Rauchen inhaliert werden, sind in risikoreduzierten Nikotinprodukten entweder gar nicht mehr oder in stark reduzierter Konzentration enthalten (Stöver 2021c; Storck 2021; Hering 2021; Abrams et al. 2018; McNeill 2015; Mallock et al. 2018; Shabab et al. 2017).

Risikoreduzierte Nikotinprodukte haben eine hohe Akzeptanz für Raucher:innen, die es bisher nicht geschafft haben, mit dem Rauchen aufzuhören: Zunehmend wird die E-Zigarette zum „Mittel der Wahl" von Rauchaussteiger:innen. Die E-Zigarette scheint für Raucher:innen eine ideale Kombination aus Schadstoffreduktion und Attraktivität darzustellen und wird daher bei einer großen Zahl von Rauchausstiegen verwendet (Stöver 2021c; Abrams 2018).

Auch hinsichtlich der Wirksamkeit der E-Zigarette für den Rauchausstieg mehren sich die Erkenntnisse fortlaufend: Zum einen bewährt sich die E-Zigarette als wirksames Produkt für den Rauchausstieg, zum anderen ist sie klassischen Niko-

---

7 ‚Tabakerhitzer' sind elektrische, batteriebetriebene Geräte, die Tabaksticks mittels eines elektrischen Heizdorns oder -blatts erhitzen und dadurch nikotinhaltige Emissionen erzeugen (Pieper et al 2018).
8 Die tabakfreien und rauchlosen ‚Nikotinbeutel' (Nicotine Pouches), werden unter der Oberlippe platziert und so über die Mundschleimhaut aufgenommen. Die Nicotine Pouches bestehen hauptsächlich aus Pflanzenfasern, Aromen und zugesetztem Nikotin (Nussbaumer 2021).
9 ‚Snus' ist ein schwedisches, rauchfreies Tabakerzeugnis, das unter der Oberlippe platziert und über die Mundschleimhaut aufgenommen wird. ‚Snus' besteht aus sonnen- oder luftgetrocknetem Tabak, dem anschließend Natriumchlorid, Natriumcarbonat, Wasser, Feuchthaltemittel und Aromastoffe hinzugefügt werden (Fagerström 2021).

tinersatztherapien überlegen (Stöver 2021c; Sperisen/Falcato/Bruggmann 2021; Hajek et al. 2019; Johnson et al. 2019; Hartmann-Boyce et al. 2019; Kotz et al. 2022).

Neben der Reduzierung des jeweiligen individuellen Risikos der Umsteiger:innen zeigt sich das Potenzial auch auf Bevölkerungsebene (Mons 2021): So zeigen Simulationen für die USA und England, dass bereits die aktuelle Nutzung von E-Zigaretten die Raucher:innenquote um etwa 10 % (USA) bzw. 20 % (England) verringert hat und dadurch geschätzte 380.000 (USA) bzw. 166.000 (England) rauchbedingte frühzeitige Sterbefälle vermieden werden konnten (Levy et al. 2020; Levy et al. 2021). Auch wenn bislang für Deutschland keine Modellierungen vorliegen, ist unter vergleichbaren Annahmen ebenfalls ein Public Health-Nutzen durch E-Zigaretten zu erwarten.

Risikoreduzierte Nikotinprodukte haben das Potenzial, den Zigarettenabsatz in erheblichem Umfang senken zu können: So sind Tabakzigaretten in Schweden schon seit Jahren nicht mehr das meistverkaufte Nikotinprodukt und der Absatz ist so niedrig wie seit 70 Jahren nicht, in Japan haben Tabakerhitzer den Zigarettenabsatz in wenigen Jahren um ein Drittel reduziert und in den USA haben E-Zigaretten zeitweilig den Rückgang des Zigarettenabsatzes beschleunigt (Fagerström 2021; Balfour et al. 2021).

Maßnahmen der verhältnispräventiv angelegten THR scheinen also eine wertvolle Ergänzung der bisherigen Rauchentwöhnungsstrategien zu sein (Stöver 2021c). Es bedarf eines Konsensus über die Bedingungen, Möglichkeiten und Grenzen einer solchen Ergänzung. Besonderes Augenmerk sollte hierbei den Betroffenen – den Raucher:innen – gelten. Dies auch vor dem Hintergrund, dass mit der bevorstehenden Legalisierung des THC-Gebrauchs das konventionelle Rauchen wieder gesellschaftsfähiger zu werden droht, wenn nicht auch hier über risikoreduzierte Alternativen zum Rauchen nachgedacht und informiert wird.

Der Auftrag der Sozialen Arbeit im Tabakbereich wird deutlich in der Einforderung der hier skizzierten gesetzlichen Rahmenbedingungen für eine verbesserte Tabakprävention und in der konzeptionellen und praktischen Unterstützung von Menschen, die ihr Rauchverhalten verändern wollen.

Insgesamt ist es von großer Wichtigkeit, ressort- und sektorenübergreifende Maßnahmen von mittel- bis langfristig angelegten Präventionsstrategien und passende Strukturansätze zu entwickeln. Hier geht es vor allem um einen Qualitätssprung im Vergleich zu kurzfristigen, isolierten Projektansätzen – es geht nicht um ein zeitlich begrenztes Projekt oder eine Aktion, sondern um einen Prozess, der kontinuierliche intersektorale Steuerung erfordert.

5.3 Drug-Checking – Risikomanagement und Konsumkompetenz vermitteln

Konsument:innen illegaler Drogen wissen oft nicht, was sie genau konsumieren. Die erworbenen Substanzen sind teils mit Stoffen verunreinigt, die stark gesundheitsgefährdend sind. Die Zahl der Todesfälle durch den Konsum illegaler Drogen stieg in den letzten Jahren kontinuierlich an. Allein im Jahr 2022 sind bundesweit

9 % mehr Todesfälle zu verzeichnen als im Jahr 2021 (Der Beauftragte der Bundesregierung für Sucht- und Drogenfragen 2023). Nicht jeder Konsum illegaler Drogen ist bedenklich oder gar lebensbedrohlich, er kann aber aufgrund der Schwarzmarktdynamiken zu gravierenden gesundheitlichen Beeinträchtigungen führen. Die aktuell gehandelten Produkte auf dem Schwarzmarkt weisen eine unbekannte und oft stark schwankende Qualität auf und ihre Wirkstoffe variieren. Dadurch kommt es unvorhersehbar zu Überdosierung und starken Vergiftungen.

Häufig findet der Konsum von psychoaktiven Substanzen im Freizeitbereich, beim Partymachen, ausgehen oder feiern statt. Aber auch außerhalb des Partysettings und des Nachtlebens werden legale und illegale Substanzen zur Entspannung oder zur Linderung der Entzugssymptome bei Vorliegen einer Abhängigkeit konsumiert. Freizeitdrogenkonsumierende stellen eine heterogene Gruppe dar. Sie sind sozial und beruflich zumeist gut integriert und für herkömmliche Beratungsangebote schwer erreichbar.

Das Überprüfen von Drogen ist daher sowohl bei den Gelegenheitskonsument:innen als auch bei den Drogenabhängigen eine Möglichkeit der Schadensregulierung. Ein Teil schwerwiegender psychischer Notfälle, Unfälle und Todesfälle könnte vermieden werden, wenn die Konsument:innen über mehr Informationen bezüglich der Produktqualität verfügten. Gleichzeitig bietet Drug-Checking eine gute Möglichkeit zur Aufklärung unterschiedlicher Zielgruppen im direkten Kontakt, vor allem über die Gefahren und Risiken des Konsums.

Ein neues Bundesgesetz ermöglicht nun das Überprüfen von illegalen Drogen. Der Deutsche Bundestag hat am 23. Juni 2023 die gesetzlichen Grundlagen für das Drug-Checking-Modellvorhaben im Betäubungsmittelgesetz geschaffen. Das Verbot von Drug-Checking in Drogenkonsumräumen im BtMG wurde aufgehoben. Durch den neuen § 10b BtMG sind die rechtlichen Rahmenbedingungen für Modellvorhaben zum Drug-Checking in den Bundesländern abgesteckt worden (Stöver/Steimle/Moazen 2023). Berlin macht seit April 2023 erste Erfahrungen in einem Modellprojekt. Weitere Bundesländer wollen folgen, einige haben Drug-Checking abgelehnt.

Drug-Checking ist eine – im europäischen Ausland z.T. seit langem praktizierte und bewährte – Präventionsstrategie (Tögel-Lins/Werse/Stöver 2019) im Kontext der Schadensminimierung, die dazu beiträgt, Intoxikationen sowie Drogennot- und Todesfälle durch Überdosierungen und Substanzverunreinigungen zu verhindern. Bund, Länder und Kommunen sind nun gefragt, die Realisierung von Drug-Checking aktiv zu unterstützen und für möglichst niedrigschwellige, flächendeckende und nachhaltig implementierte Angebote zu sorgen, z. B. indem sie mobile Angebote ermöglichen und die Schaffung einheitlicher Qualitätsstandards befördern. Dabei ist hier besonders zu beachten, dass von gefährlichen Verunreinigungen und Verfälschungen sowie von ungewollten Überdosierungen besonders häufig betroffene Gruppen von Substanzgebraucher:innen erreicht werden, darunter auch Opiat- und Cannabisgebraucher:innen.

Um mit Drug-Checking gute Ergebnisse zu erzielen, empfehlen sich Handlungsleitfäden (akzept e.V. 2023).

Drug-Checking setzt sich aus zwei grundlegenden Komponenten zusammen:

1. Die chemische Analyse von Proben psychoaktiver Substanzen, um diese auf die Identität der enthaltenen Wirkstoffe, deren Gehalt und Reinheit zu untersuchen.

2. Die fachlich versierte, mit einer Risikoeinschätzung verbundene Rückmeldung des Testergebnisses an die Substanzgebraucher:innen, in dem neben dem Resultat der chemischen Substanzanalyse auch Informationen zu Konsumrisiken und Safer-Use-Regeln für die entsprechende Substanz sowie weitergehende, grundlegende Aspekte zum Umgang mit psychoaktiven Substanzen vermittelt werden (Konsumreflexion, ggf. Überleitung zu intensiveren Hilfen).

Drug-Checking verfolgt folgende übergeordnete Ziele:

■ Verbesserter Zugang zu schwer zu erreichenden Drogenkonsument:innen über attraktive, bedürfnisorientierte Angebote.

■ Vorbeugung von Überdosierungen und anderen ungewollten Intoxikationen durch Warnung vor besonders gefährlich zusammengesetzten Substanzen.

■ Verbesserung des Wissensstands über besonders risikoreiche Substanzen und Wechselwirkungen verschiedener psychoaktiver Substanzen in der jeweiligen Zielgruppe durch regelmäßige Warnungen und Vermittlung von Informationen.

■ Reflexion spezifischer Drogenwirkungen sowie des individuellen Risikos (unter anderem durch pädagogische, zieloffene und motivierende Gesprächsführung) zur Förderung eines risikobewussten, vorsichtigen Substanzgebrauchs.

■ Erlernen von Strategien zur Risikominimierung durch faktenbasierte und lebensweltorientierte Beratung.

■ Verbesserung des frühzeitigen Zugangs zu Angeboten der Drogen- und Suchthilfe bei drogenbezogenen Fragen und Problemen durch Kontakt- und Beziehungsarbeit sowie durch Beratung.

■ Monitoring der Veränderungen in der Zusammensetzung von unter illegalen Bedingungen produzierten und gehandelten Substanzen und dadurch Verbesserung des Informationsstands von Konsument:innen, Präventions- und Suchtberatungsstellen und ihrer Beratungsqualität.

■ Vernetzung unterschiedlicher Akteure und Institutionen im Drogen- und Suchtbereich.

Vor diesem Hintergrund stellt Drug-Checking einen wichtigen Baustein eines ausdifferenzierten Suchthilfesystems und einer modernen Drogenpolitik mit Monitoring-Qualitäten in vielen Ländern der EU dar (Infodrog o. J.).

Monitoring im Zusammenhang mit Drug-Checking bedeutet die kontinuierliche Beobachtung des nicht regulierten Marktes für psychoaktive Substanzen. Dabei wird zeitabhängig analysiert, welche Substanzen in welcher Qualität in einer bestimmten Region verfügbar sind. Zwar wird durch Drug-Checking nur eine kleine Stichprobe von Substanzen erfasst. Da diese aber direkt von den Konsumierenden stammt, bildet sie die aktuelle Konsumrealität besser ab als die oft auf (Groß-)Sicherstellungen beruhenden Daten von Polizei und Zoll (Caudevilla, Carbón/Ventura 2019). Weil beim Drug-Checking oft auch Konsummuster abgefragt werden, können neue Konsumtrends frühzeitig erkannt werden. Die Ergebnisse des Monitoring sollten möglichst zeitnah an Drogengebraucher:innen kommuniziert werden (z. B. in Form von gut verständlich erklärten Trendberichten auf der Projektwebsite, in Medienberichten und/oder in den sozialen Medien) (akzept e.V. 2022). Sie können Drogengebrauchenden ein Minimum an Orientierung über Entwicklungen auf den nicht regulierten Märkten für psychoaktive Substanzen verschaffen, ein Bewusstsein für die Risiken des Drogenkonsums unter unregulierten Bedingungen erzeugen und so den Prozess beim Erlernen von Konsumkompetenz unterstützen. Darüber hinaus können auf der Basis von Substanz- und Konsummonitoring auch schadensminimierende Maßnahmen, Prävention und Hilfen optimiert und den aktuellen Entwicklungen angepasst werden. Die alleinige Analyse von Proben psychoaktiver Substanzen ohne eine qualifizierte, der Gesundheitsförderung dienende Rückmeldung an die betreffenden Substanzgebraucher:innen und eine Beratung zur Förderung der Konsumreflexion ist jedoch kein Drug-Checking.

Um die Verbindung von Substanzanalysen mit dem Angebot der Beratung und Risikokommunikation deutlich zu machen, wurden für im Rahmen der Drogenarbeit verankertes Drug-Checking auch Begriffe wie „qualifiziertes Drug-Checking"[10], „integriertes Drug-Checking", „analysebasierte Intervention" oder „analysegestützte Beratung" vorgeschlagen. Stationäres Drug-Checking bedeutet, dass die Substanzanalysen in einem fest installierten Labor gemacht werden und die Probenabgabe und Beratung in einer bestehenden Einrichtung erfolgt, z. B. einer Drogenberatungsstelle. Die Person, die die Probe abgegeben hat, erfährt in der Regel erst nach einigen Tagen das Ergebnis. Beim mobilen (On-Site-)Drug-Checking wird die Analyse und Beratung dort durchgeführt, wo Drogengebraucher:innen mit Substanzen anzutreffen sind, etwa auf Partys oder Festivals, im Nachtleben oder an einem öffentlichen Treffpunkt von Menschen, die Drogen gebrauchen. Die Aussagekraft der Analyseergebnisse ist abhängig von den angewandten Methoden bzw. den Testverfahren, deren Eignung und Qualität durch Validierung bestätigt wurde. Studien konnten nachweisen, dass Drug-Checking keineswegs konsumfördernd wirkt, sondern im Gegenteil tendenziell zu einem vorsichtigeren Substanzkonsum beiträgt (z. B. Benschop/Rabes/Korf 2002; Brunt/Niesink 2011; Barratt et al. 2018). Auch die ersten Erfahrungen des thüringischen Angebots zeigen bereits nach wenigen Einsätzen, dass Drug-Checking nicht nur unerwartete Wirkstoffe und hohe Wirkstoffgehalte erfasst, sondern zudem erheblich zum Risikomanagement von Konsument:innen beitragen kann (SiT/LeadiX 2021).

Drug-Checking ist zudem eine Methode der Intervention, bei der Drogengebrauchende dazu motiviert werden, ihren Konsum zu reflektieren und wenn nötig zu verändern. Schließlich stellt Drug-Checking ein Instrument der Suchtprävention

---

10 Beim qualifizierten Drugchecking kommen dabei heute fast ausschließlich Methoden der instrumentellen Analytik wie HPLC, Massenspektrometrie und Infrarotspektroskopie zum Einsatz. Um den immer komplexer werdenden Anforderungen insbesondere an die mobile Substanzanalyse gerecht zu werden, kann die kombinierte Anwendung mehrerer Verfahren die Kapazitätsgrenzen einer einzelnen Methode erweitern (Luf et al. 2019).

und Gesundheitsförderung dar, weil die vermittelten Informationen und Fertigkeiten Drogengebraucher:innen beim Erlernen von Konsumkompetenz[11] unterstützen. Drug-Checking ermöglicht darüber hinaus ein Monitoring des nicht regulierten Marktes für psychoaktive Substanzen. Durch Substanzmonitoring können schadensminimierende Maßnahmen, Prävention und Hilfe frühzeitig entwickelt bzw. den aktuellen Entwicklungen angepasst werden. Mit Drug-Checking können also die Bereiche Intervention, Schadensreduzierung, Prävention und Gesundheitsförderung sowie Substanzmonitoring verbunden werden.

Fragen und Übungen

1. Listen Sie die evidenzbasierten verhältnispräventiven Strategien zur Tabakkontrolle auf. Welche davon werden in Deutschland umgesetzt? Wie steht Deutschland im Vergleich zu anderen europäischen Ländern da?
2. In welchem Verhältnis steht die Wirksamkeit der Verhältnisprävention zur Verhaltensprävention? Entwickeln Sie Ihre Argumentation am Beispiel der Alkoholprävention.
3. Wie und in welchen Mustern adressiert die BZgA Verhältnisprävention in Bezug auf Jugendliche im Alter von 12–17 Jahren?

Weiterführende Literatur

Akzept e.V. (2022): Drug-Checking. Regulierungs- und Förderbedarfe. Positionspapier. www.akzept.eu/wp-content/uploads/2023/02/PositionspapierDrugChecking2022web.pdf, 21.7.2023.

Deutsches Krebsforschungszentrum (DKFZ) (2020): Tabakatlas Deutschland 2020. www.dkfz.de/de/krebspraevention/Downloads/pdf/Buecher_und_Berichte/2020_Tabakatlas-Deutschland-2020_dp.pdf, 26.7.2023.

Kotz, D. (2023): DEBRA – Deutsche Befragung zum Rauchverhalten 2023. www.debra-study.info/, 13.7.2023.

Schaller, K. et al. (2022): Alkoholatlas Deutschland 2022. www.dkfz.de/de/tabakkontrolle/download/Publikationen/sonstVeroeffentlichungen/Alkoholatlas-Deutschland-2022_dp.pdf, 6.6.2023.

Stöver, H. (2021c): Diversifizierung der Rauchentwöhnungsprogramme – die Rolle der E-Zigarette. In: Bundesgesundheitsblatt 64, S. 1473–1479. DOI:10.1007/s00103–021–03435–5.

---

11 Unter Konsumkompetenz werden Fähigkeiten verstanden, die dabei helfen, „das eigene Konsumverhalten so zu gestalten, dass die körperliche, geistige und soziale Gesundheit erhalten bleibt" (Expertengruppe Weiterbildung Sucht 2014).

6 Standards für eine gelingende Verhaltensprävention

Zusammenfassung

In diesem Kapitel geht es vorrangig darum, Wissen darüber zu erlangen, was überhaupt in der Suchtprävention ‚wirkt'. Des Weiteren wird veranschaulicht, wie suchtpräventive Arbeit strukturiert werden kann und wie sie aufgebaut werden sollte, um vor allem nachhaltige Effekte zu erzielen und welche Ansätze hierbei erfolgsversprechend sind. Hierfür wird Bezug auf das Manual zum europäischen Qualitätsstandard zur Suchtprävention genommen, welches eine Übersetzung und Anpassung der *Europäischen Qualitätsstandards zur Suchtprävention (European Drug Prevention Quality Standards, EDPQS)* darstellt, herausgegeben von der Europäischen Beobachtungsstelle für Drogen und Drogensucht (European Monitoring Centre for Drugs and Drug Addiction, EMCDDA) im Jahr 2011. Dieses beschäftigt sich genau mit diesen Fragestellungen und Inhalten. Die Thüringer Fachstelle Suchtprävention des Fachverbands Drogen- und Suchthilfe e.V. (fdr+) entwickelte infolgedessen allgemeingültige und hilfreiche Qualitätsstandards für die Suchtprävention, um einen anwendungsbezogenen, detaillierten und flexiblen Standard zu schaffen, der sich an individuelle Gegebenheiten anpassen kann.

Die Suchtprävention und somit auch die Verhaltensprävention bedient sich einer Fülle von Vorgehensweisen und Maßnahmen, wobei sich jedoch folgende Fragen ergeben, die in diesem Kapitel Beachtung erhalten sollen. Entsprechend geht es in erster Linie überhaupt darum zu klären oder Wissen darüber zu erlangen, was überhaupt in der Suchtprävention ‚wirkt'. Weiter geht es darum zu erfahren, wie suchtpräventive Arbeit strukturiert werden kann bzw. wie sie aufgebaut werden sollte, um vor allem nachhaltige Effekte zu erzielen und welche Ansätze hierbei erfolgversprechend sind. Das Manual zum europäischen Qualitätsstandard zur Suchtprävention, welches eine Übersetzung und Anpassung der *Europäischen Qualitätsstandards zur Suchtprävention (European Drug Prevention Quality Standards, EDPQS)* ist, anno 2011 herausgegeben von der Europäischen Beobachtungsstelle für Drogen und Drogensucht (European Monitoring Centre for Drugs and Drug Addiction, EMCDDA), beschäftigt sich mit diesen Fragestellungen und Inhalten. Die Thüringer Fachstelle Suchtprävention des Fachverbands Drogen- und Suchthilfe e.V. (fdr+) entwickelte infolgedessen allgemeingültige und hilfreiche Qualitätsstandards für die Suchtprävention, um einen anwendungsbezogenen, detaillierten und flexiblen Standard zu schaffen, der sich an individuelle Gegebenheiten anpassen kann (Thüringer Fachstelle Suchtprävention/Fachverband Drogen- und Suchthilfe e.V. 2019).

Wie bereits in den anfänglichen Kapiteln beschrieben, wird die universelle, selektive und indizierte Prävention durch die Beurteilung der Vulnerabilität und des Risikos unterschieden. So teilen in der universellen Prävention alle Mitglieder der Bevölkerung dasselbe allgemeine Risiko zum Substanzgebrauch, obwohl dieses zwischen Einzelnen stark variieren kann. Soziale und demografische Indikatoren weisen wiederum in der selektiven Prävention auf einen höheren Vulnerabilitätsgrad hin – wodurch bestimmte Gruppen angesprochen werden. Rückschlüsse über Vulnerabilitätsfaktoren Einzelner lassen sich hier im Gegensatz zur indizierten Prävention noch nicht ziehen, bei der dann ein erhöhtes Risiko für einen Substanzgebrauch durch eine Fachkraft festgestellt werden kann. Indizierte Präventionsprogramme scheinen im Vergleich zu universellen und selektiven Programmen besser designt und evaluiert zu sein und zeigen oftmals hohe Effizienzgrade (EMCDDA 2009). Die Effekte von frühen Entwicklungsnachteilen mit einer möglichen Entwicklung in eine Substanzgebrauchsstörung können wiederum von der selektiven sowie indizierten Prävention abgeschwächt werden. Durchgeführte Interventionsprojekte in den ersten Schuljahren mit der Zielsetzung, soziale Ausgrenzung zu reduzieren und die schulische Umgebung zu verbessern, können trotz ihrer drogenunspezifischen Beschaffenheit ebenfalls einen abmildernden Effekt auf einen späteren Substanzgebrauch haben (Toumbourou et al. 2007).

6.1 ‚Standards‘ von Suchtprävention am Beispiel der europäischen Qualitätsstandards zur Suchtprävention (EDPQS)

Suchtprävention umfasst die Aktivitäten der Verhinderung oder Verschiebung des ersten Substanzgebrauchs, die Förderung mit einem Substanzgebrauch aufzuhören, die Reduzierung der Häufigkeit oder Menge des Konsums, die Verhinderung des Fortschreitens in gefährliche oder schädliche Konsummuster und/oder die Verhinderung der negativen Folgen des Konsums. Eines der hauptsächlichen Ziele zeitgemäßer Suchtprävention stellt die Identifizierung der am besten geeigneten Mittel dar, um vor allem junge Menschen und Konsumierende zu unterstützen, indem sie dazu befähigt werden sollen, gesunde und informierte Entscheidungen für sich zu treffen. Des Weiteren geht es um die Reduktion von Vulnerabilitäten und Risikofaktoren sowie vor allem um die Steigerung sozialer und gesundheitlicher Chancengleichheit.

Die europäischen Qualitätsstandards zur Suchtprävention (EDPQS) können als ein erstes europäisches Rahmenwerk sowie als allgemein anerkannte Prinzipien oder Regelwerke betrachtet werden, die Hinweise darauf geben, wie qualitativ hochwertige Suchtprävention durchgeführt werden kann und soll. Dabei implizieren und reflektieren sie einen intern schlüssigen und langfristigen Blick auf Prävention und unterstützen die Bedeutung integrierter Ansätze. Eigenschaften von Suchtpräventionsprogrammen, die im Einklang mit den Standards sind, können wie folgt lauten: Sie besitzen eine Relevanz im Sinne eines zielgerichteten Fokus auf die Erfüllung der Bedürfnisse der Teilnehmenden; sie sind ethisch vertretbar in Form der Verbreitung und Bereitstellung von echten Vorteilen für die Teilnehmenden; sie sind evidenzbasiert, indem ihre Anwendung der besten verfügbaren wissenschaftlichen Evidenz entspricht und sie sind schließlich effektiv und mit den zur Verfügung stehenden Ressourcen durchführbar (Thüringer Fachstelle Suchtprävention/Fachverband Drogen- und Suchthilfe e.V. 2019).

Das Ziel europäischer Qualitätsstandards besteht folglich nicht darin, eine Vereinheitlichung der Präventionsarbeit zu erlangen, sondern ein ähnliches Qualitätsniveau in ganz Europa zu erreichen und dabei die Vielfalt der bestehenden Praktiken anzuerkennen. Um die Frage zu beantworten, wofür konkret diese Standards eingesetzt werden können, gibt es ebenfalls Empfehlungen und Vorschläge für deren Verwendung. Beispielsweise können sie für die Bereiche Information, Bildung und Anleitung, die Weiterentwicklung von Qualitätskriterien, Selbstreflexion, Gruppendiskussionen und Leistungsbeurteilung angewendet werden. Hingegen wird abgeraten, sie für die Bereiche der formalen Selbstbewertung, Finanzierungsentscheidungen, externe Akkreditierungen sowie als einen Ersatz für die Ergebnisevaluation zu verwenden.

Trotz des Bezugs auf Programme können die Standards für die Reflexion der Präventionsarbeit ebenfalls für verschiedene Durchführungsebenen genutzt werden – einschließlich Personen, Aktivitäten, Organisationen oder auch Strategien. In Bezug auf Personen können die Standards beispielsweise für die berufliche Entwicklung sowie zur Reflexion der gegenwärtigen Praxis genutzt werden. Unter Organisationen werden u.a. Dienstleistungsanbieter oder Schulen verstanden, so dass die Standards hier zur Verbesserung von z. B. organisationalen Veränderungen und Strategien eingesetzt werden können, damit Zielgruppen eine optimale Versorgung erhalten.

Fachkräfte sowie Interessierte der Suchtprävention, welche die Standards nutzen können, sind wiederum ebenfalls in verschiedenen Bereichen anzutreffen. Das bedeutet, die Standards finden Anwendung z. B. auf der Politik- und Entscheidungsebene wie unter Regierungsvertreter:innen, drogenpolitischen Sprecher:innen oder auch Finanzgeber:innen. Aber auch auf Managementebene (Leiter:innen von Suchtpräventionsprojekten), Durchführungsebene (Suchtpräventionsfachkräfte, Sozialarbeiter:innen, Lehrer:innen etc.), Schulungsebene (Praktiker:innen wie Sozialarbeiter:innen), Aufsichtsebene (z. B. extern Betreuende), Programmentwicklungs- und schließlich der Koordinierungsebene können die Standards genutzt werden.

Anzumerken ist, dass nicht alle Standards für alle Professionen die gleiche Relevanz besitzen. Eine Empfehlung diesbezüglich lautet, dass sich Fachkräfte zunächst über einen Programmzyklus und eine Modulliste einen ersten Überblick über die Standards verschaffen sollten, bis die Festlegung der für ihre beruflichen Bedürfnisse wichtigsten Standards erfolgt ist. Entsprechend sollte die Beschäftigung sowie die Auseinandersetzung mit Standards als ein langfristiger Prozess gelten, bei welchem sie im Verlauf der Zeit zu Rate gezogen werden können, um die Kenntnisse und die Arbeit der Fachkräfte schrittweise weiterzuentwickeln (Thüringer Fachstelle Suchtprävention/Fachverband Drogen- und Suchthilfe e.V. 2019).

6.2 Programmzyklus der Qualitätsstandards

Im nachfolgend skizzierten Programmzyklus, der eine Beschreibung der Entwicklung, Implementierung und Evaluierung von suchtpräventiver Arbeit beschreibt, sind die Europäischen Qualitätsstandards zur Suchtprävention chronologisch angeordnet. Dieser Programmzyklus stellt ein vereinfachtes Modell der Suchtprävention dar, so dass dessen Struktur als gute Möglichkeit gedeutet wurde, eine verständliche Sammlung an Qualitätsstandards abzubilden. In der Realität kann die Präventionsarbeit dennoch anders aussehen und von der in diesem Zyklus gezeigten Anordnung abweichen. Demnach gilt es für Fachkräfte und Anwender:innen, den Programmzyklus individuell an die Gegebenheiten ihres Programms im Rahmen ihrer Präventionsarbeit anzupassen. Möglicherweise sind bestimmte Module nicht notwendig oder die Reihenfolge der Standards sollte begründet und gerechtfertigt ggf. geändert werden. Genau jene Flexibilität trägt dazu bei, dass das Manual in allen Bereichen der Suchtprävention anzuwenden ist und darüber hinaus eine Relevanz und Nutzbarkeit besitzt.

Insgesamt besteht der Programmzyklus aus acht Phasen – der Bedarfsanalyse, Ressourcenanalysen, Programmformulierung, Interventionsdesign, Management und Aktivierung der Ressourcen, Umsetzung und Monitoring, Abschließende Evaluation sowie Verbreitung und Verbesserung (Abb. 11). Gleichzeitig Anwendung finden höchstwahrscheinlich die Bedarfs- und Ressourcenanalyse sowie das Interventionsdesign und Management wie auch die Aktivierung der Ressourcen – weshalb sie in den gleichen Farben gehalten werden. Die sogenannten vier Querschnittskriterien – A Nachhaltigkeit und Finanzierung, B Kommunikation und Einbindung von Stakeholdern, C Personalentwicklung und D Ethische Suchtprävention – werden keiner bestimmten Phase zugeordnet, sondern spielen in jede Phase mit hinein und sollten somit jederzeit bedacht werden.

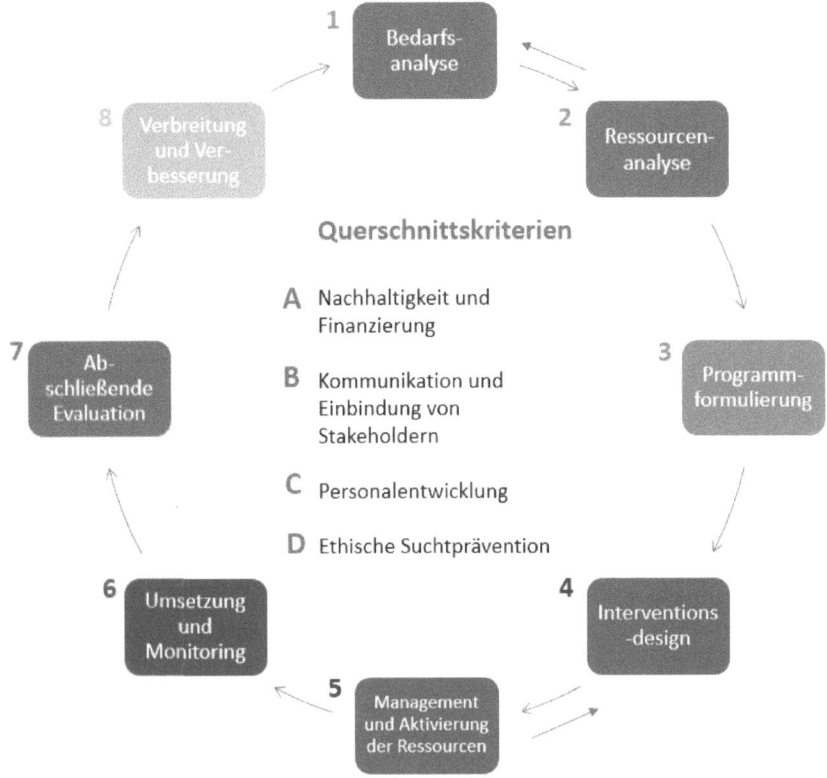

Abbildung 12: Der suchtpräventive Programmzyklus. Quelle: Thüringer Fachstelle Suchtprävention/Fachverband Drogen- und Suchthilfe e.V. 2019.

6.3 Grund- und Expert:innen-Standards

Suchtpräventive Projekte und Programme unterscheiden sich auf vielfältige Art und Weise im Hinblick auf ihre Ziele und jeweiligen Zielgruppen, ihren Arbeitsumfang, ihr Setting, ihre Methoden, ihren zeitlichen Rahmen und ihre Dauer sowie bezüglich vorhandenen und benötigten Ressourcen. Demnach können bestimmte Standards wiederum für spezifische Interventionen relevanter und machbarer sein als für andere. Bestimmte Standards eignen sich beispielsweise sehr wohl für groß- und langangelegte Projekte, dafür jedoch weniger für kleine und kürzere Projekte – wenn es z. B. darum geht, Teilnehmende über einen längeren Zeitraum an ein Projekt zu binden. Groß- und kleinangelegte Programme unterscheiden sich oftmals anhand der Mitarbeitenden-Anzahl, des Budgets, der Dauer des Projekts etc. Eine einmalige Schulaktion für eine eher geringe Anzahl an Schüler:innen beispielsweise kann eher als ein kleinangelegtes Programm definiert werden. Die Standards für suchtpräventive Programme unterteilen sich infolgedessen in drei Stufen: Grundstandards; Grundstandards, wenn... und Expert:innen-Standards. Diesbezüglich gilt: Bei Erfüllung der meisten Grundstandards sollten Fachkräfte folglich danach streben, die für ihre Arbeit relevanten Expert:innen-Standards zu erfüllen (ebd.).

Infobox

Grundstandards

Für alle suchtpräventiven Programme anwendbar sein sollen die sogenannten Grundstandards. Sie gelten als Rahmenwerk für Fachleute, Programme, Organisationen und Strategien – die vor allem aufgrund von begrenzten Ressourcen nicht alle Standards erfüllen können. Die Grundstandards sind folglich unabhängig von den jeweiligen Rahmenbedingungen. Auch für Organisationen wie Schulen, die Suchtprävention nicht primär durchführen, sollen Grundstandards Anwendung finden. Bei Erfüllung der Grundstandards solcher Organisationen ist deren Leistung als sehr gut anzusehen.

Zusätzliche Grundstandards – Grundstandards, wenn...

Die zusätzlichen Grundstandards reflektieren das Grundniveau von Programmen unter bestimmten Umständen. Beispielsweise werden einige Standards als Grundstandards betrachtet, wenn die Planung einer Ergebnisevaluation impliziert ist. Jedoch finden sie keine Anwendung, wenn eine solche Evaluation gar nicht erst beabsichtigt ist. Expert:innen-Standards sollten von Nutzer:innen berücksichtigt werden, um etwaige zusätzliche Grundstandards überhaupt erst identifizieren zu können.

Expert:innen-Standards

Expert:innen-Standards repräsentieren ein höheres Qualitätslevel, so dass sie als Zusatz zu den Grundstandards bezeichnet werden können. Sowohl für Fachleute und Programme, die über mehr Ressourcen verfügen, als auch für diejenigen mit kleineren Programmen, welche die meisten Grundstandards schon erreicht haben, geben die Expert:innen-Standards ein Rahmenwerk vor. Eine Einhaltung aller Expert:innen-Standards ist wünschenswert, jedoch nicht immer machbar. Auch an dieser Stelle sollten Nutzer:innen von Expert:innen-Standards wieder abwägen, welche Standards für ihre jeweilige Präventionsarbeit eine Relevanz, Durchführbarkeit und Nutzbarkeit aufweist.

6.4 Phase 1: Die Bedarfsanalyse

Beispielhaft sollen anhand von Phase 1 notwendige Überlegungen skizziert werden, die es gilt bei bzw. vor der Planung eines Präventionsprojektes zu beachten. Denn vor einer Intervention müssen zunächst Art und Ausmaß der drogenbezogenen Bedürfnisse sowie deren Ursachen und Einflussgrößen gekannt werden. Erst dann kann gewährleistet werden, dass die Intervention notwendig und genau ist. Die Module sind ebenfalls in Anlehnung an das Manual und die Übersetzung der Thüringer Fachstelle Suchtprävention/Fachverband Drogen- und Suchthilfe e.V. beschrieben.

6.4.1 Orientierung an drogenbezogener Politik und Gesetzgebung

Für gelingende suchtpräventive Angebote sollte in jedem Fall eine Orientierung an der drogenbezogenen Politik und Gesetzgebung stattfinden, um letztlich auf einem regionalen, landesweiten sowie nationalen und/oder internationalen Level zusammenarbeiten zu können. Für diese Zusammenführung kann drogenrelevante Politik hierbei als Wegweiser dienen. Die Kenntnis über die Aktualität der Gesetzgebung ist vor allem ausschlaggebend, da diesbezügliche Veränderungen wiederum Auswirkungen auf das Präventionsprojekt haben können. Folglich kann der Fall eintreten, dass entsprechend neuer Schwerpunkte auch neue Strategien erforderlich sind oder Interventionsinhalte aktualisiert werden müssen.

6.4.2 Einschätzung der Drogensituation und gemeinschaftlicher Bedürfnisse

Um ein bedürfnisorientiertes Eingehen auf die Zielgruppe der jeweiligen Suchtpräventionsprogramme zu gewährleisten, ist es notwendig, die Drogensituation in der Allgemeinbevölkerung oder auch einer bestimmten Zielgruppe einzuschätzen. Spezifische Kenntnisse über die Bedürfnisse der Zielgruppe können z. B. durch quantitative sowie qualitative Methoden und empirische Analysen erhoben werden. Aufgrund der rasanten Entwicklung und Veränderungen von Drogentrends ist es wichtig, die Bedarfsanalysen fortwährend regelmäßig zu aktualisieren. Um Zugang zu bestimmten Daten zu erhalten, kann es notwendig werden, eine strukturierte Zusammenarbeit mit externen Partner:innen anzubahnen. Auch landesweite oder regionale Suchtfachstellen können sich für eine Koordination der Datenerhebung und -analyse eignen. Weiter geht es darum, detaillierte Informationen über den Substanzgebrauch und die Zielgruppe zu erfahren, wie z. B. die Differenzierung zwischen verschiedenen Gruppen – der Allgemeinbevölkerung und einzelner Gruppen –, die sich im Hinblick auf *soziökonomische Faktoren* wie Alter, Geschlecht, Ethnie oder Vulnerabilität unterscheiden. Aber auch Drogenkonsumraten sowie -trends sollten anhand der *Inzidenz- und Prävalenzraten* identifiziert werden, wobei bezüglich der Prävalenz zwischen Konsumraten der letzten 30 Tage, im letzten Jahr, in der Lebenszeit oder jenen unterschieden wird, die gar keine Substanzen konsumieren. Auch im Rahmen des Drogentrends oder etwaiger Konsummuster können Daten zur Häufigkeit des Konsums, zu Situation, Umstand und Funktion des Konsums, des Einstiegsalters/Höchstkonsumalters sowie der Häufigkeit des gelegentlichen/regulären oder starken Konsums erhoben oder genutzt werden.

6.4.3 Begründung der Notwendigkeit für die Intervention

In diesem Abschnitt werden dann die Ergebnisse aus den vorangegangenen Modulen, sprich der kommunalen Bedarfsermittlung dokumentiert und in einen Zusammenhang bzw. in einen Kontext gesetzt, um entsprechend den Interventionsbedarf zu begründen. Aber auch die Analyse bereits bestehender Suchtpräventionsprogramme sollte nicht außer Acht gelassen werden, um ein verbessertes Verständnis dafür zu erlangen, wie das eigene Interventionsprojekt die bestehenden Strukturen noch vervollständigen kann. Zudem geht es darum, die Sichtweise der Gemeinschaft miteinzubeziehen im Hinblick auf die Relevanz des Programms für diese – vor dem Hintergrund des ethischen Aspekts sowie der Kommunikation mit Externen und Stakeholdern. Denn es muss ein Flexibilitätsbedarf von Vertreter:innen und Finanzgeber:innen anerkannt werden. Die Kommunikation zwischen Anbieter:innen und Finanzgeber:innen stellt wiederum sicher, dass das Interventionsprogramm sowohl für die Gemeinschaft als auch für diejenigen, die es implementieren, von Relevanz ist.

6.4.4 Verstehen der Zielgruppe und partizipative Prävention

Vor allem sollte Suchtprävention auch partizipativ unter Einbezug der Zielgruppe stattfinden und demnach nicht nur für, sondern auch mit den Menschen ausgeübt werden. Hierfür werden u.a. detaillierte Daten über die zukünftige Zielpopulation in Form von Informationen über Risiko- und Schutzfaktoren, deren Kultur sowie Alltag benötigt und gesammelt. Eine Grundvoraussetzung für eine ethische und effektive Suchtprävention stellt vor allem ein gutes Verständnis für die Zielgruppe und deren Gegebenheiten dar. Hierzu gehören beispielsweise auch Sichtweisen auf den Substanzkonsum, wodurch das Interventionsdesign und die Anpassung an die Zielgruppe beeinflusst werden. Mitinbegriffen sind hierbei u.a. die Selbsteinschätzung der Zielgruppe, kulturelle Aspekte (Werte, Überzeugungen, soziale Regeln), allgemeine Probleme und Bedürfnisse, die ‚Sprache‘ der Zielgruppe, die Motivation für den Substanzgebrauch, die Wahrnehmung von positiven wie negativen Folgen des Konsums sowie die Ansicht zu Medien und Botschaften zur Suchtprävention. Weiter werden Risiko- und Schutzfaktoren hinsichtlich verschiedener Variablen wie Alter, Geschlecht, Kultur und Vulnerabilität erhoben. Ausschlaggebend sind vor allem auch die Erwartungen der Zielgruppe an kurz-, mittel- und langfristige Ziele von Suchtpräventionsprogrammen.

Nach dieser Betrachtung wird deutlich, welche Komplexität an Überlegungen notwendig ist, um ein ‚gutes‘ Suchtpräventionsprogramm zu entwickeln und zu implementieren.

> **Fragen und Übungen**
>
> 1. Mit welchen verhaltenspräventiven Botschaften sind Sie in Ihrer Biografie und lerngeschichtlichen Entwicklung konfrontiert worden?
> 2. Welche verhaltenspräventiven Strategien in Bezug auf Medienkonsum halten Sie für wirksam? Begründen Sie Ihren Standpunkt.
> 3. Etwa drei Viertel aller Rauchausstiegsversuche werden mit ‚Eigener Willenskraft' erklärt. Was verstehen Sie darunter und welche Kontextfaktoren halten Sie für wichtig in Bezug auf die Rauchentwöhnung? Wie würden Sie Ihre Ergebnisse in präventiven Botschaften umsetzen?

Weiterführende Literatur

Carr, A. (2012): Endlich Nichtraucher! Der einfache Weg, mit dem Rauchen Schluss zu machen. München: Goldmann.

Thüringer Fachstelle Suchtprävention/Fachverband Drogen- und Suchthilfe e.V. (2019): Europäische Qualitätsstandard zur Suchtprävention. European Drug Prevention Quality Standards (EDPQS). www.emcdda.europa.eu/system/files/publications/646/Europ%C3%A4ische%20Qualit%C3%A4tsstandards%20zur%20Suchtpr%C3%A4vention_deutsche%20%C3%9Cbersetzung%20EDPQS.pdf, 14.2.2023.

Werse, B./Kuhn, S./Lehmann, K./Stöver, H. (2023): Mit dem Rauchen aufhören – Methoden, Hilfen, Hindernisse. Ergebnisse der RauS-Studie. In: Stöver, H. (Hrsg.): Die Zigarette liegt in den letzten Zügen – Alternative Formen der Nikotinaufnahme. Frankfurt am Main: Fachhochschulverlag, S. 63–96.

7 Methoden und Handlungsansätze der Suchtprävention – So kann es erfolgreich gelingen

Zusammenfassung

Mittlerweile existieren neben den vielfältigen Konzepten und Strategien von Prävention ebenfalls vielseitige methodische Ansätze und Handlungsansätze zur praktischen Umsetzung der jeweiligen präventiven Ziele. Im folgenden Kapitel werden verschiedene Ansätze im Hinblick auf Möglichkeiten des methodischen Vorgehens in der Verhaltens- wie auch Verhältnisprävention differenziert vorgestellt und skizziert. In diesem Zusammenhang werden Chancen und Ansprüche sowohl von psychoedukativen als auch Peer-Involvement-Ansätzen veranschaulicht sowie verschiedene Zielrichtungen von bspw. familienbasierten, gemeindebasierten oder aber massenmedialen Kampagnen präsentiert. Abschließend wird ein Augenmerk auf v. a. auch politisch-strukturelle Ansätze der Verhältnisprävention gelegt, um neben edukativen Methoden einen zweiten wichtigen und großen Einflussbereich vorzustellen.

7.1 Individuell-edukative Ansätze der Verhaltensprävention

Psychoedukative Ansätze dominieren vor allem in der Verhaltensprävention und orientieren sich an der Einsicht und Veränderungsmotivation von Individuen. Methodisch beinhalten sie demnach Vorgehensweisen der *Information und Aufklärung* wie u.a. bevölkerungsweite Kampagnen zu den negativen Folgen des Rauschtrinkens bzw. Binge-Drinkings, aber auch individuelle Gespräche zwischen Ärzt:innen und Patient:innen über z. B. die Schädigungen des Tabakkonsums sowie abschreckende Warnhinweise und -fotos auf Zigarettenverpackungen. Weiter fallen unter diesen Ansatz *Beratungen* – das kann eine Drogen-, Sucht- oder Patient:innen-Beratung sein oder von Personen, die sich beispielsweise gerade in Krisensituationen befinden. Verhaltens- und Selbstmanagement-Trainings fallen ebenfalls in die Kategorie der psychoedukativen Ansätze – zum Beispiel zu den Themen Stressbewältigung, progressive Muskelrelaxation oder zum möglicherweise ‚kontrollierten‘ sowie selbstreflektierten Substanz-Konsum. Alle Ansätze dieser Art sollen zur Förderung der individuellen Kompetenz und Motivation der Adressat:innen beitragen, um schließlich eine Reduktion des gesundheitsschädlichen Verhaltens und einen Aufbau von gesundheitsförderlichen Verhaltensweise zu erzielen (Leppin 2018).

7.1.1 Peer Education und Peer Involvement-Ansätze

Peers (‚Gleiche‘, ‚Gleichaltrige‘) sind sogenannte Laienmultiplikator:innen, die der Zielgruppe der präventiven Intervention zugehörig sind. Darüber hinaus sind Peers einer vergleichbaren sozialen Gruppe zuzuordnen in Bezug auf verschiedene Faktoren wie Alter, sozioökonomischer Status, kultureller Hintergrund, Gesundheitszustand oder auch sexuelle Orientierung. Es handelt sich demnach um Menschen, die persönliche Eigenschaften, Umstände, Erfahrungen und Rollen miteinander teilen (Backes/Schönbach 2002; Kern-Scheffeldt 2005; Simoni et al. 2011). Im Gesundheitsbereich wird unter *Peer Education* das Lehren oder Teilen von Informationen, Werten und Verhaltensweisen zur Gesundheit durch Mitglieder gleicher Alters- oder Statusgruppen verstanden. In zahlreichen Präventionsgebieten und Settings wie vor allem in Schulen, Betrieben oder am Arbeitsplatz, in Jugendzentren oder im Freizeitbereich finden Peerprojekte Anwendung. Das geeignete Setting für eine Intervention wird üblicherweise anhand der zu adressierenden spezifischen Zielgruppe ausgewählt. Peer Education-Projekte im Rahmen der Gesundheitsförderung eignen sich insbesondere gut an Schulen, indem hierdurch Prozesse geschaffen werden, die dabei unterstützen, hilfreiche physische und emotionale Bedingungen in Klassen, Schulen, Gemeinden und Gesellschaften zu etablieren. Miteinbezogen werden sollten hierbei alle schulischen Akteur:innen wie Schüler:innen, Lehrende und Eltern.

Der Einbezug von Peers in Programme der Gesundheitsförderung und Prävention für junge Menschen findet auf vielfältige Weise statt. Dabei nehmen sie die Position als Träger von personalkommunikativen Botschaften ein. Der Überbegriff für die entsprechenden Programme lautet *Peer Involvement*. Er beschreibt den Einsatz von Jugendlichen für Jugendliche zur Aufklärung, Beratung oder Projektgestaltung. Obwohl Studien zu Peer Involvement-Programmen teils keine eindeutigen Ergebnisse zu den Erfolgen solcher Programme aufweisen, kann dennoch festgehalten werden, dass diese Programme bei Jugendlichen zum einen eine hohe Akzeptanz besitzen und dass zum anderen „peer-leader" als Träger:innen von Wissens- und Verhaltensbotschaften in solchen Programmen genauso effektiv wie Erwachsene sind (Backes/Lieb 2015).

Unabhängig vom jeweiligen Alter finden Peer Education-Programme auch im Erwachsenenalter Anwendung, wie beispielsweise im Rahmen der AIDS-Prävention der 1990er-Jahre im Bereich von Männern, die Sex mit Männern (MSM) haben. In den meisten Fällen beziehen sich die Programme dennoch auf die Altersgruppe der Jugendlichen. Umsetzungsmöglichkeiten von Peer Education-Programmen beinhalten u.a. die Durchführung von Informationsveranstaltungen einer oder mehrerer Multiplikator:innen für andere Jugendliche. Neben der reinen Wissensvermittlung geht es häufig v. a. auch um die Reflektion von Einstellungen, Werten und sozialen Normen. Expert:innen zufolge können auf diese Weise ebenfalls die Einstellungen, Haltungen und Verhaltensweisen von Zielgruppen beeinflusst werden.

Je nach Form und Anzahl der beteiligten Interaktionspartner:innen kann zwischen den Formen des Peer Counseling, der Peer Education und den Peer Projekten unterschieden werden.

Peer Counseling-Programme charakterisieren sich allgemein durch die Beratung zu speziellen Themen von Mensch zu Mensch. Die sogenannten Peer Counselors beratschlagen die Ratsuchenden z. B. in Notlagen wie bei einer vermuteten oder tatsächlichen Schwangerschaft, bei Problemen mit Substanzkonsum etc. Ein solcher Ansatz stellt auch entsprechend hohe Anforderungen an die Peer Counselors. Möglich ist auch, dass die Counselors bestimmte Themen und Problematiken, zu welchen sie beraten, auch selbst erlebt und bewältigt haben. Mögliche suchtspezifische Themenkomplexe können hierbei der Missbrauch von legalen sowie illegalen Substanzen sowie die damit in Verbindung stehenden Beratungen zu

HIV/AIDS oder sexuellem Missbrauch sein (Kern-Scheffeldt 2005; Backes/Lieb 2015).

Im Rahmen der *Peer Education* wird ein trainierter Jugendlicher eingesetzt, um eine bestimmte Gruppe zu einem spezifischen Thema zu informieren und dabei Einfluss auf deren Einstellungen und Verhaltensweisen zu nehmen. Auch in diesem Rahmen können spezielle Themen wie der Umgang mit Nikotin- und Tabakkonsum, der Konsum legaler und illegaler Substanzen sowie das Sexual- und Verhütungsverhalten behandelt werden.

Peer-Projekte wiederum werden für eine bestimmte und konkrete Aktion initiiert und sind folglich, wie schon gesagt, stark aktions- und handlungsorientiert. Inhaltlich fokussieren die Projekte v. a. die Bedürfnisse der Jugendlichen und können bei dieser Umsetzung verschiedene und v. a. vielfältige Formen annehmen wie z. B. die Aufführung eines Theaterstücks oder auch die Einrichtung und Organisation eines Aufklärungsstands an einer Schule. Auch Videos oder Projekttage zu Themen des Konsum- und Risikoverhaltens, zu Gewalt oder der HIV/AIDS-Prävention sind hierbei möglich (Kern-Scheffeldt 2005; Backes/Lieb 2015).

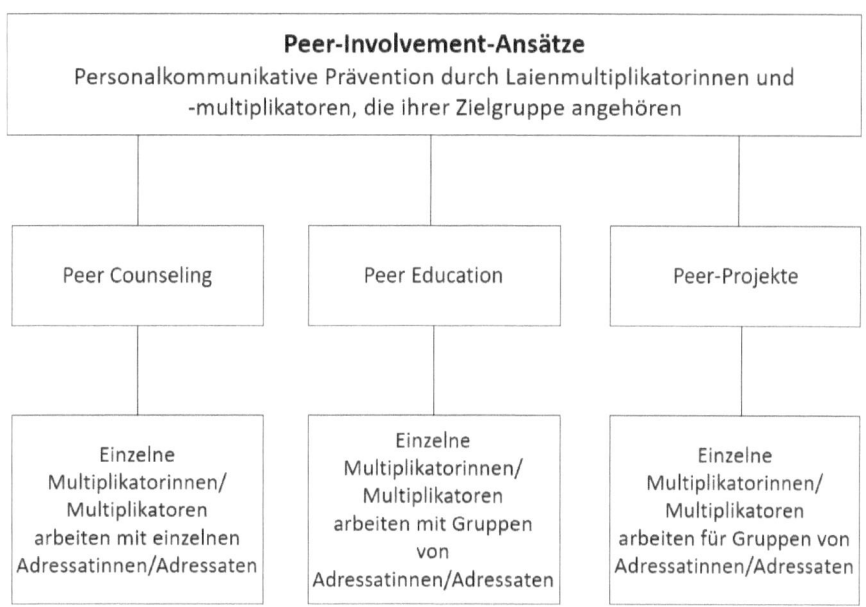

Abbildung 13: Peer-Involvement-Ansätze. Quelle: Backes/Schönbach et al. 2001.

7.1.1.1 Die Chancen und Wirkmechanismen von Peer Involvement

Der Peer Education-Ansatz lässt sich theoretisch in entwicklungs- und sozialpsychologische Erklärungsmodelle zur Bedeutung Gleichaltriger sowie in sozial- und gesundheitspsychologische Einstellungs- und Handlungstheorien einbetten. Demnach werden Gleichaltrigen aus entwicklungspsychologischer Sicht eine hohe

Relevanz bei der Bewältigung von sowohl Entwicklungsaufgaben als auch Entwicklungsproblemen beigemessen. Entsprechend bieten Gleichaltrige eine gewisse Orientierungs- und Stabilisierungsfunktion für Jugendliche, die sich beispielsweise in einem Ablösungs- und Abnabelungsprozess vom Elternhaus befinden und auf der Suche nach eigenen Werten und Normen sind. Folglich können Peergroups zur Herausbildung der Identität beitragen, indem sie Identifikationsmöglichkeiten vermitteln, beim Kennenlernen von Lebensstilen helfen und das Einüben von Selbstpräsentationen ermöglichen. Diese besondere Funktion, die den Gleichaltrigen in der Adoleszenz zukommt, kann entsprechend von den Ansätzen des Peer Involvement genutzt werden, um Einstellungen und Verhaltensweisen von Jugendlichen durch andere ausgebildete Jugendliche in positiver Weise für die Anliegen der Gesundheitsförderung zu beeinflussen. Außerdem haben sich Peer Involvement-Programme als kosteneffektive Präventionsansätze erwiesen, die für die Prävention nur schwer erreichbare Zielgruppen ansprechen können. Denn die Voraussetzung für die Annahme von Gesundheitsförderungsprogrammen durch die Zielgruppe liegt wiederum in der Akzeptanz derjenigen, die bestimmte Botschaften vermitteln. Der Einsatz Gleichaltriger ist für die Akzeptanz bei bestimmten Themen wie z. B. Sexualität und Schwangerschaftsverhütung von besonderer Bedeutung – denn im Jugendalter werden sowohl die allgemeine Lebensweise als auch riskante, aber auch gesundheitsförderliche Verhaltensweisen insbesondere durch Gleichaltrige stark geprägt. Letztlich werden die theoretischen Grundlagen der Gesundheitsförderung durch den Peer Education-Ansatz sehr gut umgesetzt, indem auf Netzwerkförderung sowie auf die Bildung von Freiwilligengruppen, die sich mit bedeutsamen Themen beschäftigen, gezielt wird. Auch sind für Peer Education die Unterstützung von Selbstorganisation und autonomen Lebensformen sowie die Förderung von Empowerment bei Jugendlichen erforderlich. Ohne die Partizipation der Jugendlichen auf allen Ebenen der Programmrealisierung wie der Zielsetzung, Entwicklung, Durchführung und Evaluation lässt sich nicht von Peer Education sprechen. Infolgedessen zeigen vorliegende Evaluationsstudien, dass durch Peer Education positive Veränderungen des Wissenstandes bei der Zielgruppe stattfanden. Dennoch liegen bislang noch eher wenige evidenzbasierte Aussagen zur Wirksamkeit vor, so dass die Durchführung belastbarer Studien nach wie vor dringend angeraten und notwendig erscheint (Backes/Lieb 2015).

7.1.1.2 Qualitätsansprüche an Peer Education

Da Peer Involvement-Ansätze auch Problemfelder beinhalten wie z. B. die Gefahr einer mangelnden Partizipation der Jugendlichen oder gar eine Instrumentalisierung durch die Erwachsenen, die in der Regel als Expert:innen die Ausbildung und Trainings der Jugendlichen leiten (Bauch 1997), werden im Folgenden die von Leicht zusammengetragenen Qualitätsansprüche von Jugendlichen an Peer Education aufgeführt – die es zur Erfüllung von fachlichen und ethischen Standards zu berücksichtigen und zu beachten gilt. Zunächst sollten Jugendliche an Peer-Aktivitäten freiwillig teilnehmen können. Die Peers wiederum sollten als alltagsgetreue Rollenmodelle verstanden werden, nicht jedoch als Trendsetter:innen. Dabei besteht die Aufgabe der jugendlichen Peers nicht darin, Mitglieder ihrer Gruppe von Normen und Werten der Erwachsenenwelt zu überzeugen – hingegen sollte ihnen die Möglichkeit gegeben werden, die Inhalte zu übermitteln, die sie in und für ihr eigenes Leben als aufregend und interessant empfinden. Wiederum ist die Unterstützung jugendlicher Peers durch Erwachsene hierbei essentiell. Darüber hinaus müssen die Projektabsicht und der Projektverlauf gegenüber den Jugendlichen transparent dargelegt werden (Licht 1999). Schließlich ist darauf zu achten, dass die Peers Eigenschaften im Sinne von Sozialkompetenz, Entwicklungs- und Lernwille, Kritikfähigkeit und einer ausgereiften Selbstwahrnehmung verkörpern und sie eine angemessene Distanz zu einem sogenannten ‚missionarischen Eifer' wahren (Kern-Scheffeldt 2005).

7.1.2 Lebenskompetenzprogramme

Als einer der wirksamsten Ansätze der verhaltensorientierten Suchtprävention können Lebenskompetenzprogramme aufgeführt werden – sowohl hinsichtlich einer Verzögerung des Einstiegs als auch in einem beschränkten Maße in Bezug auf die Verringerung des Substanzgebrauchs, v. a. beim Thema Tabak. Vornehmlich finden Lebenskompetenztrainings in der schulischen Suchtprävention Anwendung, wobei die Vermittlung und das Training allgemeiner Lebensfertigkeiten – sogenannter „Life Skills" – angestrebt wird. Unter Life Skills können Kompetenzen und Eigenschaften wie Empathie, kreatives und kritisches Denken, Selbstwahrnehmung, Stress- und Gefühlsbewältigung sowie die Fähigkeit, Entscheidungen zu treffen und Probleme zu lösen, verstanden werden. Dabei beanspruchen viele der evaluierten Lebenskompetenzprogramme keine direkte Wirkung der Intervention auf den Substanzgebrauch, so dass einige erfolgreiche Programme neben der Suchtprävention auch explizit andere Interventionsziele verfolgen, wie u.a. einen adäquaten Umgang mit Frustration und Aggression zu finden und zu entwickeln (Botwin/Griffin 2004). Vor allem sollten substanz- sowie verhaltensspezifische Komponenten in Lebenskompetenzprogramme implementiert und auf eine aktive Teilnahme und Auseinandersetzung mit Inhalten durch die Schüler:innen hingewirkt werden, um Erfolge der Programme verzeichnen zu können. Denn mittlerweile konnte durch eine Mehrzahl an Evaluationsstudien nachgewiesen werden, dass interaktive Programme im Vergleich zu nicht interaktiven Programmen eine deutlich höhere Wirksamkeit aufweisen. Nicht interaktive Programme führen in den besten Fällen zu einem Wissenszuwachs, wohingegen eine Zunahme kritischer Einstellungen und Haltungen sowie eine Abnahme des Substanzgebrauchs vor allem durch Interaktivität und Beteiligung der Schüler:innen gefördert wird. Mitinbegriffen sein sollten im Rahmen des didaktischen Vorgehens die Diskussion, Reflexion und das Herstellen eines Bezugs zur eigenen Person, das Einüben neuer Fertigkeiten und die alltagsnahe Erprobung dieser. In Projekten mit ebenfalls integrierter Teambildung konnten außerdem größere Effekte verzeichnet werden als in Projekten oder Maßnahmen, die lediglich die individuelle Ansprache wählten. Nachweise von nachhaltigen Wirkungen konnten bei punktuellen präventiven Aktivitäten im Vergleich zu Projekten mit einem frühzeitigen Beginn und langfristig angelegten Ansatz nicht erfolgen (Sucht Schweiz 2013b).

7.1.3 Massenmediale Kampagnen

Massenmediale Kampagnen zielen auf die Bereitstellung von Informationen sowie auf die Vermittlung von Wissen, Einstellungen und Verhaltensempfehlungen an breite Bevölkerungsgruppen oder große Teilpopulationen ab – anhand von kurzen und wiederkehrenden Botschaften über sogenannte Massenmedien wie TV, Kino, Radio, Zeitungen oder Internet. Durch den mittlerweile stark erweiterten Ausbau und die Nutzung digitaler Kommunikationswege wie dem Internet und Smartphones hat sich sowohl die Struktur als auch die Quantität massenmedialer Ansprachemöglichkeiten in den letzten Jahren sehr verändert. Darüber hinaus besteht indes die Möglichkeit, nicht nur in eine Richtung zu kommunizieren, sondern mit Adressat:innen zeitnah, themenspezifisch sowie individuell in Interaktion zu treten. Auf diese Weise können sie als aktive Partner:innen für Präventionsmaßnahmen mobilisiert werden. Derzeit existieren noch wenige valide Wirksamkeitsstudien von massenmedialen Kampagnen in der Suchtprävention. Dennoch lässt sich aussagen, dass isolierte massenmediale Kampagnen, die lediglich auf einer Wissensvermittlung beruhen, keine Effekte auf das Konsumverhalten erzielen. Es existieren schlicht und ergreifend zu viele Faktoren, die Einfluss auf individuelles Verhalten nehmen und dieses wiederum in soziale und institutionelle Kontexte einbetten. Bei Einbindung in einen umfassenden Maßnahmenkatalog lässt sich durch einen Beitrag zur Wissensvermehrung und Einstellungsbeeinflussung eine Wirkung nachweisen – vorausgesetzt die Botschaft erreicht die Adressat:innen und wird von diesen auch verstanden und akzeptiert. Davon differenziert zu betrachten ist in jedem Fall die Wirkung medial erzeugter Furchtappelle (Barth/Bengel 1998).

Bei Betrachtung der Funktion von massenmedialen Kampagnen lassen sich folgende Wirkfaktoren aufgreifen: Massenmediale Kampagnen können eine öffentliche Aufmerksamkeit für ein bestimmtes Thema wecken sowie ein günstiges Klima für gesundheitsförderliches Verhalten schaffen. Von dieser medialen Aufmerksamkeit wiederum kann sich eine Unterstützung für Aktivitäten und Präventionsangebote entwickeln. Massenmedial verbreitete Botschaften können darüber hinaus bestehendes Verhalten auf günstige Weise verstärken, indem sie beispielsweise jugendliche Nichtraucher:innen in ihrem Verhalten bestätigen. Oftmals zeigt diese Variante ein leichteres Gelingen, als bereits abhängige Raucher:innen zur Reduktion oder Abstinenz zu veranlassen. Auch können massenmedial verbreitete Informationen zum einen zur Verringerung von Wissenslücken beitragen und zum anderen zur Korrektur von falschen Informationen sowie zur Bekanntmachung von wichtigen Hilfeangeboten. Auf diese Weise fördern sie eine verbesserte Ressourcenwahrnehmung. Ebenfalls können Medien eine Quelle für Beobachtungslernen repräsentieren, indem dort aufgeführte Vorbilder, sogenannte Testimonials, als Lernmodelle fungieren, mit denen sich z. B. Jugendliche identifizieren können und sie den Wunsch verspüren, diese nachzuahmen (Nöcker 2016).

7.1.4 Familienbasierte Suchtprävention

Standardisierte Elternbildungsprogramme wurden bereits seit 1990 entwickelt, wobei bislang nur wenige und fast ausschließlich amerikanische Wirksamkeitsstudien von familienorientierten Interventionen vorliegen. Diesen Studien zufolge zeichnen sich suchtpräventive Elternangebote v. a. durch den Einschluss der gesamten Familie, einschließlich der Kinder, aus (Bühler 2006). In Bezug auf die Kinder werden hierbei schwerpunktmäßig die Entwicklung sozialer Kompetenzen sowie die Förderung der Eigenverantwortung fokussiert und darüber hinaus substanzspezifische Komponenten aufgegriffen. Auf der anderen Seite geht es bei der Elternkomponente um die Verbesserung des Erziehungsverhaltens, wobei dies neben einer bloßen Wissensvermittlung durch das konkrete Einüben und Umsetzen von Fähigkeiten mit den Eltern erreicht werden soll. Weiter sollen Eltern für eine dauerhafte Aneignung der Grundlagen für eine positive Erziehung unterstützt werden, indem mehrere Kurseinheiten durch qualifizierte Trainer:innen angeboten und gewährleistet sowie unterstützendes Material im Sinne von Videos oder Merkblättern zur Verfügung gestellt werden. Intensive Programmvarianten, unter Einbezug der Paarbeziehung sollen bei schweren Erziehungs- und Verhaltensproblemen Anwendung finden (Eisner 2006). Grundsätzlich sollten ein frühzeitiger Beginn, der Einbezug von Risiko- und Schutzfaktoren sowie der kulturelle Hintergrund für eine erfolgreiche Umsetzung familienbasierter Interventionen mitberücksichtigt werden.

7.1.5 Gemeindebasierte Suchtprävention

Seit Anfang der 1990er-Jahre wurde der gemeindebasierte Präventionsansatz auch auf den Bereich der Suchtprävention übertragen, wodurch sich eine Fülle von gemeindebasierten Präventionsprogrammen in Europa, Australien und Neuseeland entwickelten. Sehr unterschiedlich fallen dabei der Fokus und die Ausgestaltung der Programme aus – thematisch existieren gemeindebasierte Programme zur allgemeinen Gesundheitsförderung, zur Prävention von Substanzmissbrauch, zur Verhütung alkoholbedingter Unfälle, zur AIDS-Prävention oder auch zur Senkung des jugendlichen Alkohol- und Tabakkonsums (Peters/Wapf 2006). Bei der Programmplanung und -umsetzung gilt es, vier Erfolgsfaktoren zu berücksichtigen, wobei ersteres das Programmdesign darstellt. Eines der Hauptprobleme für den geringen Erfolg des gemeindeorientierten Ansatzes liegt in der begrenzten Ausgestaltung der Programme (Merzel/D'Afflitti 2003). Dazu zählt beispielsweise eine mangelhafte Reichweite der Aktivitäten, eine zu kurz bemessene Projektdauer oder eine ungenügende Tiefenwirkung (Vicary et al. 1996; Sorensen et al. 1998). Aufgrund eines zu geringen Einbezugs des sozialen Kontextes in die Programmplanung wiesen die Programme ein falsches Design zur Erreichung der Zielgruppe auf.

Zudem sollten policy-orientierte Ansätze Anwendung finden, die auf Veränderungen in der Umwelt abzielen und eine entsprechend höhere Wirksamkeit versprechen (Aguirre-Molina/Groman 1996) – so zeigten insbesondere Maßnahmen im Rahmen der Problematik des Alkoholkonsums Minderjähriger, die eine Politikveränderung innerhalb der Gemeinde anvisierten, gute Ergebnisse. Von zentraler Bedeutung ist außerdem die Präventionskoalition, so dass folglich die Kompetenz- und Aufgabenteilung sowie die interne Organisation und Zusammenarbeit der Präventionskoalitionen als kritische Erfolgsfaktoren gelten. Entsprechend sollten

Präventionsziele klar formuliert sein und es sollte ein strukturierter Aktionsplan vorliegen sowie ein Verständnis für die theoretische Fundierung des Projektes vorhanden sein (Roussos/Fawcett 2000; Butterfoss et al. 1993).

Im Hinblick auf das Setting ‚Gemeinde' sieht Nilsen (2006) eine Problematik in den theoretischen Unzulänglichkeiten des Ansatzes. Gemeinden mit einer heterogenen Bevölkerungsstruktur in Bezug auf ethische, kulturelle und sozioökonomische Faktoren haben ein erschwertes Vorgehen bei der Mobilisierung von Gemeindemitgliedern. Als sinnvoll könnte es sich demnach erweisen, den Begriff der Community enger oder weiter zu fassen. Des Weiteren wird die Nachhaltigkeit von gemeindebasierten Präventionsprogrammen oftmals vernachlässigt, so dass viele Programme einen eher kurzen Zeithorizont aufweisen und eine längerfristige Verankerung nicht gegeben ist (Skara/Sussman 2003; Holder/Moore 2000; Graham/Chandler-Coutts 2000; Beery et al. 2005). Um dem entgegenzuwirken, ist es notwendig, die lokalen Gegebenheiten und Werte der Gemeinde bereits bei der Programmplanung zu berücksichtigen. Zudem muss das Programm individuell auf die Bedürfnisse der Gemeinde abgestimmt sein – von einheitlichen Standardlösungen ist abzusehen. Eine aktive Beteiligung der Gemeinde sowie die aktive Einbindung der Bürger:innen sind ebenfalls notwendig, um sowohl die Akzeptanz der Gemeinde als auch der Bürger:innen für das Programm zu steigern. Auch politische Entscheidungsträger:innen als Schlüsselpersonen gilt es für das Programm zu gewinnen, um die Wahrscheinlichkeit zu erhöhen, dass die Gemeinde die Präventionsaktivitäten auch nach Programmende aus eigenen Mitteln weiter bestreiten wird (Holder 2002). Da es eine relativ lange Zeit benötigt, um die Effekte der Interventionen sichtbar werden zu lassen, wird eine Laufzeit von fünf bis zehn Jahren als wünschenswert erachtet.

Im nachfolgenden Schaubild werden schließlich die kritischen Erfolgsfaktoren für eine effektive gemeindeorientierte Suchtprävention aufgeführt und zusammenfassend dargestellt:

Erfolgsfaktoren

Keine Einheitsprogramme

Gemeindeorientierte und -basierte Programme müssen entsprechend den Strukturen, Bedürfnissen und Besonderheiten der Gemeinden konzipiert werden. Die Programme sollten außerdem flexibel gestaltet werden, um auf Veränderungen reagieren zu können. Auch die unterschiedlichen Bedürfnisse der Zielgruppen müssen mitberücksichtigt werden.

Evidenzbasierte Programme

Für die Entwicklung von Präventionsprogrammen sollten die neuesten Erkenntnisse aus der Forschung beachtet werden, um aufeinander abgestimmte, evidenzbasierte Strategien anzuwenden. Hierbei sollten multiple Interventionsstrategien angewendet werden, wobei gemeindebasierte Präventionsprogramme neben der individuellen Ebene vor allem den sozialen Kontext fokussieren sollten, in dem sich die Individuen aufhalten und bewegen. Diese Herangehensweise könnte durch eine dreistufige Vorgehensweise optimiert werden, bestehend aus Einzelinterventionen bei den Risikogruppen, einer gemeindeweiten Intervention zur Veränderung der sozialen Norm und schließlich Interventionen auf Ebene der Politik zur Veränderung sozialer und politischer Rahmenbedingungen (Merzel/D'Afflitti 2003).

Programmlogik

Um Ziele, Zielgruppen und die Reichweite des Programms genau zu definieren, kann eine Programmlogik hilfreich sein (Funnel 2000a; 2000b). Dienlich hierzu kann ein Fragenkatalog sein, der die wichtigsten Problematiken bei der Planung und Durchführung von gemeindebasierten Programmen beinhaltet – wobei der Bedarfsanalyse und der Sicherung der Nachhaltigkeit eine zentrale Bedeutung zukommt (Wandersmann/Florin 2003).

Verbesserung der Zusammenarbeit

Zum einen soll das Programm klare, verständliche Zielsetzungen formulieren und zum anderen müssen die mit der Projektumsetzung betrauten Akteur:innen mit der theoretischen Fundierung des Programms vertraut sein. Es sollten klare Regelungen in Bezug auf Kompetenzen und Zuständigkeiten innerhalb der Präventionskoalition herrschen, wobei die Schlüsselpersonen der Gemeinde in der Präventionskoalition miteingebunden sind.

Sicherung der Nachhaltigkeit

Eine Voraussetzung für die Weiterführung eines Programms über das Projektende hinaus besteht in der Institutionalisierung und Verankerung in den lokalen Strukturen. Infolgedessen kann Prävention ein Teil des Gemeindealltags werden, wobei die Bereitstellung lokaler Finanzmittel hierfür zentral ist (Peters/Wapf 2006).

7.1.6 Frühintervention – Screening und Kurzinterventionen

Menschen mit einem problematischem Drogenkonsummuster werden vom Sucht- und Drogenhilfesystem in der Regel sehr spät erreicht (zwischen 10–15 Jahren nach erstmaligem Auftreten des Problems) (Bühringer/Rumpf 2018). Professionelle Hilfe wird aus Scham- und Schuldgefühlen sowie Stigmatisierungs- und Diskriminierungsängsten oft erst nach Jahren aufgesucht – häufig zu einem Zeitpunkt, wenn bereits massive Folgeprobleme durch eine Chronifizierung entstanden sind, woraus hohe Folgekosten für die Gesundheit der Betroffenen und die Gesellschaft entstanden sind.

Frühzeitige Interventionsstrategien gehören grundsätzlich in den Bereich der zielgruppenspezifischen Sekundärprävention, obwohl eine strikte Abgrenzung zu primärpräventiven Maßnahmen nicht immer eindeutig möglich ist. Frühinterventionen richten sich an Personen, die ein erhöhtes Risiko für Substanzgebrauchsstörungen zeigen oder an Personen, die bereits ein moderates bis starkes Risikoverhalten – jedoch ohne Abhängigkeitsdiagnose nach ICD-10 – aufweisen. Die Mehrzahl der Frühinterventionsprojekte richtet sich an Jugendliche oder junge Erwachsene, es ist aber durchaus auch eine Orientierung an ‚älteren‘ Zielgruppen mit unterschiedlichen Hintergründen möglich.

Zur frühzeitigen Erkennung gesundheitsschädlicher Entwicklungen und um den Risikostatus zu identifizieren, können – zusätzlich zu den leicht erkennbaren klinischen Merkmalen – diagnostische Instrumentarien sowie verschiedene Screening-Fragebögen bei Hausärzt:innen, Schulen, Suchtberatungsstellen, Krankenhäusern, im Internet etc. eingesetzt werden, die sich in der Praxis als sehr effektiv und effizient erwiesen haben:

Neben Laborparametern können Screening-Fragebögen, die auf Selbstaussagen der Patient:innen zurückgreifen, die Entdeckungsrate von substanzbezogenen Störungen deutlich verbessern und als Ausgangspunkt der Beratung dienen. Einige der gängigsten Instrumentarien werden hier exemplarisch genannt:

- LAST (Lübecker Alkoholabhängigkeits- und -missbrauchs-Screening-Test) (Rumpf et al. 2001), effizientes Verfahren in nur sieben Fragen;
- CAGE, ein einfaches Screening mit vier Fragen zur Selbstbeurteilung (Cut down on drinking? Annoyed by complaints about drinking? Guilty about drinking? Had an Eye-opener first thing in the morning?) (Mayfield et al. 1974);
- MALT (Münchner Alkoholismus-Test) (Feuerlein 1977), Kombination von Selbst- und Fremdbeurteilung;
- AUDIT (Alcohol Use Disorders Identification Test) (Saunders et al. 1993) – aufwändigeres Verfahren;
- BASIC (Brief Alcohol Screening Instrument for Primary Care) (Bischof et al. 2007);
- Fagerström-Test der Tabakabhängigkeit[12] (Fagerström Test for Cigarette Dependence).

Die Diagnoseverfahren LAST, MALT, AUDIT und BASIC hinterfragen speziell die Alkoholabhängigkeit. Bei CAGE ist eine Modifizierung möglich, die auch den Konsum anderer Substanzen screent.

Frühinterventionen (siehe FreD, Kap. 8.4) zielen darauf ab, möglichst frühzeitig und umfassend für die Risiken des Substanzgebrauchs und/oder intensiven Verhaltens zu sensibilisieren, aufzuklären und Selbstkontroll-/-steuerungsfähigkeiten zu fördern bzw. zu erhöhen.

Nach dem Screening besteht der zweite Schritt der Frühinterventionen aus der eigentlichen Intervention. Methoden der Frühintervention, die zumeist in Form von Kurzinterventionen durchgeführt werden, sollen eine Veränderungsbereitschaft und Behandlungsmotivation in frühen Phasen der Abhängigkeitsentwicklung fördern (Rühl et al. 2004).

In Deutschland bestehen unterschiedliche Auslegungen der Dauer und der Frequenz der Interventionen. In der Regel aber finden Kurzinterventionen bis zu viermal mit einem Zeitumfang von jeweils 5 bis 60 Minuten statt (Kremer 2003). Miller und Sanchez beschreiben unter dem Akronym FRAMES die wesentlichen Elemente der Kurzinterventionen (Miller/Sanchez 1994):

- Feedback (Rückmeldung bezüglich negativer Folgen geben);
- Responsibility (Hilfe, Verantwortung für das eigene Verhalten zu übernehmen);
- Advice (Beratung hinsichtlich der Ziele und Vorgehensweisen);
- Menu (Wahlmöglichkeiten zwischen verschiedenen Veränderungsalternativen);
- Empathy (Empathie, einfühlendes Verstehen);
- Self-Efficacy (Förderung der Selbstwirksamkeitserwartungen bezüglich Veränderungen).

---

12 https://www.dkfz.de/de/krebspraevention/Lexikon/F/Fagerstroem-Test.html?m=1665675119& (Letzter Aufruf am 30.8.2023.).

Aufgabe des Behandelnden ist es, zu erkennen, welche Art der Motivationsbildung bei dem jeweiligen Individuum angebracht ist. Konfrontatives Vorgehen bei der Beratung von Personen mit Konsumproblemen ist in den meisten Fällen zu vermeiden, da auf diesem Wege lediglich Widerstand bei ihnen erzeugt wird. Die Methode der Wahl ist das „Transtheoretische Modell der Verhaltensänderung" (Prochaska/Diclimente) sowie ein möglicher Ansatz der Kurzintervention, das so genannte „Motivational Interviewing" (Miller/Rollnick 2015).

Das Transtheoretische Modell

Das Transtheoretische Modell (TTM) ist ein Modell der Verhaltensänderung („Behavior Change"). Es ist ein integratives Modell, das Elemente aus anderen Theorien beinhaltet (z. B. Selbstwirksamkeit von Bandura). Mit dem TTM wird die Bereitschaft zu einer Einstellungs- und Verhaltensänderung im Hinblick auf ein konkretes definiertes Problemverhalten beschrieben. Das Hauptmerkmal des TTM sind die fünf bzw. sechs Veränderungsphasen („Stages of Change" [SoC]). Sie beschreiben die zeitliche Dimension sowie abhängige und unabhängige Variablen. Zu den abhängigen Variablen („Dependent Measures") gehören Entscheidungsbalance („Decisional Balance") und Selbstwirksamkeit („Self-Efficacy"). Die Entwicklungsprozesse („Processes of Change") werden den unabhängigen Variablen („Independent Measures") zugeordnet (Velicer et al. 1998; Maurischat 2001).

Als ein Beispiel einer Frühintervention (neben FreD; siehe Kap. 8.4) soll im Folgenden das Beispiel des SKOLL-Programms (Selbstkontrolltraining) vorgestellt werden. SKOLL bietet ein Gruppentraining für die ambulante Suchtprävention und -versorgung (Bruns 2007). Personen mit riskantem Konsumverhalten können hier ihr Verhalten reflektieren, eigene Lebens-, Gesundheits- und Verhaltensziele definieren und mögliche Alternativen zum Risikoverhalten entwickeln. SKOLL stellt ein niedrigschwelliges Angebot dar, dessen Besonderheit darin liegt, dass die Gruppen suchtmittel-, alters-, gender- und schichtenübergreifend zusammengesetzt sind. Ziele liegen im Bereich der indizierten Primär- und Sekundär-, aber auch Tertiärprävention. Das Programm steht damit konzeptionell und in der Präventionskette zwischen selektiver und indizierter Prävention, zwischen Frühintervention und bereits beginnender Behandlung. Es steht auch zwischen klient:innenzentrierten und kognitiv-behavioralen Ansätzen, da es einen akzeptierenden Umgang mit Zielen mit den Interventionsprinzipien der Motivierenden Gesprächsführung (Miller/Rollnick 2015) und mit Ansätzen zur Förderung des Selbstmanagements kombiniert (Kliche et al. 2012).

SKOLL umfasst 10 Einheiten zu je 90 Minuten, die wöchentlich stattfinden und in unterschiedlichen Settings angeboten werden können. Zur Erfolgsüberprüfung und Stabilisierung der Motivation werden die Teilnehmer:innen 8 Wochen nach Abschluss des Trainings zu einem Nachtreffen eingeladen. Bei mehr als 8 Gruppenteilnehmer:innen ist ein Co-Trainer vorgesehen.

Die wissenschaftliche Begleitevaluation zeigte dabei positive Effekte hinsichtlich der Steigerung von Kompetenzen des suchtbezogenen Selbstmanagements, insbesondere die Kontrolle von Risikoverhalten, das Wissen darüber und ein erhöhtes Risikobewusstsein. Auch traten signifikante Verbesserungen der gesundheitsbezogenen Lebensqualität, des Beschwerdenstandes und des Risikoverhaltens auf. Die Gesundheitsgewinne blieben also nachhaltig stabil, mit einem Gesundheitsprofit von etwa 15–20 % gegenüber den Ausgangswerten.

Bei den wichtigsten Risikoverhaltensweisen (Tabak-, Alkohol- und Medienkonsum) wurde eine kontinuierliche Reduktion über die drei Messpunkte um etwa 10 % (Tabak, Medien) bis 50 % (Alkohol) festgestellt.

Die Wirksamkeit war gleich gut (d.h. nicht signifikant unterschiedlich) für alle

- Altersgruppen
- Bildungsabschlüsse
- Geschlechter
- Ortsgrößen (städtische oder ländliche Umfelder)
- Regionen (Bundesländer)
- Risikoverhalten
- Eingangsbelastungen
- Motivationen (intrinsische und extrinsische)
- parallel genutzten Angebote – Beratung oder Therapie.

SKOLL erwies sich damit als ein über individuelle Inanspruchnahmemuster und äußere Rahmenbedingungen sehr stabil wirksames Programm, das auf unterschiedlichen Stufen der Erkrankung und Inanspruchnahme bzw. Versorgung mehrdimensionale Gesundheitsprofite erwirkt (Kliche et al. 2012, S. 408).

7.1.7 Unterstützung der Selbstheilung

,Selbstheilung' oder ,selbst-organisierter Ausstieg' aus problematischem Substanzkonsum ist ein weit verbreitetes Phänomen. Rumpf et al. (2006) gehen davon aus, dass selbstorganisierte Ausstiegsprozesse, d.h. ohne Inanspruchnahme professioneller Hilfen, die Mehrheit gelungener Remissionen ausmacht. Die Gründe für die Nichtinanspruchnahme von Hilfen sind v. a. das Zutrauen in die eigene Fähigkeit, mit dem Problem alleine klarkommen zu können (Bischof 2004, S. 163). Wie können aber diese Ausstiegsprozesse auf einer tertiär-präventiven Ebene unterstützt werden?

Bischof (2001) zeigt, dass der bspw. auf Alkoholkonsum abzielende ärztliche Rat in Übereinstimmung mit Studien zur Frühinterventionen ein probates Mittel ist, Veränderungsprozesse zu initiieren – auch bei Menschen, die bisher nicht erreicht wurden. Allerdings haben Kurzinterventionen (z. B. auch die Anwendung von MI) bislang noch kaum Eingang in die Routineversorgung niedergelassener Mediziner gefunden.

Wie bereits oben gezeigt (Kap. 7.1.6), ist es nicht das zentrale Ziel von Frühinterventionsstrategien, mit abhängigen Menschen von psychoaktiven Substanzen zu arbeiten bzw. selbstorganisierte Ausstiegsprozesse aus der Abhängigkeit zu beschleunigen. Stattdessen beziehen sich diese eher auf moderate bis mittlere Grade von Substanzgebrauchsstörungen.

Menschen mit Symptomen von Substanzgebrauchsstörungen (körperliche Folgeprobleme) – gleich welchen Grades – sollten angesprochen und mit evidenzbasierten Interventionen begegnet werden, um mit zunächst möglichst niedrigschwelligen Interventionen eine Veränderungsmotivation mit dem Versuch zu erhöhen, ggf. auch direkt das Trinkverhalten der Betroffenen zu modifizieren. Für solche Ansätze bietet sich ein Interventionskonzept nach einem „SteppedCare"-Ansatz (Rumpf et al. 2015) an, nach dem zunächst eine geringfügige Intervention angeboten wird, welcher bei mangelndem Erfolg eine oder mehrere, gegebenenfalls intensivere Interventionen, folgen.

Die Inanspruchnahme von Hilfeangeboten ist in starkem Maße auch von sozialen Faktoren abhängig. Wichtige wäre, dass zur Förderung selbstorganisierter Ausstiegsprozesse eine Entstigmatisierung substanzbezogener Störungen erfolgen muss, z. B. in Form öffentlichkeitswirksamer Kampagnen, die Menschen erlaubt, Scham und Angst zu überwinden und offen über konsumbedingte Problematiken zu sprechen bzw. professionelle Hilfe aufzusuchen (Klingemann 2001).

7.1.8 Kontrolliertes Trinken

Wenn ein Gesundheitssystem daran interessiert ist, breite Bevölkerungsgruppen von Menschen mit riskantem oder schädigendem Alkoholkonsum anzusprechen, müssen unterschiedliche Behandlungsziele und differente Wege zur Zielerreichung – und so eben auch Reduktionsangebote – offeriert werden. So kann eine kompetente Unterstützung von Betroffenen beim Anstreben eines kontrollierten Trinkens einen Teil der Konsumierenden dazu befähigen, dieses Ziel zu erreichen und einem anderen Teil womöglich verdeutlichen, dass die völlige Alkoholabstinenz das eher zu realisierende Ziel darstellt. Infolgedessen kann das Konzept des kontrollierten Trinkens entweder ein realistisches Ziel oder aber ein lehrreiches Zwischenstadium auf dem Weg zur Abstinenz darstellen (Körkel 2002).

Lange Zeit galt hingegen das Abstinenzziel bei Alkoholismus als unumstößliche und wissenschaftlich belegte Notwendigkeit. Hintergrund dafür war das von Jellinek (1960) begründete „medizinische Krankheitsmodell des Alkoholismus", das grundlegend auf die Erfahrungen der Anonymen Alkoholiker zurückgreift und bis heute die Sichtweise von Alkoholismus bestimmt. Das Modell beinhaltet die vier Annahmen über die Erkrankung einer Alkoholabhängigkeit:

- Erstens: Alkoholabhängige unterschieden sich qualitativ (und nicht nur quantitativ) von Nicht-Abhängigen (‚Man ist Alkoholiker oder nicht – genauso wie man schwanger ist oder nicht').
- Zweitens: Alkoholabhängige müssten nach einem ersten Quantum Alkohol weitertrinken, bis entweder kein Alkohol mehr verfügbar wäre, kein Alkohol beschafft oder wegen zu starker Intoxikation nicht mehr getrunken werden könnte (Annahme des ‚Kontrollverlusts').

- Drittens: Die „wahren" Ursachen des Alkoholismus seien biologischer Natur (genetische Ausstattung, Metabolismus etc.), wohingegen psychologische und soziale Faktoren nur die Ausformung einer Alkoholabhängigkeit beeinflussten.
- Viertens: Kein „Alkoholiker" könne jemals wieder kontrolliert trinken (Annahme der Irreversibilität).

Nach heutigem Stand der Wissenschaft sind diese vier Annahmen jedoch nicht haltbar, da sie empirisch widerlegt bzw. nicht belegt sind (Körkel 2014).

Um den Behandlungsansatz des Kontrollierten Trinkens darzulegen, ist es wichtig, zu verstehen, dass dann von (selbst-)kontrolliertem Trinken zu sprechen ist, wenn eine Person ihr Trinkverhalten an einem zuvor festgelegten Plan ausrichtet. Demzufolge repräsentiert kontrolliertes Trinken einen disziplinierten, geplanten und limitierten Alkoholkonsum (Körkel 2018). Bereits in den 1960er-Jahren wurden auf dieses Ziel hin ausgerichtete und verhaltenstherapeutisch angelegte Behandlungen wie das Behavioral Self-Control Training (BSCT) in Australien und den USA entwickelt und auf ihre Wirksamkeit hin geprüft. Diese Behandlungen enthalten zehn zentrale Elemente, die gleichzeitig fester Bestandteil der Behandlungen zum Kontrollierten Trinken sind. Diese Elemente umfassen Bausteine zum Einbezug wichtiger Sozialpartner:innen; die Bilanzierung der positiven und negativen Seiten des bisherigen Alkoholkonsums; die Aneignung zu Grundinformationen über Alkohol; die Beobachtung, Registrierung und Analyse des Trinkverhaltens; die Festlegung konsumbezogener Änderungsziele; die Auswahl von Strategien zur Konsumbegrenzung; der Umgang mit Hochrisikosituationen; der Umgang mit ‚Ausrutschern' und Rückfällen, die Aktivierung alkoholfreier Formen der Freizeitgestaltung sowie der Erwerb von Kompetenzen zur Bewältigung von Belastungen ohne Alkohol.

Folglich geht es im Kern der Behandlung darum, den Alkoholkonsum vom gegenwärtigen Trinkverhalten ausgehend Woche für Woche an drei selbst festgelegten Zielgrößen auszurichten: Dem Höchstkonsum pro Tag (1); dem Maximalkonsum in der gesamten Woche (2) sowie der Anzahl alkoholfreier Tage (3). Wiederum zur Zielerreichung dienen das Führen eines Trink-Tagebuchs; das Umrechnen und Zählen des Alkoholkonsums in ‚Standardeinheiten'[13]; der Einsatz persönlich passender Konsumreduktionsstrategien; die Antizipation und Bewältigung von Risikosituationen; der Umgang mit ‚Ausrutschern' und alkoholfreie Formen der Freizeitgestaltung sowie Problembewältigung und vieles mehr (Körkel 2018).

Mit Blick auf die Wirksamkeit des Kontrollierten Trinkens belaufen sich die Erfolgsquoten von Behandlungen auf durchschnittlich 65 %, wobei die Trinkmengenreduktion im Mittel 50 % beträgt und 10–30 % der Teilnehmer:innen freiwillig zur Abstinenz wechseln (Körkel 2015; van Amsterdam/van den Brink 2013). Deutlich wird hieraus, dass die Effekte von Reduktionsprogrammen mindestens so positiv ausfallen wie von Abstinenzprogrammen. Eine biologisch vorgegebene Grenze, ab welcher Kontrolliertes Trinken unmöglich wäre, gibt es nach bishe-

---

13 SE; 1 SE = 20 Gramm Ethanol, also eine Flasche Bier à 0,5 Liter oder 0,2 Liter Wein oder drei einfache Schnäpse à 2 Zentiliter (Körkel 2018).

rigen Studien ebenfalls nicht. Alkoholabhängige profitieren gleichermaßen wie Missbrauchende von Reduktionsprogrammen (Körkel 2015) und auch die Aushändigung eines Selbstlernmanuals zur autodidaktischen Aneignung des Kontrollierten Trinkens erwies sich als wirksam (Apodaca 2003). Somit schließen diese Ergebnisse nicht aus, dass Kontrolliertes Trinken für einen Teil der Betroffenen mit Alkoholgebrauchsstörung unerreichbar ist – genauso wie die Abstinenz für einen anderen Teil der Betroffenen kein realistisches Ziel darstellt.

7.2 Politisch-strukturelle Ansätze der Verhältnisprävention

Neben edukativen Methoden können eine Vielzahl an Interventionen einem zweiten großen Bereich, den politisch-strukturellen methodischen Ansätzen zugeordnet werden. Diese sind meistens bevölkerungsweit bzw. auf größere Gruppen und soziale Kontexte ausgerichtet. Die krankheitspräventive Methodik wird von Leppin (2018) in einer mehrstufigen Systematik angeordnet, in welcher ein deutlicher Bezug zum multidimensionalen Kontinuum zwischen Verhaltens- und Verhältnisprävention besteht.

7.2.1 Normativ-regulatorische Ansätze

In die Gruppe der normativ-regulatorischen Ansätze fallen Interventionen, die durch Gesetze, Vorschriften und Regeln versuchen, präventive Ziele zu erreichen und zu realisieren. Einer Veränderung unterliegen sollen hierbei sowohl individuelles Verhalten, teilweise aber auch Umweltbedingungen. Typische suchtpräventive Beispiele in dieser Kategorie sind folglich Rauchverbote in öffentlichen Umgebungen, der Verkauf von Alkohol an Jugendliche oder auch Promillegrenzen im Straßenverkehr sowie die Gesetzgebung zum Gesundheits-, Arbeits- und Jugendschutz.

7.2.2 Ökonomische Anreiz- oder Sanktionssysteme

Ein charakteristisches Beispiel dieses methodischen Ansatzes repräsentiert die Erhöhung der Tabaksteuer. Mit dieser Versteuerung gesundheitsschädlicher Produkte wird versucht, das Nachfrage- und Konsumverhalten zu beeinflussen und bestenfalls zu verändern.

Hingegen stellen die Ermäßigung des Krankenkassenbeitrags bei Inanspruchnahme präventiver Gesundheitsdienstleistungen oder Beitragsnachlässe für Versicherte, die das Rauchen aufgeben, attraktive Beispiele für präventive Anreizsysteme dar.

7.2.3 Materiell-strukturelle Umweltveränderungen

Ebenfalls eine Wichtigkeit für die Prävention besitzt die Schaffung von Angebots- und Verfügbarkeitsstrukturen (wie beispielsweise das Angebot von Raucher:innenentwöhnungskursen in Firmen), die häufig jedoch eher der Gesundheitsförderung, statt der Prävention zugeordnet werden – wobei es letztlich kontext- und situationsabhängig ist sowie auf die jeweilige Zielstellung ankommt (Leppin 2018).

Zusammenfassend kann festgehalten werden, dass effektive Präventionsstrategien auf zwei sich ergänzenden Ansätzen beruhen, wobei die Verhältnisprävention gesellschaftliche Rahmenbedingungen wie den Jugendschutz, Verfügbarkeiten, Preise, Werbung etc. beeinflusst und die Verhaltensprävention positiven Einfluss auf das Verhalten einzelner Personen oder Zielgruppen nehmen möchte. Für gesundheitspolitische und epidemiologisch positive und dauerhafte Effekte sind die häufig favorisierten Maßnahmen, die nahezu ausschließlich direkte Verhaltensänderungen erzielen wollen, nur bedingt geeignet – sofern die gesellschaftlichen Rahmenbedingungen eine Begünstigung des Konsums von psychotropen Substanzen und des abhängigen Verhaltens implizieren. Eher sind Lebensbedingungen wie der soziale Status sowie Lebensumstände (Lebenswelten und Umfeld) maßgeblich verantwortlich für individuelles Verhalten und sind infolgedessen für die Prävention unbedingt zu berücksichtigen. Entsprechend schafft eine verhältnisbezogene Prävention die Grundlage, auf welcher die verhaltensbezogene Prävention epidemiologisch erst wirksam werden kann. In Gemeinschaftlichkeit beeinflussen beide Ansätze suchtbegünstigende Lebensbedingungen und Verhaltensweisen. Die Grundlage für einen autonomen und kritisch hinterfragenden Umgang mit Substanzgebrauch, eine sogenannte Risikokompetenz bzgl. selbstschädigenden Verhaltens, kann erst durch verbesserte Lebensverhältnisse in Familie und Lebensgemeinschaft, Schule und Freizeit sowie Studium und Arbeitswelt geschaffen werden. Der Einfluss kulturell verankerter Konsumsitten und -rituale sowie die Vermittlung eines realistischen Bildes von Substanzgebrauchsrisiken und -wirkungen sollte dabei ebenfalls mitberücksichtigt und thematisiert werden (DHS 2014).

Fragen und Übungen

1. Warum sind ‚Von-Gleich-zu-Gleich'-Ansätze so wirkungsvoll und in welchen Bereichen der Sozialen Arbeit würden Sie diese einsetzen?
2. Welche präventiven Schlüsselelemente halten Sie für notwendig bei der möglicherweise bevorstehenden Cannabis-Legalisierung?
3. Erstellen Sie einen Flyer und berücksichtigen Sie vor allem geschlechtsspezifische Aspekte für die Zielgruppe der 12–17-Jährigen aus sozioökonomisch benachteiligten Bevölkerungsgruppen – oder braucht es mehrere Flyer?

Weiterführende Literatur

Backes, H./Schönbach, K. (2002): Peer Education – ein Handbuch für die Praxis. 2. Aufl., Köln: Bundeszentrale für gesundheitliche Aufklärung (BZgA).

Kliche, T. et al. (2012): Evaluation des Selbstkontrolltrainings SKOLL – Ein suchtmittelübergreifender Ansatz zur Frühintervention bei Jugendlichen und Erwachsenen: Gesundheits- und Versorgungseffekte des Programms (Abschlussbericht 2012). www.bundesgesundheitsministerium.de/fileadmin/Dateien/5_Publikationen/Gesundheit/Berichte/Abschlussbericht_Evaluation_des_Selbstkontrolltrainings_SKOLL.pdf, 23.8.2023.

Körkel, J. (2002): Kontrolliertes Trinken als neue Behandlungsoption. Riskanter und schädlicher Alkoholkonsum (ARS Medici 6/2004). www.rosenfluh.ch/media/arsmedici/2004/06/Kontrolliertes-Trinken-als-neue-Behandlungsoption.pdf, 24.7.2023.

Leppin, A. (2018): Konzepte und Strategien der Prävention. In: Hurrelmann, K./Richter, M./Klotz, T. et al. (Hrsg.): Referenzwerk Prävention und Gesundheitsförderung. Grundlagen, Konzepte und Umsetzungsstrategien. 5., vollst. überarb. Aufl., Bern: Hogrefe, S. 47–56.

8 Beispiele guter Praxis

Zusammenfassung

Das Kapitel gibt einen Überblick über erfolgreich etablierte Suchtpräventionsprogramme und veranschaulicht hierbei die zugrundeliegenden unterschiedlichen Schwerpunktsetzungen der einzelnen Projekte. Die vorgestellten Präventionsmaßnamen wurden bislang erfolgreich in Deutschland durchgeführt und (teils) evaluiert. Um einen Querschnitt an Programmen darzustellen, werden Projekte mit differenzierten thematischen Schwerpunkten präsentiert, die sich wiederum an unterschiedliche Zielgruppen und Konsumierendengruppen unterschiedlicher Substanzen oder Verhaltensproblematiken richten. Auch wird die Bandbreite von Nutzungsmöglichkeiten verschiedener Kanäle und v. a. digitalen Möglichkeiten aufgezeigt, um an die Lebenswelt der Adressat:innen anzuknüpfen.

8.1 „Be Smart – Don't Start" – Ein Wettbewerb für rauchfreie Schulklassen

Bei dem schulbasierten Interventionsprogramm „Be Smart – Don't Start" handelt es sich um einen Wettbewerb für rauchfreie Schulklassen, der seit dem Schuljahr 1997/98 in Deutschland umgesetzt wird und an der sozialen Norm ansetzt. Im Sinne des Kontraktmanagements entscheiden sich Schulklassen im Rahmen dieser Präventionsmaßnahme, über einen Zeitraum von sechs Monaten nicht zu rauchen. Erfolgreiche Schulklassen haben im Anschluss die Möglichkeit, im Rahmen einer Verlosung Preise zu gewinnen. Das Programm richtet sich hauptsächlich an die Schulklassen der Jahrgangsstufen sechs bis acht, aber auch andere Klassenstufen können teilnehmen – sofern die Mehrzahl der Schüler:innen nicht raucht. Rauchfrei sein bedeutet, dass die Klasse ‚Nein' sagt zu sowohl Tabakzigaretten als auch zu E-Zigaretten, Shishas, E-Shishas sowie zu Tabak und Nikotin in jeder Form. Ziele des Programms beinhalten, dass das Thema Nichtrauchen auf eine für Schüler:innen attraktive Weise zur Sprache gebracht wird. Darüber hinaus soll der Rauchbeginn von Kindern und Jugendlichen verhindert bzw. hinausgezögert werden und bereits gelegentlich rauchende Schüler:innen sollen zum Rauchstopp motiviert werden. Somit soll verhindert werden, dass diese Schüler:innen zu regelmäßigen Raucher:innen werden. Insgesamt haben seit Beginn der Umsetzung in Deutschland 166.307 Klassen mit über 4,3 Millionen Schüler:innen an dem Programm teilgenommen (Hanewinkel 2018; besmart.info o. J.).

Abbildung 14: Interventionsprogramm „Be Smart – Don't Start". Quelle: Twitter-Account der BZgA (2020).

Das Präventionsprogramm wurde umfassend evaluiert in Bezug auf Prozesse (Wiborg/Hanewinkel 2001) und Ergebnisse (Hanewinkel/Wiborg 2002, 2003b; Hanewinkel/Wiborg/Isensee et al. 2006; Isensee/Hanewinkel 2007; Isensee et al. 2012; Josendal 2003; Schulze et al. 2006; Wiborg/Hanewinkel 2002; Wiborg/Hanewinkel/Kliche 2002), zur Dissemination (Hanewinkel 2007; Hanewinkel/Wiborg, 2003a), zur Kosten-Nutzen-Effizienz (Hoeflmayr 2006; Hoeflmayr/Hanewinkel 2008) sowie zu möglichen iatrogenen Effekten (Hanewinkel et al. 2010). Die vorliegenden Studien weisen darauf hin, dass „Be Smart – Don't Start" grundsätzlich eine hohe Akzeptanz bei Lehrkräften und Schüler:innen erfährt, den Einstieg und die Progression des Rauchens verzögern kann sowie keine negativen Nebenwirkungen wie das Auftreten von Mobbing begünstigt. Außerdem ließ sich ein positives Kosten-Nutzen-Verhältnis feststellen. Für das Jahr 2012 hatte das Deutsche Krebsforschungszentrum ermittelt, dass durch die Maßnahme bei knapp 11.000 Jugendlichen ein Raucheinstieg vermieden werden konnte (Schaller et al. 2014).

In einer Studie von 2015 wurde erstmals die langfristige Wirksamkeit des Wettbewerbs untersucht, indem eine Stichprobe von 2006 (insg. 3.490 Schüler:innen der 7. Klassenstufen aus 84 Schulen des Landes Sachsen-Anhalt) an einer cluster-randomisierten Begleitstudie teilnahmen. Neun Jahre nach der Eingangserhebung 2015 wurde genau diese Stichprobe erneut kontaktiert und zu ihrem Rauchverhalten befragt. 58 Schulen (69 %) willigten zur Folgeuntersuchung ein. 688 (19,7 %) Fragebogen von ehemaligen Schüler:innen resultierten hieraus, die der Eingangserhebung zugeordnet werden konnten. Nahezu alle Analysen deuteten auf numerisch günstigere Werte in der Interventions- im Vergleich mit der Kontrollgruppe hin, so dass dieser Unterschied für den Rauchstopp statistisch bedeutsam wurde. Letztlich sind Schlussfolgerungen aufgrund der geringen Stichprobengröße sowie der differentiellen Linguistik zu langfristigen Effekten einer Wettbewerbsteilnahme jedoch nur mit großer Vorsicht zu ziehen (Hanewinkel 2018). Kontraintuitiv mag hierbei der signifikante Interventionseffekt auf den Zeitpunkt des Rauchstopps erscheinen, da die Intervention primär auf eine Verhinderung von Einstieg und Etablierung des Rauchens abzielt – nicht jedoch auf den Ausstieg aus dem Rauchen. Eine Erklärung hierfür kann sich auf die häufig noch instabilen Muster des Rauchens der Jugendlichen und jungen Erwachsenen zurückführen lassen. Durch die frühe Teilnahme am Programm „Be Smart – Don't Start" und der damit einhergehenden Sensibilisierung für die Thematik des Rauchens und des Rauchstopps könnte wiederum eine höhere Ambivalenz des Rauchens erlebt und entsprechend schneller wieder ausgestiegen werden. Im Jahr 2001 rauchten noch ca. 27,5 % der 12–17-Jährigen Jugendlichen – 2016 waren es bereits weniger als 10 % (BZgA 2017). Hierdurch wird veranschaulicht, dass Suchtprävention auf Bevölkerungsebene wirksam sein kann. Befördert hat diese Entwicklung mit hoher Wahrscheinlichkeit der Policy-Mix der Tabakkontrolle aus unterschiedlichen verhältnis- und verhaltenspräventiven Maßnahmen, die simultan in Deutschland umgesetzt wurden (wie Preisanhebungen, die Nichtraucher:innenschutz-Gesetze, die Altersanhebung des legalen Kaufs von Tabakprodukten auf 18 Jahre, partielle Werbeverbote und die Einführung bildgestützter Warnhinweise) (Hanewinkel 2018).

8.2 „HaLT – Hart am LimiT" – Alkoholprävention für Jugendliche

Das Präventionsprojekt HaLT entstand im Jahr 2002 und wurde vor dem Hintergrund des zunehmend riskanten Alkoholkonsums unter Kindern und Jugendlichen entwickelt. Mittlerweile wird das Programm an 140 Standorten in ganz Deutschland umgesetzt, da sich HaLT als wirksame Strategie erwiesen hat, um insgesamt schädlichem Alkoholkonsum zu begegnen. Hierbei werden verhaltenspräventive und verhältnispräventive Maßnahmen in einem regionalen Netzwerk effektiv miteinander verbunden.

Folglich besteht das Konzept aus zwei Bausteinen: einem reaktiven und einem proaktiven. Im reaktiven Projektbaustein werden Kinder und Jugendliche nach einer stationär behandelten Alkoholvergiftung mit einer Kurzintervention, einem sogenannten *Brückengespräch,* noch vor Ort im Krankenhaus angesprochen. Darüber hinaus wird zu diesen Einzelberatungen für die betroffenen Kinder und Jugendlichen sowie für ihre Eltern eine Auseinandersetzung mit dem riskanten Konsumverhalten in Form von 8–12-stündigen Gruppenangeboten offeriert. Hierbei besteht das Ziel in einer direkten Reaktion auf den schädlichen Alkoholkonsum. Die Wirksamkeit von frühzeitigen Kurzinterventionen durch qualifiziertes Fachpersonal wurde bereits in mehreren Studien belegt (Chick et al. 1985; Elvy et al. 1988; Gentilello et al. 1995; Heather et al. 1996). Der proaktive Baustein in Form einer kommunal verankerten und systematisch umgesetzten Präventionsstrategie ergänzt diesen individuellen Ansatz. Hier wiederum besteht das Ziel darin, Alkoholexzesse und schädlichen Alkoholkonsum im Vorfeld durch Verantwortung und Vorbildverhalten zu verhindern. Entsprechend besteht die Zielgruppe dieses Bausteins aus Erwachsenen wie z. B. Verantwortliche in Kommunen, im Verkauf oder in Vereinen, die für eine konsequente Einhaltung des Jugendschutzgesetzes an Festen, in der Gastronomie oder im Einzelfall sorgen. Diese Kombination des reaktiven und proaktiven Bausteins mit den zwei unterschiedlich fokussierten Zielgruppen verhindert die Reduktion der Problematik auf ein individuelles und rein jugendspezifisches Problemverhalten. Denn durch die Aufklärung von Kindern und Jugendlichen allein kann die Problematik des Komatrinkens nicht gelöst werden. Notwendig hingegen ist eine gesamtgesellschaftliche Wahrnehmung der Verantwortung, um nachhaltig positive Veränderungen zu erreichen (HLS 2011).

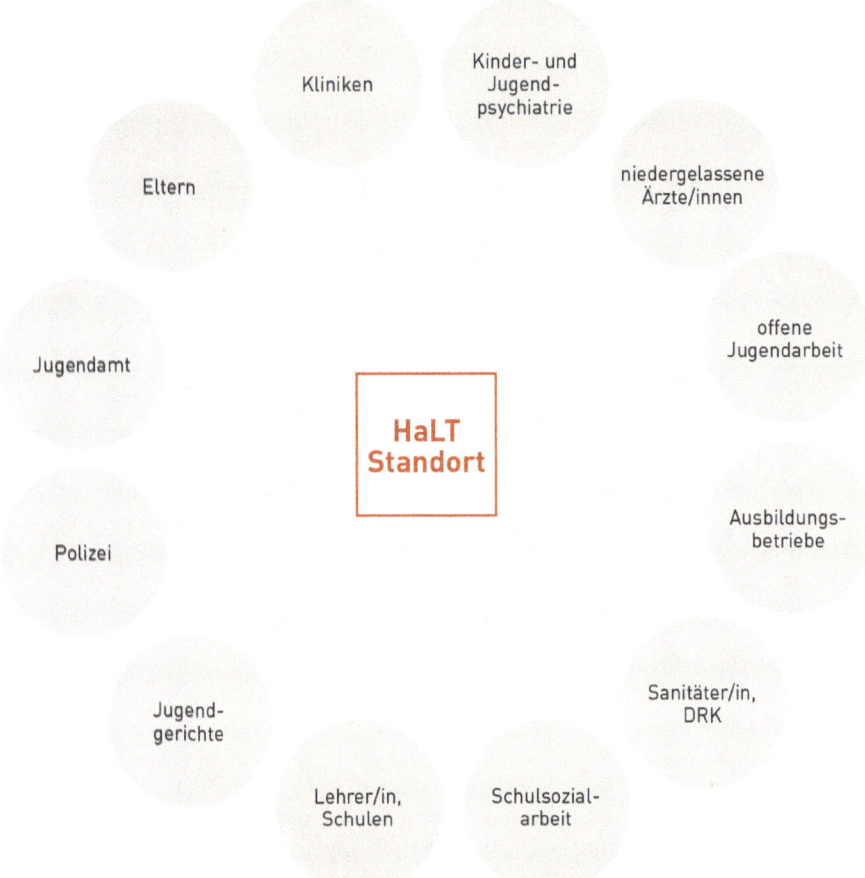

Abbildung 15: Multiplikator:innenkonzept von HaLT. Quelle: HaLT – Hart am LimiT, Alkoholprävention für Kinder und Jugendliche (2017). Handbuch für die Praxis. Villa Schöpflin gGmbH – Zentrum für Suchtprävention: Lörrach; 2017.

Eine vom Bundesministerium für Gesundheit beauftrage Evaluation des HaLT-Bundesmodellprogramms bescheinigt dem Ansatz eine deutliche Effektivität und Effizienz in der Alkoholprävention. Im Hinblick auf eine signifikante Reduzierung aller Konsumparameter, einer Steigerung der Veränderungsmotivation und einer Abnahme von Trinkmotiven und von Alkoholkonsum in trinkmotivrelevanten Situationen wurde der HaLT-Ansatz als hocheffektiv beschrieben (Wurdak/Wolstein 2012). Das Projekt ist wissenschaftlich evaluiert und qualitätsgesichert (Eichin/ Kuttler 2021).

8.3 „Trampolin" – Unterstützung für Kinder aus suchtbelasteten Familien

Das Deutsche Zentrum für Suchtfragen des Kindes- und Jugendalters (DZSKJ) am Universitätsklinikum Hamburg-Eppendorf entwickelte im Rahmen eines Forschungsverbundes gemeinsam mit dem Deutschen Institut für Sucht- und Präventionsforschung (DISuP) an der Katholischen Hochschule NRW im Rahmen des Projekts „Trampolin" ein modulares Gruppenangebot für Kinder aus suchtbelasteten Familien. Vorrangige Ziele bestanden in einer möglichen Implementierung des Präventionsprogramms in verschiedene Settings, einer Reduzierung der psychischen Belastung teilnehmender Kinder sowie einer Erhöhung ihrer Handlungskompetenz im Sinne eines langfristigen Empowerments. Weiter sollte sich das Programm niedrigschwellig sowie alters- und gendersensibel ausrichten und leicht durchzuführen sein. Die Maßnahme sollte beide Möglichkeiten offerieren, zum einen die Eltern miteinzubeziehen, zum anderen aber auch ohne das Engagement der Eltern nur für Kinder durchführbar sein (Bröning et al. 2012). Hintergrund für die Entwicklung des Präventionsprogramms waren die hohen und komplexen Belastungen seitens der Kinder von Eltern mit Substanzgebrauchsstörungen, wobei Kinder aus suchtbelasteten Familien als eine Hochrisikogruppe für die Entwicklung einer eigenen Abhängigkeitserkrankung gelten (Zimic/Jakic, 2012). Das BMG reagierte mit dieser Ausschreibung v. a. auf das Fehlen eines standardisierten und evaluierten Präventionskonzepts für Kinder von suchtbelasteten Eltern in Deutschland.

In der ersten Projektphase wurde das sogenannte Gruppenprogramm „Trampolin" im Austausch mit Forschung und Praxis speziell für Kinder von Eltern mit substanzgebundenen Abhängigkeitserkrankungen konzipiert. Mithilfe eines passenden Manuals ist es leicht erlern- und durchführbar. Es setzt sich aus insgesamt neun wöchentlichen Kinder-Modulen à 90 Minuten zusammen, in welchen die zentrale Thematik der elterlichen Sucht und der Umgang mit dieser fokussiert wird. Hierbei handelt es sich um ein methodisch abwechslungsreiches Programm, wobei die Ressourcenorientierung dabei das wesentliche Fundament repräsentiert. Darüber hinaus wurde ein Eltern-Modul entwickelt, welches in der Regel im Rahmen von zwei Treffen à anderthalb Stunden durchgeführt wird. Ambulante Beratungsstellen der Sucht-, Jugend-, Familien- und Selbsthilfe wurden als natürliches Setting hierfür angestrebt (Bröning et al. 2012).

Die Evaluation an 27 ausgewählten Projektstandorten in Deutschland mit 218 Kindern im Durchschnittsalter von 9,79 Jahren fand in der zweiten Projektphase statt. Zur Wirksamkeitsüberprüfung wurde ein prospektiv randomisiert-kontrolliertes Untersuchungsdesign mit drei Messzeitpunkten gewählt. Die Ergebnisse der Evaluation zeigten, dass die Kinder von beiden Interventionen in unterschiedlichen Bereichen wie der Stressbewältigung, des Selbstkonzepts und der Lebensqualität profitiert haben. Im Vergleich zur Kontrollgruppe wiesen jedoch die Teilnehmenden der „Trampolin"-Gruppe nach der Intervention und auch nach sechs Monaten eine geringere psychische Belastung und einen besseren Kenntnisstand zum elterlichen Suchtverhalten auf. Weiter zeigte sich im Elternurteil eine signifikant höhere Stressbewältigungskompetenz – die konstruktiv-selbstberuhigende Emotionsregulation betreffend. Insgesamt wurde eine hohe Akzeptanz des „Trampolin"-Programms von Seiten der Kursleiter:innen sowie der teilnehmenden Kinder und Eltern deutlich. In Bezug auf die Weiterempfehlung des Programms war Trampolin der suchtunspezifischen Intervention überlegen. Schließlich lässt sich resümieren, dass mit dem manualisierten Präventionsprogramm ein standardisiertes und qualitativ hochwertiges sowie evidenzbasiertes Angebot für Kinder aus suchtbelasteten Familien vorliegt. Das Programm erfährt eine hohe Akzeptanz, zeigt eine positive Wirkung auf teilnehmende Kinder und ist nicht zuletzt aufgrund seiner modularen Struktur in einer Vielzahl von Settings einsetzbar (Bröning et al. 2012).

8.4 „FreD" – Frühintervention bei Erstauffälligkeit

Das Präventionsprogramm „FreD" steht für **Frühintervention** bei erstauffälligen **Drogenkonsument**:innen und entstand im Rahmen eines von der LWL-Koordinationsstelle Sucht entwickelten und erprobten Bundesmodellprojektes. Kooperationspartner:innen sind die Stellen, bei welchen Jugendliche als Drogenkonsumierende aufgefallen sind – um schließlich über diese Settings den Kontakt zu den Jugendlichen herzustellen. Ausgangspunkt für das Projekt waren die steigenden Zahlen von drogen- und insbesondere cannabiskonsumierenden jungen Menschen Ende der 1990er-Jahre und darüber hinaus die Erkenntnis, dass die Jugendlichen bei sich selbst häufig keinen Beratungsbedarf sahen. Zwischen 2000 und 2002 beschäftigte sich das Modellprojekt mit der Frage, ob und wie junge Menschen zwischen 14 und 21 Jahren bei einer polizeilichen Erstauffälligkeit mit illegalen Substanzen, für die Inanspruchnahme eines Beratungsgesprächs mit anschließender Kurzintervention motiviert werden können. Im Jahr 2007 wurde dann der FreD-Kurzinterventionsansatz von der LWL-Koordinationsstelle Sucht unter dem Namen „FreD goes net" in andere Länder Europas transferiert. Seither und aus diesem Anlass wurde der FreD-Ansatz erweitert, indem nun auch andere Vermittler:innen und Kooperationspartner:innen wie Schulen, Betriebe, Jugendhilfeeinrichtungen sowie Eltern mit im Fokus stehen. Zudem wurde das Programm in Anlehnung an aktuelle Entwicklungen auch auf den riskanten Alkoholkonsum ausgeweitet. Zusammenfassend lässt sich das FreD-Handlungsprinzip so erklären, dass auf eine Auffälligkeit mit legalen oder illegalen Substanzen eine gesundheitsbezogene Intervention folgt (Landschaftsverband Westfalen-Lippe/LWL 2000).

Hauptsächlich stützt sich FreD auf zwei Methoden: Das transtheoretische Modell der Verhaltensänderung (TTM) und Motivational Interviewing (M.I.). Das vorrangige Ziel des Präventionsprojektes besteht darin, erstauffällige Jugendliche durch eine frühzeitige Intervention vor dem Risiko einer stoffgebundenen Abhängigkeit zu schützen. Bestenfalls soll bei den Jugendlichen eine kritische Selbstreflexion angeregt werden. Im Kontext eines Früh- und Kurzinterventions-Ansatzes sollen Jugendliche in Form eines Kurses darin unterstützt werden, eine eigene Haltung zu ihrem Konsum zu entwickeln und im Anschluss selbstverantwortlich mit

Substanzen umzugehen. Hierfür ist FreD als Kooperationsprojekt konzipiert, um durch andere Institutionen wie Polizei, Schule oder Betrieb Kontakt und Zugang zu Jugendlichen zu erhalten. Des Weiteren beruht das Selbstverständnis von FreD auf einer frühzeitigen Hilfe zur Selbsthilfe und versteht sich nicht als Strafe. Statt auf Sanktionen zu setzen, motiviert das Programm zur Selbstreflexion und möchte auf diese Weise dafür sorgen, dass es bei einem einmaligen Auffallen bleibt. Junge Menschen zwischen 14 und 21 Jahren, die als experimentierende bis riskante Substanzkonsumierende bei unterschiedlichen Institutionen auffällig geworden sind, bilden die Zielgruppe von FreD. Alle legalen sowie illegalen Substanzen, bis auf Heroin, sind mit inbegriffen.

Sowohl die Berichte von diversen FreD-Standorten als auch die Erfahrungen mit dem Modellprojekt FreD in Deutschland und Europa haben belegt, dass, je genauer das Konzept umgesetzt wird, die Chance auf Erfolg desto größer ist. Die LWL-Koordinationsstelle Sucht hat als Gesamtprojektträger zum einen inhaltliche Qualitätsleitlinien formuliert und bietet zum anderen eine Zertifikatsausbildung zum FreD-Trainer an – um schließlich den Kursleiter:innen und FreD-Trainer:innen einen Kompass für eine erfolgreiche Durchführung an die Hand geben und gleichzeitig die Qualität sichern zu können (Landschaftsverband Westfalen-Lippe/LWL 2000).

8.5 „Theater RequiSit" – Ein innovatives Konzept zur Suchtprävention

Das Theater RequiSit stellt ein äußerst innovatives Konzept zur Suchtprävention dar, welches 1995 als kleines EU-Projekt der SiT e.V. gegründet wurde und seit Juli 2012 als eigenständiger Verein (Requisit e.V.) unter Leitung der Diplom- und Theaterpädagogin Nora Staeger gemeinsam mit ehemals suchtmittelabhängigen Darsteller:innen mittlerweile jährlich im Rahmen von rund 150 Veranstaltungen Zuschauer:innen begeistert. Darüber hinaus ist Theater RequiSit anerkannter Träger der freien Jugendhilfe gemäß § 75 KJHG i.V.m. § 10 Hessisches Kinder- und Jugendhilfegesetzbuch (RequiSit e.V. o. J.). Die Leiterin Nora Staeger erklärt in einem Beitrag des Verbandsmagazins „Der Paritätische" (Der Paritätische 2023) das Konzept des besonderen Präventionsprojekts. Theater RequiSit spielt Improvisationstheater, in dessen Rahmen, im Gegensatz zu anderen Theaterformen, ohne vorgefertigten Text und einstudierte Rollen agiert wird. Infolgedessen eignet sich die Kunstform des Improvisationstheaters in besonders guter Weise für das Erlernen eines positiven sozialen Miteinanders im Alltag, es fördert einen vertrauensvollen Umgang miteinander, die eigene Kreativität und das persönliche Wachstum. In Anlehnung an Keith Johnstone setzen die Spieler:innen von RequiSit ohne Text und feste Rollen die Vorschläge des Publikums spontan und kreativ um und zaubern auf Zuruf der Zuschauer:innen in Sekundenschnelle Szenen auf die Bühne. Das Besondere an RequiSit ist, dass explizit *kein* ‚Suchttheater' im Rahmen des Improvisationstheaters gespielt wird – wie es wohl auf den ersten Blick erwartet werden würde. Vorwiegend werden die Veranstaltungen an Schulen und Ausbildungsbetrieben durchgeführt, wobei bewusst keine Suchtthemen auf die Bühne gebracht werden. Das Ziel hierbei besteht darin, keine Klischees abzubilden, sondern im Sinne der Suchtprävention ein angenehmes und respektvolles Setting auf

Augenhöhe zu schaffen. Auf diese Weise erfolgt eine positive Kontaktgestaltung zum Publikum und vor allem ein Vertrauensaufbau. Dieses hergestellte Vertrauen hilft dann im zweiten Teil der Veranstaltung, in welchem die Mitarbeiter:innen von RequiSit mit den Jugendlichen ins Gespräch kommen und alle Fragen zum Thema Sucht und Abhängigkeit beantworten. Hierdurch wird das vorrangige Ziel verfolgt, die Jugendlichen für das Thema Sucht zu sensibilisieren und ihre Selbstreflexion zur Thematik anzuregen. Für Lehrkräfte wiederum findet parallel zu den Schüler:innen-Gruppen eine Diskussionsrunde zum Thema Sucht und Suchtprävention statt. Mit diesem Format einer Tagesveranstaltung ist Theater RequiSit in ganz Hessen, Rheinland-Pfalz, Baden-Württemberg, Nordrhein-Westfalen und Bayern unterwegs.

Darüber hinaus besteht ein weiteres Angebot des Vereins in einer Projektwoche für Schulen, in der die Jugendlichen die Techniken des Improvisationstheaters erlernen und zum Abschluss dieser Woche selbst vor Publikum auf der Bühne stehen. Hierdurch erhalten die Teilnehmer:innen die Chance, sowohl Ängste und Hemmungen abzubauen als auch an sich selbst zu wachsen.

Die Mitarbeiter:innen von Theater RequiSit sind allesamt ehemals suchtmittelabhängige Menschen, die oftmals auf eine lange Konsumkarriere und Suchterfahrung zurückblicken, eine Entwöhnungstherapie abgeschlossen haben und mitunter hierdurch über ein hohes Maß an Selbstreflektion verfügen und seit bereits längerer Zeit abstinent sind. Hier bestehen auf Seiten der Mitarbeiter:innen die unterschiedlichsten Erfahrungen mit Substanzen und/oder auch stoffungebundenen Verhaltensstörungen. Auch hier erklärt Nora Staeger, dass es für die von Authentizität geprägten Gespräche mit den Jugendlichen weniger wichtig ist, von welcher Substanz oder welchem Verhalten eine Abhängigkeit bestand, sondern dass es eher darum geht, zu verstehen und nachzuvollziehen, was es bedeutet, ein fremdbestimmtes Leben in Abhängigkeit zu führen. Folglich ist eher die psychosoziale Seite der Sucht von Relevanz und ein Verständnis darüber zu erhalten, wie man sich schützen kann oder wo Hilfe gefunden werden kann. Der Verein bietet auf diese Weise neben der suchtpräventiven Arbeit für und mit Jugendlichen auch den Mitarbeiter:innen als allesamt ehemals suchtbetroffenen Menschen die Wiedereingliederung auf den ersten Arbeitsmarkt sowie eine fortführende Stabilisierung und Rückfallprophylaxe. Das Theater lebt hauptsächlich von den Veranstaltungseinnahmen und muss komplett ohne Förderung auskommen. Dennoch ist es aufgrund des niedrigen Schulbudgets auf Spenden und Förderungen angewiesen, um zu überleben (Der Paritätische 2023, o. J.).

Im Rahmen der Bilanz für das Jahr 2022 wird ersichtlich, dass das Theater RequiSit mit seiner Suchtpräventionsveranstaltung „Erst Spaß gehabt, dann nachgedacht" 133 Auftritte an weiterführenden Schulen in Hessen, Rheinland-Pfalz, Bayern, Baden-Württemberg und Nordrhein-Westfalen hatte, mit diesem Format im Jahr 2022 insgesamt 11.932 Schüler:innen erreichte und 396 Gesprächsgruppen geführt hat. Parallel zu den 396 Gesprächsgruppen wurden 91 Gesprächsrunden mit 439 Lehrkräften abgehalten (RequiSit e.V. o. J.).

8.6 „Checkpoint C" – Interdisziplinäre Prävention zu Crystal Meth

8.6.1 Die anonyme Sprechstunde

Im Oktober 2014 startete Checkpoint C als ein interdisziplinäres Projekt der Hochschule Merseburg, der Ostdeutschen Arbeitsgemeinschaft Suchtmedizin e.V. und der Martin-Luther-Universität Halle (Saale). In dem Projekt waren Studierende der Fachbereiche Soziale Arbeit, Medien & Kultur der Hochschule Merseburg und der Allgemeinmedizin der Medizinischen Fakultät der Martin-Luther-Universität tätig. Der Ablauf gestaltete sich so, dass sich zweimal wöchentlich bis zum 25.6.2015 Konsument:innen, Interessierte und Angehörige aus Halle, dem Saalekreis und der näheren Umgebung rund um das Thema Crystal informieren konnten. Die Angebote offerierten eine klientenzentrierte Aufklärung und Information, die Möglichkeit eines anonymen medizinischen Check-ups – unabhängig von einer Krankenversicherung oder Chipkarte. Über den gesamten Zeitraum wurden die Studierenden im Hintergrund durch erfahrene, professionelle Senior-Expert:innen betreut bzw. unterstützt. Diese fungierten als Ärzt:innen in Rufweite und wurden gemäß den Auflagen der Ethikkommission der medizinischen Fakultät der MLU eingesetzt. Insgesamt wurden 67 Sprechstunden durchgeführt und 603 ehrenamtliche Arbeitsstunden eingesetzt. Die Resonanz fiel insgesamt positiv aus, indem viele Nachfragen unterschiedlicher Institutionen aus Jobcentern, der Jugendarbeit, von Streetworker:innen sowie der Polizei das deutliche Interesse an der Sprechstunde unterstrichen. Angehörige und Konsumierende fanden sich zu vertrauensvollen Gesprächen ein. Aus diesem Projekt entstanden eine Auswertung der Crystal-Sprechstunde sowie ein Bauplan für anonyme Drogensprechstunden (Barsch/Walta 2016).

8.6.2 Die Crystal-App

Ein weiteres Resultat der Crystal-Sprechstunde stellte die Entwicklung einer App dar, welche Crystal-Konsumierende in ihrem Konsumalltag begleitet, wobei gleichzeitig deren Anonymität gewahrt bleiben kann. Die App richtet sich an aktuell Konsumierende oder ausstiegswillige Konsument:innen. Ab Dezember 2014 wurde die App an der Hochschule Merseburg unter Projektleitung von Frau Prof. Dr. Gundula Barsch in Zusammenarbeit mit einem Team aus Sozialarbeiter:innen, Grafikdesigner:innen und Programmierer:innen entwickelt. Die App repräsentiert eine Navigationshilfe für den Konsumalltag mit Crystal Meth und bietet hierbei eine Möglichkeit, diesen zu planen und einzuschätzen sowie das eigene Konsumverhalten zu reflektieren. Außerdem erhält sie viele Informationen sowohl für Angehörige als auch Interessierte, um sich zu Konsum und Substanz vorurteilsfrei und qualifiziert weiterbilden zu können. Die Anwendung enthält ein Konsumtagebuch sowie Erste-Hilfe-Grundlagen, um in einem Drogennotfall adäquat reagieren zu können. Inkludierte Selbsttests dienen als Basis für die Reflexion über das eigene Selbstwertgefühl, die Selbstkontrolle und Selbstrealisierung sowie den Realitätsbezug und sollen dabei unterstützen, ein besseres Gespür für sich selbst zu entwickeln. Einen umfangreichen Fundus an Inhalten zur Substanz Crystal, einschließlich deren Konsumformen und Wirkungsweisen, möglichen Kurz- und Langzeitnebenwirkungen sowie Folgen und vielen Tipps zu Safer Use und dem

Umgang mit Risikofaktoren bieten die Substanzinformationen und das Lexikon. Grundsätzlich hält die App hilfreiche Tipps zur Kontrolle des eigenen Konsums bereit und zielt auf eine wertneutrale Aufklärung von Konsument:innen und Angehörigen (Checkpoint-C.de 2023). Im Abschlussbericht von 2018/19 wurden für iOS 2.720 und für das Android-Betriebssystem 947 Downloads verzeichnet. Außerdem wurden 20.087 Besucher seit Relaunch der Website sowie 378.173 Aufrufe registriert und die APK-Datei zur Store-unabhängigen Installation der App wurde 554 Mal heruntergeladen. Die Downloads in diesem Jahr mit einer Gesamtsumme von 4.221 lagen somit entsprechend weit über dem für den Projektzeitraum angestrebten Bereich. Für alle für die App aufbereiteten Informationen wurde außerdem genderspezifisch recherchiert, bewertet und in Kurztexten entsprechend aufbereitet (Barsch 2018/19).

8.7 Interaktive Cannabispräventionskampagnen

8.7.1 „BLEIB STARK! BLEIB DU SELBST! Cannabis & Du?"

Mit der Kampagne „Bleib stark! Bleib du selbst! Cannabis & du?" betreibt Hamburg seit 2013 Cannabisprävention bei Jugendlichen und reagiert damit auf die im Jahr 2012 wieder angestiegene 30-Tages-Prävalenz von Cannabis und auf den signifikanten Anstieg des problematischen Cannabiskonsums unter Jugendlichen. Zielgruppen sind neben den Jugendlichen selbst v. a. auch Eltern und Fachkräfte. Bei der Kampagne handelt es sich um eine Mehrebenen-Präventionsstrategie, deren Kern internetbasiert ist und entsprechend mehrere Instrumente und Maßnahmen für die Auseinandersetzung mit der Thematik Cannabis eingesetzt werden. Im Wesentlichen besteht die Kampagne aus zwei Elementen – zum einen aus der Bereitstellung von zielgruppenspezifischen Basisinformationen für Jugendliche, deren Eltern und Angehörige sowie für Fachkräfte der Suchtprävention und zum anderen aus einem Kreativ-Wettbewerb. Der Wettbewerb richtet sich speziell an Jugendliche und junge Erwachsene im Alter von 14–21 Jahren und motiviert diese, sich auf unterschiedliche Art und Weise – wie z. B. in Form von Plakatentwürfen, selbstproduzierten Videobeiträgen oder mit anderen themenzentrierten Aktionen – phantasievoll, künstlerisch und kritisch mit dem Cannabiskonsum und seinen Risiken auseinanderzusetzen. Darüber hinaus wurde unter www.bleib-stark.com eine spezielle Internetseite eingerichtet, die sowohl über die Inhalte und Teilnahmebedingungen etc. des Kreativ-Wettbewerbs informiert als auch Jugendlichen und anderen Interessierten zielgruppenspezifisch aufbereitete Informationen zur Thematik Cannabis bereitstellt sowie auf weitere Materialien und Kontaktadressen von Beratungs- und Präventionsstellen verweist. Begleitend zum Internetauftritt wurde ebenfalls eine Facebook-Seite erstellt, um Fragen von Konsumierenden zu beantworten und Raum für Diskussionen zu geben (Baumgärtner 2015).

Allgemeine Ziele der Kampagne stellten die Sensibilisierung von Jugendlichen für die grundsätzliche Botschaft dar, dass diese in einem Alter von unter 18 Jahren aufgrund der zahlreichen Risiken des Cannabiskonsums nicht konsumieren sollten. Auf diese Weise sollte der Informationsgrad erhöht sowie eine kritische Reflexion zum Cannabiskonsum angeregt werden – um vor allem mögliche Verharmlosungstendenzen entgegenzuwirken. Darüber hinaus kann die Kampagne als integrativer Bestandteil eines suchtpräventiven Gesamtkonzepts der Stadt gesehen werden und ist hierbei kommunal verankert, indem eine behördenübergreifende Zielsetzung gelungen ist. Im Hinblick auf die Punkte Qualitätssicherung und Evaluation kann festgehalten werden, dass Einzelmaßnahmen dokumentiert werden und ein Evaluationsbericht vorliegend ist. Zudem finden regelmäßige Peer Reviews der beteiligten Fachkräfte als fester Bestandteil der Gesamtkonzeption statt, welche auf diese Weise als Qualitätssicherung und -entwicklung dienen. Zusätzlich gibt es ein Monitoring der Webseitenbesuche und der Social-Media-Aktivitäten (Kammerahl o. J.).

Die Wichtigkeit einer umfassenden Evaluation solcher Projekte und Kampagnen für eine zielführende Weiterentwicklung und Verbesserung einzelner Maßnahmen lässt sich im dazugehörigen Evaluationsbericht zu „Bleib stark! Bleib du selbst! Cannabis & du?" gut nachvollziehen. Empfehlungen des Evaluationsberichts beziehen sich beispielsweise auf den Zeitpunkt der Durchführung von Maßnahmen wie dem ‚Mitmachwettbewerb'. Es wird empfohlen, dass der Auftakt hierzu beispielsweise auf die Zeit nach den Schulsommerferien gelegt werden sollte, bis Schulen die in diesem Rahmen auftretenden Planungs- und Organisationsangelegenheiten klären konnten und dann auch die Zeit haben, sich neben der Alltagsroutine mit von außen an die Schule herangetragenen Anliegen für die Unterrichtsgestaltung zu befassen. In Bezug auf die zu berücksichtigenden sozioökonomischen Faktoren wird darüber hinaus empfohlen, die Teilnahmebeschränkung in Bezug auf das Alter zu lockern, um Zahl und Vielfalt der eingereichten und zugelassenen Beiträge zu erhöhen sowie Auszeichnungen infolgedessen in unterteilten Alterskategorien erfolgen zu lassen. Außerdem wird z. B. zu einer systematischen Schulung der Fachkräfte geraten, die mit der Betreuung des Wettbewerbs auf der Facebook-Seite beschäftigt sind, um mit verherrlichenden oder verharmlosenden Kommentaren das Kiffen betreffend angemessen umzugehen. Auch die Möglichkeit einer Kooperation mit anderen Bundesländern wird in Betracht gezogen, um das Wettbewerbsgeschehen weiter auszubauen und nicht nur auf Hamburg zu beschränken (Baumgärtner 2015). Schließlich wird deutlich, wie gewinnbringend und zielführend Evaluationen solcher Projekte und Kampagnen sein können, um diese zu verbessern, weiter auszubauen und einen noch stärkeren Nutzen erzielen zu können.

8.7.2 „Rauchmelder" – ein konsumbegleitendes Beratungsangebot zu Cannabis

Der Verein Basis e.V. (Beratung, Arbeit, Jugend & Kultur e.V.) bietet das Projekt „Rauchmelder – Beratung.App.Community" an, welches ein von der Stadt Frankfurt konsumbegleitendes Beratungsangebot darstellt (Stadt Frankfurt o. J.). Es richtet sich an Jugendliche und junge Erwachsene, die regelmäßig Cannabis konsumieren und unterstützt als sekundärpräventive Intervention die Konsumierenden in Bezug auf einen regelhaften, in den Alltag eingebundenen Konsum und konsumbezogene Gewohnheiten sowie konsumbezogene Schwierigkeiten in der Lebensgestaltung, Ausbildung, Arbeit oder in der Schule. Das Projekt Rauchmelder beinhaltet für die Nutzenden sowohl verhaltens-, als auch verhältnispräventive

Anteile (Basis e.V. o. J.). Die Teilnehmenden werden zu einer Reflexion des eigenen Konsums angeregt, mit dem Ziel, das Risikoverhalten zu reduzieren. Neben der Wissensvermittlung über die konsumierten Substanzen sollen schadensminimierende Verhaltensweisen vermittelt und gefördert werden. Auf diese Weise sollen die Teilnehmenden ressourcenorientiert in einer positiven Verhaltensänderung unterstützt werden. Die Konsumierenden werden darüber hinaus darin bestärkt und begleitet, ihre Lebensbedingungen zu verändern oder zu stabilisieren – insbesondere in den Bereichen Freizeitgestaltung, soziale Kontakte und Schule/Ausbildung/Arbeit. In Anbetracht dessen, dass viele Menschen trotz konsumbedingter Probleme den Substanzkonsum zu Beratungsbeginn nicht vollständig einstellen wollen oder können, soll die Schwelle zur Teilnahme durch den akzeptierenden und konsumbegleitenden Ansatz gesenkt werden. Am Ende des Beratungsprozesses sollen je nach Zielvereinbarung der Substanzkonsum beendet oder reduziert werden oder ein risikoarmer und verantwortungsvoller Konsum erfolgen.

Abbildung 16: „Rauchmelder"-App. Quelle:

Die Beratung wird als Blended Councelling angeboten (Basis e.V. o. J.), d.h. die Präsenzberatung wird durch Elemente der Onlineberatung über eine eigens entwickelte App erweitert – wodurch die Affinität der Jugendlichen und jungen Erwachsenen zum Internet und Smartphone optimal genutzt wird. Gleichzeitig wird auf diese Weise den Nachteilen der Face-To-Face-Beratung in den Suchtberatungsstellen entgegengewirkt. Während die persönliche Beratung nur einmal wöchentlich und unter begrenzten Öffnungszeiten stattfindet und die Klient:innen ortgebunden sind, bieten Online-Methoden in der Drogenberatung zahlreiche Vorteile. Folglich kann die App zu jeder Zeit und an jedem Ort genutzt werden und ermöglicht so einen niedrigschwelligen Zugang sowie auf Wunsch eine anonyme Beratung, denn Beratungsgespräche sind auch über Video, telefonisch und per E-Mail Feedback möglich.

Zum Rauchmelder-Programm gehören entsprechend die kostenlose App, eine Online- und Face-to-face-Einzelberatung sowie freiwillige Gruppensitzungen mit gemeinsamem Blog. Jugendliche, die vor den Face-to-face-Beratungen zurückschrecken, können als Minimal-Paket nur zu einem Einführungsgespräch kommen, bei dem sie auch die App erhalten.

Die App

In der App sind derzeit verschiedene Funktionen enthalten, wobei der volle Funktionsumfang freigeschaltet werden muss und den Teilnehmenden der Beratung oder auf Anfrage zur Verfügung steht. Hingegen besteht für alle interessierten Menschen die Möglichkeit, das Tagebuch und das Wissensquiz uneingeschränkt zu nutzen. Hierfür kann auf der Website des Projekts anonym und kostenlos ein Account erstellt werden. Die einzelnen Funktionen werden im Folgenden kurz beschrieben und veranschaulicht:

Das Tagebuch

Das Tagebuch dient für die Protokollierung, was und wie viel konsumiert wurde und bietet die Möglichkeit, sowohl Set (Ort – ob allein oder mit anderen Personen) als auch Setting (Wie war das Gefühl vor und nach dem Konsum?) einzutragen. In der Tagesansicht können die einzelnen Konsumsituationen angezeigt werden, wodurch die Teilnehmenden etwas über ihre Konsummuster erfahren können. Aus diesen Mustern wiederum können Konsumregeln entwickelt und im Rahmen der App geplant werden, wann und wieviel konsumiert werden kann. Die Übersicht dieser Planung steht in der Wochenübersicht zur Verfügung.

Die Schatzkiste

Die Schatzkiste dient dazu, bestimmte Ideen zur Belohnung, zur Freizeitbeschäftigung und Selbstfürsorge zu sammeln und bei Bedarf anzuwenden. In Veränderungsprozessen spielt dieses Modul eine sehr wichtige Rolle, da diese Themen oftmals vernachlässigt wurden. Die gesammelten Strategien in der Schatzkiste können folglich als alternative Bewältigungsstrategien für schwierige Situationen im Alltag betrachtet werden.

Der Notfallkoffer

Im Notfallkoffer sollen und können individuelle Coping-Strategien, Ideen zum Verlassen einer Situation sowie Unterstützungs- und Notfallkontakte gesammelt und eingetragen werden, die in Stress- und Risikosituationen sowie bei starkem Craving zum Einsatz kommen sollen. Die Funktion bietet folglich die Möglichkeit, über persönliche Risikosituationen zu reflektieren und hierfür verschiedene Lösungsmöglichkeiten zu entwickeln.

Die Community-Funktion

Im Rahmen eines gemeinsamen Blogs soll die Möglichkeit zum Austausch innerhalb einer Community gewährleistet werden. Dabei können auch Sub-Communities für Gruppen in Einrichtungen angelegt werden.

Challenges

Die Challenges sollen dazu einladen, Gewohntes zu hinterfragen (z. B. eingeschlafene Freundschaften; aufgegebene Hobbys) und neue Dinge auszuprobieren. Ein Hauptaugenmerk liegt hier auf der Freizeitgestaltung und auf dem Ausprobieren neuer Aktivitäten.

Das Wissensquiz

Ein integriertes Wissensquiz bietet interessante Fragen zu Cannabis, Alkohol und anderen Substanzen sowie zu Safer Use und Harm Reduction, um letztlich zur Informations- und Wissensvermittlung beizutragen.

Der Datenschutz des Projektes und der App ist durch ein Content Managementsystem gewährleistet. Die App arbeitet mit Pseudonymisierung, wodurch die Nutzenden sich einen Benutzernamen als Pseudonym zulegen. Der App-Zugriff ist durch ein selbst gewähltes Passwort geschützt. Dieses kann nicht lokal gespeichert werden, um vor ungewolltem Zugriff zu schützen. Die App sammelt darüber hinaus keine Informationen wie z. B. Geräte-ID, Standort, Kontakte usw. Es werden nur die von den Nutzenden in der App eigetragenen Informationen übermittelt.

Die Beratung

Im Rahmen der Einzelberatungen als klassische Kurzintervention wird das Ziel verfolgt, den aktuellen Substanzgebrauch zu reflektieren und Veränderungswünsche zu unterstützen. Die Teilnehmenden werden darin bestärkt, ihr Konsumverhalten selbst zu beobachten, Konsumziele zu planen und umzusetzen, Konsumtrigger zu erkennen und Fähigkeiten zu entwickeln, mit Stress- und Risikofaktoren umzugehen. Gleichzeitig wird die Erweiterung ihrer Copingstrategien mit dem Ziel fokussiert, alternative Handlungsmöglichkeiten zu erproben. Dabei wird auf die individuellen Eintragungen der Teilnehmenden und auf die Bildsprache der App zurückgegriffen.

In der Beratung können individuelle Konsumziele verfolgt und entwickelt werden. Konsumbegleitende Beratung hat sich als ein vielversprechender Ansatz in der Suchtberatung erwiesen, insbesondere aufgrund der hohen Haltequote und Akzeptanz bei den Klient:innen. Im Vergleich zu traditionellen Ansätzen der Suchtberatung, die oft auf einer vollständigen Abstinenz als primärem Ziel basieren, ermöglicht die konsumbegleitende Beratung den Klient:innen eine bewusste Entscheidung, z. B. nur den Konsum einer bestimmten Substanz zu verändern, während sie andere weiterhin konsumieren möchten. Den Klient:innen fällt es im Gegensatz zur abstinenzorientierten Beratung leichter, den tatsächlichen Konsum sowie Vorfälle, in denen Konsumziele nicht erreicht wurden, als Teil des Prozesses zu thematisieren. Dies wirkt sich folglich auf die Abbruchquote aus. Auch fällt es Klient:innen leichter, wieder Kontakt aufzunehmen, falls sich nach Beendigung der Beratung wieder negative Veränderungen einstellen sollten.

Dieser Ansatz bietet den Teilnehmenden mehr Kontrolle und Autonomie in Bezug auf ihre Konsumgewohnheiten, was zu einer höheren Motivation und dementsprechend höherem Erfolg bei der Veränderung des problematischen Konsums führt. Ein weiterer Vorteil der konsumbegleitenden Beratung ist, dass die Klient:innen in ihrer aktuellen Lebenssituation unterstützt werden und sich auf ihre individuellen Bedürfnisse und Ziele konzentrieren können (Basis e.V. o. J.).

8.8 Beispiel einer bundesweiten Präventionskette zur Alkoholprävention der BZgA

Präventionsketten

Unter *Präventionsketten* werden integrierte Gesamtstrategien bezeichnet, die auf kommunaler Ebene den Rahmen schaffen, um das vielfältige Angebot öffentlicher und privater Träger:innen sowie Akteur:innen besser zu verbinden. Auf diese Weise ermöglichen sie eine Abstimmung und ein Ineinandergreifen dieser Angebote über Altersgruppen und Lebensphasen hinweg. Ihr Nutzen besteht darin, allen Bevölkerungsgruppen und insbesondere Menschen mit schwierigen oder benachteiligenden Lebensbedingungen öffentliche Ressourcen zugänglich zu machen. So können sie unterschiedlichen Bedarfen gerecht werden sowie individuelle, familiäre und soziale Eigenressourcen stärken und Chancengleichheit fördern. Die Grundintention von Präventionsketten ist die Weiterentwicklung vorhandener Strukturen zu einer integrierten kommunalen Infrastruktur – in der alle vor Ort engagierten Akteur:innen zusammenarbeiten und sich ressort- und handlungsfeldübergreifend vernetzen, um folglich durch gemeinsames Planen sowie arbeitsteiliges Handeln präventive Angebote und Hilfen für die Bürger:innen zu schaffen. Entsprechend sind Präventionsketten als Strukturansatz zu verstehen, der auf die Entwicklung eines langfristigen, umfassenden und tragfähigen Netzes von Unterstützung, Beratung und Begleitung unter Beteiligung der unmittelbar Betroffenen ausgerichtet ist. Demzufolge stellen die Arbeit und Gestaltung von Netzwerken elementare Bestandteile dar. Bestehende sowie neue Strukturelemente und Akteur:innen werden in einem fortwährenden Prozess so zusammengeführt, dass im Rahmen einer integrierten und kommunalen Gesamtstrategie ein abgestimmtes Handeln möglich wird. Die zur Verfügung stehenden Finanzmittel, Personalressourcen sowie das bürgerliche Engagement können somit mit den beteiligten Akteur:innen bedürfnis- und bedarfsgerecht geplant und umgesetzt werden (Richter-Kornweitz et al. 2017).

Als zur Verringerung des Alkoholkonsums und zur Prävention von alkoholbedingter Morbidität und Mortalität besonders wirkungsvoll gilt die Kombination von Maßnahmen der Verhaltens- und Verhältnisprävention (Schwarz/Goecke 2021). Dabei ist die dauerhafte Aufklärungs- und Informationsarbeit die vorrangige Aufgabe der BZgA, womit seit 2009 ein Schwerpunkt auf der Prävention des Alkoholmissbrauchs liegt. Infolgedessen werden gegenwärtig drei Kampagnen zur Alkoholprävention durchgeführt:

1. „Null Alkohol – Voll Power" für 12–16-Jährige
2. „Alkohol – Kenn dein Limit" für 16–20-Jährige (gleichnamige Kampagne für Erw.)
3. „Alkoholfrei Sport genießen"

Auf diese Weise werden ab einem Alter von 12 Jahren alle Altersjahrgänge sowie beide Geschlechter gleichermaßen adressiert – wobei ein deutlicher Schwerpunkt auf der Altersgruppe von 16–20 Jahren und damit auf der Kampagne „Alkohol? Kenn dein Limit" liegt. Weitere Schwerpunkte für die allgemeine Erwachsenenbevölkerung ab 21 Jahren beziehen sich auf Eltern, Schwangere und ihr Umfeld, suchtbelastete Familien sowie auf ältere Menschen. Durch die Schaffung dieser *Präventionskette* werden alle Altersgruppen und bestimmte Teilpopulationen differenziert in den Blick genommen, wobei abgestufte Zielsetzungen fokussiert werden – mit sich entsprechend unterscheidenden sowie ergänzenden Elementen hinsichtlich Kommunikation und Themenwahl (Schwarz/Goecke 2021).

8.8.1 Das BZgA-Kampagnenkonzept

Vor dem Hintergrund der zugenommenen und schwerpunktmäßigen medialen Berichterstattung über jugendliches Rauschtrinken und der sich häufenden Alkoholexzesse sowie den damit einhergegangenen gestiegenen Fällen von Alkoholintoxikationen mit Krankenhauseinlieferungen im Jahr 2009 reagierte die Bundeszentrale für gesundheitliche Aufklärung (BZgA) auf diese Beobachtungen mit der Kampagne „Alkohol? Kenn dein Limit". Damit ging mit Unterstützung des Verbandes der Privaten Krankenversicherung e.V. (PKV) die bislang bundesweit größte Kampagne zur Alkoholprävention an den Start, um diesen Entwicklungen entgegenzuwirken und die 16–20-jährigen Jugendlichen und jungen Erwachsenen zu einem verantwortlichen Umgang mit Alkohol zu motivieren. Seither sind die Zahlen des regelmäßigen Alkoholkonsums unter Jugendlichen und jungen Erwachsenen gesunken: 2004 konsumierten noch 43,6 % der 18–25-Jährigen und 21,2 % der 12–17-Jährigen mindestens wöchentlich Alkohol. Im Jahr 2021 sind es bei der Altersgruppe der 18–25-jährigen jungen Erwachsenen 32 % und bei den 12–17-Jährigen lediglich noch 8,7 % (BZgA 2022). Dennoch liegt Deutschland mit einem jährlichen Pro-Kopf-Konsum (der Bevölkerung ab 15 Jahren) von Reinalkohol in Höhe von 10,9 Litern immer noch deutlich über dem Durchschnitt (8,9 Liter) der Mitgliedstaaten der Organisation für wirtschaftliche Zusammenarbeit und Entwicklung (OECD 2020).

Der Aufbau der drei BZgA-Kampagnen zur Alkoholprävention ist angelehnt an das Konzept der Mehrebenenkampagne der BZgA (Nöcker 2011; Lehmann 2015). Kampagne kann in diesem Zusammenhang als Maßnahmenbündel verstanden werden, das über mehrere Jahre kontinuierlich durchgeführt wird. Die Konsumreduktion in einem Hochkonsumland wie Deutschland kann hierbei nur in einem mittel- bis langfristigen Prozess erfolgen – kurzfristige Verhaltensänderungen sind hingegen nicht zu erwarten. Dieser Prozess wiederum sollte anlehnend an den Vorschlag der Weltgesundheitsorganisation (WHO) mit Aufklärungs- und Informationskampagnen dauerhaft und fortwährend unterstützt werden (UNODC/WHO 2018). Zudem wird von mehreren Ebenen gesprochen, da eine systemische Kombination der drei Interventionsbereiche digitale Kommunikation, Personalkommunikation sowie Printmedien/Massenkommunikation stattfindet. Das einheitlich theoretische Konzept der drei Alkoholpräventionskampagnen entspricht der Planung des Public Health Action Cycle (gesundheitspolitischer Aktionszyklus) (Rosenbrock/Hartung 2011). Sozialkognitive Modelle des Gesundheitsverhaltens dienen hierbei als Grundlage, um das individuell verfügbare Gesundheitswissen zur Bildung informierter Gesundheitsentscheidungen zu erhöhen. In diesem Rahmen sollen Selbstreflexions- und Kommunikationsprozesse unter den (potenziell) Konsumierenden ausgelöst werden, um zur Normkorrektur beizutragen. Dies soll anhand der Vermittlung positiver Botschaften erfolgen, die v. a. den Gewinn durch Verhaltensänderungen hervorheben und an das Verantwortungsbewusstsein der Adressat:innen bezüglich ihres Alkoholkonsums appellieren (Kanfer/Reinecke/Schmelzer 2012). Grundsätzlich ergänzen sich die Kampagnen je nach Adressat:innenkreis inhaltlich und verweisen aufeinander. Beispielsweise werden in der Jugendkampagne insbesondere die kurzfristigen Folgen und Risiken des Alkoholkonsums fokussiert, wie z. B. die Unfallgefahr oder auch der Ansehensverlust in der Peergroup. Hingegen werden in der Erwachsenen-Kampagne potenziell langfristige Folgen und Gesundheitsschäden wie ein erhöhtes Krebsrisiko aufgezeigt (Schwarz/Goecke 2021).

Für alle Einzelmaßnahmen werden Struktur-, Prozess- und Ergebnisevaluationen zur Qualitätssicherung durchgeführt. Diese dienen wiederum der kontinuierlichen Weiterentwicklung der jeweiligen Kampagnen und Maßnahmen. Im Folgenden sollen die drei Kampagnen kurz skizziert werden.

8.8.2 „Alkohol? Kenn dein Limit"

Die Kampagne „Alkohol? Kenn dein Limit" besteht wiederum aus zwei Teilkampagnen. Eine Teilkampagne richtet sich gezielt an die Altersgruppe der 16–20-Jährigen, da der regelmäßige bzw. wöchentliche Alkoholkonsum in dieser Altersgruppe aufgrund wesentlicher Umbauprozesse im Gehirn als riskant einzustufen ist (Konrad/Firk/Uhlhaas 2013). Da sich im Jugendalter die Entwicklung riskanter Alkoholkonsummuster noch besser beeinflussen und korrigieren lässt als im Erwachsenenalter, ist es aus Präventionssicht erforderlich, spezifisch die Altersgruppe der 16–20-Jährigen zu erreichen. Vorrangige Ziele der Kampagne sind folglich das Erreichen eines Rückgangs des Rauschtrinkens und der Alkoholintoxikationen, der für Erwachsene gesundheitlich riskanten Durchschnittsmengen sowie des regelmäßigen Alkoholkonsums in dieser Altersgruppe (Schwarz/Goecke 2021).

Die zweite Teilkampagne unter demselben Namen richtet sich hingegen an die erwachsene Allgemeinbevölkerung ab einem Alter von 21 Jahren mit dem Ziel, den riskanten Alkoholkonsum – einschließlich des Rauschtrinkens und hoher Durchschnittsmengen, der Fälle des fetalen Alkoholsyndroms sowie des abhängigen und missbräuchlichen Konsums – zu verringern. Das Erreichen dieser Zielsetzungen soll durch ein gesteigertes Problembewusstsein für einen riskanten Alkoholkonsum in der Allgemeinbevölkerung erreicht werden. Die Kampagne richtet sich auf diese Weise nicht nur an Menschen, die bereits in gesundheitlich riskanter Weise Alkohol konsumieren. Im Gegenteil liegt der Schwerpunkt mehr auf jenen, die maßvoll konsumieren – wie Eltern, ältere Menschen oder auch suchtbelastete Familien aufgrund ihrer höheren Vulnerabilität. Darüber hinaus werden schwangere Frauen und ihr Umfeld vor dem Hintergrund der fetalen Alkoholspektrumsstörung bzw. des fetalen Alkoholsyndroms (FAS/D) gezielt angesprochen, um letztlich einen Alkoholverzicht in der Schwangerschaft zu fördern. Aber auch Fachkräfte in Beratungsstellen, Ärzt:innen oder Schwangerenbetreuende stellen Adressat:innen der Kampagne dar (Schwarz/Goecke 2021).

8.8.3 „Null Alkohol – Voll Power"

Ebenfalls seit 2009 stellen Kinder und Jugendliche im Alter von 12–16 Jahren die Zielgruppe der Kampagne „Null Alkohol – Voll Power" dar, die darauf abzielt, über Risiken von Alkoholkonsum zu informieren und zu einer Lebensgestaltung ohne Alkohol anzuregen. Ebenfalls liegen in dieser Altersgruppe bereits relevante Konsumprävalenzen vor, jedoch haben sich mehrheitlich noch keine riskanten Konsummuster etabliert (Orth/Merkel 2020). Außerdem sind der Erwerb sowie der Konsum von Alkohol in der Öffentlichkeit in diesem Alter durch das Jugendschutzgesetz untersagt. Folglich setzt das Ziel der Kampagne auf einen Verzicht von Alkohol sowie auf eine Förderung der Verzögerung des Einstiegs in den Alkoholkonsum (Strüber 2020).

8.8.4 „Alkoholfrei Sport genießen"

Das Programm „Alkoholfrei Sport genießen" wurde 2011 als Mitmachinitiative von der BZgA in Kooperation mit wichtigen Breitensportverbänden wie u.a. dem Deutschen Fußballbund e.V., dem Deutschen Olympischen Sportbund e.V. oder auch dem Deutschen Handballbund e.V. entwickelt, um Multiplikator:innen in der Lebenswelt Freizeit/Sport spezifisch zu adressieren. Vor allem die Sensibilisierung von Trainer:innen und anderen Vereinsmitgliedern für einen verantwortungsvollen Umgang mit Alkohol im Sportverein steht im Fokus der Kampagne. Erwachsene sollen auf diese Weise im Kontext des Themas Alkohol für ihre Vorbildfunktion gegenüber Kindern und Jugendlichen sensibilisiert werden, um ein entsprechendes Bewusstsein hierfür auszubilden und ihr Handeln demnach auszurichten. Das vorrangige Ziel besteht in der Motivation der teilnehmenden Sportvereine, Vereinsfeste, Turniere oder Ähnliches vollständig alkoholfrei zu gestalten (Schwarz/Goecke 2021).

8.8.4.1 Die Internetkommunikation und Social Media

Der Mehrebenenkampagne kann dabei im Sinne eines lebensweltlichen Präventionsansatzes eine hohe Bedeutung zugemessen werden. Die *Internetkommunikation* bietet zum einen vor dem Hintergrund der zunehmenden Digitalisierung und Medialisierung das zentrale Element aller BZgA-Aktivitäten zur Alkoholprävention. Zum anderen bilden das Internet sowie die sozialen Medien durch die verbreitete Nutzung digitaler Medien durch Jugendliche den gegenwärtig effizientesten Zugangsweg zu den Endadressat:innen. Dabei bieten die Internetportale einen Mix aus qualitätsgesicherten Informationen sowie interaktiven und partizipativen Angeboten. Darin impliziert sind beispielsweise Verhaltenstipps, Mitmachaktionen, Umfragen sowie Quizformate. Auch haben Jugendliche die Möglichkeit, sowohl eine individuelle Rückmeldung zu ihrem Trinkverhalten zu erhalten als auch an einem vollautomatisierten Online-Verhaltensänderungsprogramm („Change your drinking") teilzunehmen (Tensil et al. 2013). Mittlerweile werden soziale Netzwerke von Jugendlichen und jungen Erwachsenen zunehmend mehr als Informationsquelle und nicht mehr nur als Kommunikationsmittel genutzt. Hierbei werden die Plattformen YouTube und Facebook deutlich häufiger als Webangebote klassischer Zeitungen oder Zeitschriften als Informationsquelle verwendet (Medienpädagogischer Forschungsverbund Südwest (Mpfs) 2020). Alkoholkonsum wird in den sozialen Medien allerdings häufig ironisch und affirmativ präsentiert – infolgedessen verfolgen die Social-Media-Kanäle der BZgA-Kampagnen „Alkohol? Kenn dein Limit" auf Facebook, Twitter, YouTube und Instagram hingegen das Ziel, eine Gegenöffentlichkeit in den sozialen Medien zu entwickeln und hierdurch die Stärkung einer kritischen Einstellung gegenüber Alkohol unter Jugendlichen und jungen Erwachsenen zu fördern.

8.8.4.2 Die Personalkommunikation

Die Chancen der Personalkommunikation liegen in der Ermöglichung des Vorbildlernens sowie im individuellen Eingehen auf Interessen und Wissenslücken, um damit gewünschtes Gesundheitsverhalten anzuregen sowie zu festigen. Personalkommunikative Maßnahmen finden dabei in den Lebenswelten Schule, Kommune, Freizeit und Sport statt – ausschließlich jedoch in den Jugendkampagnen, um bereits Kinder und Jugendliche für gesundes Verhalten zu sensibilisieren und dahingehend zu fördern. Beispielsweise wurden in diesem Rahmen die schulischen Angebote „JugendFilmTage" und „KlarSicht"-Mitmachparcours als Koffervariante weiterentwickelt und stehen in Kommunen zur eigenständigen Durchführung zur Verfügung. Außerdem sind den Freizeitbereich betreffend seit 2009 Peer-Edukator:innen der BZgA zwischen 18 und 24 Jahren bundesweit im Rahmen der Kampagne „Alkohol? Kenn dein Limit" im Einsatz, um mit Jugendlichen das persönliche Gespräch zu suchen. Pro Jahr werden diese Kampagnen-Peers ca. 200-mal dort eingesetzt, wo sich Jugendliche in ihrer Freizeit aufhalten – wie u.a. auch auf großen Sport- oder Freizeitveranstaltungen (Schwarz/Goecke 2021).

8.8.4.3 Printmedien und Massenkommunikation

Die bisher genannten Maßnahmen und Kampagnen werden wiederum allesamt von massenkommunikativen Medien wie Plakaten, Spots und Anzeigen begleitet. Vor allem zu Beginn der Kampagne „Alkohol? Kenn dein Limit" im Jahr 2009 wurden u.a. bundesweite Plakatschaltungen, Kino- und TV-Spots sowie Ambientmedien strategisch und gezielt dafür eingesetzt, um das Thema in der Öffentlichkeit zu platzieren und publik zu machen, ein Problembewusstsein zu schaffen und zu gesellschaftlichen Debatten beizutragen. Die Sicherung und der Ausbau des hohen Bekanntheitsgrades bei den End-Adressat:innen sowie die hohe Akzeptanz der Maßnahmen wird auch weiterhin und fortwährend durch die Print- und Massenmedien gesichert – nicht zuletzt durch die Bekanntheit und Wahrnehmung des Absenders, der BZgA, als fachlich kompetent und akzeptiert.

Entsprechend wird die Gesundheitskompetenz bei den Adressat:innen v. a. durch Printmedien im Rahmen einer intensiven Auseinandersetzung und Beschäftigung mit der Thematik Alkohol gefördert. Printmedien können z. B. in Form kurzer Faltblätter mit Basisinformationen zum Thema vorliegen oder aber als ausführliche thematische Broschüren, welche sich insbesondere durch die Ausgabe von Fachkräften in Beratungsstellen oder Schulen eignen. Speziell für das Fachpersonal wurden Printmedien entwickelt, um Kurzinterventionen zur Alkoholreduktion durch Fachkräfte zu unterstützen. Über das Bestellsystem der BZgA sind diese kostentenfrei erhältlich (Schwarz/Goecke 2021).

Die dargestellten Angebote der BZgA können in ihrer Gesamtheit als komplexe Intervention aufgefasst werden, indem sie auf verschiedenen Ebenen zusammenwirken, adressat:innengerecht ausdifferenziert sind und sich ergänzen sowie miteinander Synergien erzielen. Trotz der Schwierigkeit, kausale Wirkungsketten zu erbringen, sind die einzelnen Interventionsformen qualitätsgesichert, so dass vereinzelt auch Wirksamkeitsnachweise in Form von randomisiert kontrollierten Studien für einzelne Module durchgeführt wurden. Darüber hinaus findet eine fortlaufende Weiterentwicklung der Einzelmaßnahmen statt, so dass beispielsweise als Reaktion auf die veränderten Kommunikationsstrukturen unter Jugendlichen zunächst ein Facebook- und schließlich ein Instagram-Kanal eingerichtet wurde. In Kooperation mit Partner:innen der Suchtprävention in Bund, Ländern und Kommunen wird das Gesamtpaket im Hinblick auf Ergänzungs- und Optimierungspotenziale geprüft. Anknüpfend an bisherige Erfolge von Policy-Mix-Maßnahmen (Verknüpfung von verhaltens- und verhältnispräventiven Strategien) könnten aus Sicht der BZgA verhaltenspräventive Kampagnen dazu beitragen, verhältnispräventive Maßnahmen zukünftig kommunikativ einzubetten und der Bevölkerung zu vermitteln.

Da Alkoholprävention vor allem langfristig angelegt sein muss, wird sie auch weiterhin eine kontinuierliche und bevölkerungsweite sowie zentrale Aufgabe der BZgA darstellen (Schwarz/Goecke 2021).

Fragen und Übungen

1. Wie könnte ein Mehrebenen-Projekt zur Prävention neuer psychoaktiver Substanzen für die Zielgruppe der Jugendlichen und jungen Erwachsenen gestaltet werden?
2. Welche Überlegungen gilt es hierbei in Bezug auf sozioökonomische Faktoren zu berücksichtigen?
3. Mit welcher o.g. Kampagne sind Sie in Ihrer Lebensgeschichte in Berührung gekommen. Inwieweit hat Sie diese angesprochen? Sind Sie in Bezug auf eine Reflektion Ihres Verhaltens sensibilisiert worden?
4. Schreiben Sie den Verlauf Ihres bisherigen Konsums bzw. Ihrer bisherigen Erfahrungen mit psychoaktiven Substanzen in Ihrer Lebensgeschichte auf. Alternativ/ergänzend: Tragen Sie die verschiedenen Stationen in eine ‚Lebenslinie‘/‚Verlaufskurve‘ ein. Welche Höhen und Tiefen gab es hierbei?
   Nennen Sie die hierbei jeweils relevanten Kontextfaktoren, die zu einer Veränderung Ihres Konsumverhaltens geführt haben. Welche Bedeutung messen Sie diesen bei?

Weiterführende Literatur

Organisation for Economic Co-operation and Development (OECD) (2020): Health at a Glance 2019: OECD Indicators. www.oecd-ilibrary.org/social-issues-migration-health/health-at-a-glance-2019_4dd50c09-en, 9.2.2023.

Richter-Kornweitz, A./Holz, G./Kilian, H. (2023): Präventionskette – Integrierte kommunale Gesundheitsstrategie zu Gesundheitsförderung und Prävention. In: Bundeszentrale für gesundheitliche Aufklärung (BZgA) (Hrsg.): Leitbegriffe der Gesundheitsförderung und Prävention. Glossar zu Konzepten, Strategien und Methoden. DOI:10.17623/BZGA:Q4-i093–2.0.

Schwarz, T./Goecke, M. (2021): Die bundesweiten Maßnahmen zur Alkoholprävention der Bundeszentrale für gesundheitliche Aufklärung (BZgA). In: Bundesgesundheitsblatt 64, S. 671–678. DOI:10.1007/s00103–021–03333-w.

9 Fazit

Wie bereits zu Beginn erwähnt, fokussieren sich die Schwerpunktsetzungen der gegenwärtigen Suchtprävention überwiegend auf illegale psychoaktive Substanzen, obwohl die individuellen, gesundheitlichen sowie volkswirtschaftlichen Probleme und Schäden in Bezug auf die legalen und gesellschaftlich etablierten und tolerierten Substanzen wie Alkohol und Tabak nach wie vor immens sind. Der derzeitige Sucht- und Drogenbeauftragte der Bundesregierung, Burkhard Blienert, nimmt sich jedoch genau diesem Dilemma an und betont die Wichtigkeit der Forderung für stärkere Werbebeschränkungen für v.a. Alkohol, Tabak und Glücksspiel. Hierbei zeigt er sich wenig überzeugt von der Argumentation, dass ‚der mündige Bürger‘ frei sei in seiner Haltung, auf bestimmte Werbung zu reagieren oder eben auch nicht. Ganz im Gegenteil fordert er auf dem Auftakt seiner neuen Veranstaltungsreihe „Debatte (ge)SUCHT" im April 2023 „Werbung für Alkohol, Tabak und Glücksspiel muss stark reguliert werden! Es muss Schluss sein mit dem Bierwerbespot bei der Fußballübertragung oder dem Logo auf der Sponsorenwand!" Er betont hierbei ganz deutlich „Die Überpräsenz von Großflächenwerbung für Alkohol, für Tabak und E-Zigaretten an Kiosk und Tankstelle sowie für Glücksspiel im Fernsehen ist eine Großbaustelle der deutschen Verbraucherschutz-, Jugend- und Gesundheitspolitik. Tabak, Alkohol und auch Sportwetten sind viel zu präsent im öffentlichen Raum. Daran muss sich etwas ändern, und diese Änderung werde ich vorantreiben! Die große Mehrheit der Bevölkerung will keine Alkoholwerbung mehr, sie fordert einen Stopp jeden Sponsorings für Tabakprodukte oder durch Sportwettenanbieter beim Fußball. Das darf die Politik doch nicht länger ignorieren" und macht damit Hoffnung auf eine künftig verbesserte und sinnvoll zielgerichtete sowie notwendige Suchtprävention.

Weiter lässt sich resümieren, dass für eine fortwährende Spezifizierung und Kontinuität des Tätigkeitsfeldes der Suchtprävention – welches sich in den letzten Jahrzehnten zunehmend durch das Verständnis einer eigenen Disziplin mit eigenen Strukturen und Profilen professionalisiert hat, es unerlässlich erscheint, dass die Forderung einer zunehmenden Vereinheitlichung auf Bundesebene nach wie vor sinnvoll erscheint. Da suchtpräventive Arbeit in den Bundesländern auf Landesebene koordiniert wird und einer fachlichen Begleitung unterliegt, sind die Strukturen hierbei in den einzelnen Ländern höchst unterschiedlich – letztlich auch in Bezug auf die Ausstattung personeller und finanzieller Ressourcen. Es bestehen unterschiedliche Regelungen, wer für bestimmte Aufgaben auf kommunaler Ebene zuständig zu sein scheint. Diese Regelung von Suchtprävention führt wiederum für die kommunalen Träger:innen der z.B. Suchtberatungsstellen zu enormen Unsicherheiten im Hinblick auf deren finanzielle Ausstattung. Im Sinne von Public Health ist die politische Bereitschaft eines Umdenkens unerlässlich, um transparente Verantwortungen und Strukturen zu implementieren. Auf diese Weise soll das Gelingen von standardisierter Suchtprävention vorangetrieben und dem Handeln ‚erst auf Nachfrage‘ entgegengewirkt werden.

Auch werden in der gegenwärtigen Suchtprävention die Kompetenzen und Ressourcen von Betroffenen bzw. Konsumierenden selbst von Akteur:innen der Prävention noch allzu häufig vernachlässigt und unterschätzt. Vor allem Peer Involvement erwies sich als geeignet, um sowohl die strukturelle Ebene als auch die individuelle Ebene miteinzubeziehen und verhältnis- sowie verhaltensbezogene Präventionsstrategien miteinander zu verbinden. Als praxisbezogene Antwort auf die Bedürfnisse der Betroffenen sowie der öffentlichen Gesundheit kann Peer Involvement entsprechend eine wichtige und nahezu unabdingbare Schlüsselstrategie auch für viele Bereiche der Suchtprävention darstellen – die entsprechend auch konzeptionell und standardisiert noch zunehmend mehr implementiert werden sollte. Peer Involvement leistet einen Beitrag zur Gesundheitsförderung und zum Empowerment, indem es die jeweiligen Zielgruppen bei einer Verhaltensänderung oder mindestens bei der Entwicklung eines Problembewusstseins unterstützt und Betroffenen auf diese Weise ein Gefühl der Selbstbestimmung über ihren Gesundheitszustand zurückgibt. Hierbei werden Jugendliche oder andere Gleichaltrige als Expert:innen ihrer eigenen Situation anerkannt, wodurch die eigene Konsum- und Risikokompetenz gefördert wird. Allgemein gilt es, die Suchtprävention ‚zieloffen' zu gestalten, sie keinesfalls lediglich am Abstinenzziel auszurichten und als gesamtgesellschaftliche Aufgabe zu betrachten.

Schließlich gilt eine andauernde Evaluation als wesentlicher Aspekt eines guten Qualitätsmanagement. Demnach sollten auch suchtpräventive Maßnahmen und Projekte kontinuierlichen Evaluationen unterliegen sowie geprüfte Qualitätsstandards erfüllen und dabei die Ergebnisse durchgeführter Evaluationen und wissenschaftlicher Forschungen berücksichtigen. Notwendig hierfür ist demnach ein beidseitiger Transfer: Die stärkere Einbindung der Praxis in die Präventionsforschung und ein fortwährender Wissenstransfer von wiederum der Forschung in die Praxis.

Literatur

Abholz, H.-H. (2006): Prävention in der Medizin. Integration in und Widerspruch zu kurativer Medizin. In: Prävention und Gesundheitsförderung 1, S. 51–56.

Abrams, D./Glasser, A./Pearson, J./Villanti, A./Collins, L./Niaura, R. (2018): Harm Minimization and Tobacco Control: Reframing Societal Views of Nicotine Use to Rapidly Save Lives. In: Annual Review of Public Health 39, S. 193–213. DOI:10.1146/annurev-publhealth-040617-013849.

Abstein, H. (2012): Suchthilfe – ein klassisches Handlungsfeld der Sozialarbeit. In: Gastiger, S./Abstein, H. (Hrsg.): Methoden der Sozialarbeit in unterschiedlichen Arbeitsfeldern der Suchthilfe. Methoden und Konzepte der Sozialen Arbeit in verschiedenen Arbeitsfeldern. Freiburg im Breisgau: Lambertus, S. 7–19.

Aguirre-Molina, M. (1996): Community-based approaches fort the prevention of alcohol, tobacco, and other drug use. In: Annual Review of Public Health 17, S. 337–358.

Akzept e.V. (2022): Drug-Checking. Regulierungs- und Förderbedarfe. Positionspapier. www.akzept.eu/wp-content/uploads/2023/02/PositionspapierDrugChecking2022web.pdf, 21.7.2023.

Altgeld, T./Kolip, P. (2018): Konzepte und Strategien der Gesundheitsförderung. In: Hurrelmann, K./Richter, M./Klotz, T. et al. (Hrsg.): Referenzwerk Prävention und Gesundheitsförderung. Grundlagen, Konzepte und Umsetzungsstrategien. 5., vollst. überarb. Aufl., Göttingen: Hogrefe.

American Psychiatric Association (APA) (2013): Diagnostic and statistical manual of mental disorders. Washington, DC: American Psychiatric Publication.

Antonovsky, A. (1987): Unravelling the Mystery of Health – How People Manage Stress and Stay Well. San Francisco: Jossey-Bass Publishers.

Apodaca, T./Miller, W. (2003): Meta-analysis of the effectiveness of bibliotherapy for alcohol problems. In: Journal of Clinical Psychology 59, S. 289–304.

AWO Bundesverband e.V. (2020): Positionspapier der Arbeiterwohlfahrt zur Suchtprävention. www.awo.org/sites/default/files/2020-05/AWO%20Bundesverband_Positionspapier_Suchtpr%C3%A4vention.pdf, 18.4.2023.

Backes, H./Schönbach, K. et al. (2001): Peer Education – ein Handbuch für die Praxis. Köln: Bundeszentrale für gesundheitliche Aufklärung (BZgA).

Backes, H./Schönbach, K. (2002): Peer Education – ein Handbuch für die Praxis. 2. Aufl., Köln: Bundeszentrale für gesundheitliche Aufklärung (BZgA).

Backes, H./Lieb, C. (2015): Peer Education. In: Bundeszentrale für gesundheitliche Aufklärung (BZgA) (Hrsg.): Leitbegriffe der Gesundheitsförderung und Prävention. Glossar zu Konzepten, Strategien und Methoden. DOI:10.17623/BZGA:224-i088-1.0.

Balfour, D./Benowitz, N./Colby, S./Hatsukami, D./Lando, H. et al. (2021): Balancing Consideration of the Risks and Benefits of E-Cigarettes. In: American Journal of Public Health 111, S. 1661–1672. DOI:10.2105/AJPH.2021.306416.

Barratt, M./Kowalski, M./Maier, L. /Ritter, A. (2018): Global review of drug checking services operating in 2017 (Drug Policy Modelling Program Bulletin No. 24). www.ndarc.med.unsw.edu.au/sites/default/files/ndarc/resources/Global%20review%20of%20drug%20checking%20services%20operating%20in%202017.pdf, 21.7.2023.

Barsch, G./Walta, J. (2016): Baukasten für eine anonyme Drogensprechstunde. Das Beispiel CheckPoint-C. Lengerich: Pabst Science Publishers.

Barsch, G. (2018/2019): Checkpoint-C: Suchtprävention per Smartphone. Mit neuer Technik mehr KonsumentInnen von Crystal erreichen. Merseburg: Hochschule Merseburg.

Barth, J./Bengel, J. (1998): Prävention durch Angst? Forschung und Praxis der Gesundheitsförderung. Bd. 4, Köln: Bundeszentrale für gesundheitliche Aufklärung (BZgA).

Basis e.V. (o. J.): Rauchmelder. Beratung.App.Community. www.rauchmelder-bac.de/, 10.7.2023.

Bauch, J. (1997): Peer-Education und Peer-Involvement. Ein neuer Königsweg in der Gesundheitsförderung? In: Prävention. Zeitschrift für Gesundheitsförderung 20, S. 35–37.

Bauch, J. (2008): Verhaltensprävention als Verhältnisprävention. In: Prävention. Zeitschrift für Gesundheitsförderung 31, H. 1, S. 7–9.

Bauer, U. (2005): Das Präventionsdilemma: Potenziale schulischer Kompetenzförderung im Spiegel sozialer Polarisierung. Wiesbaden: VS Verlag.

Baumann, M. (2020): Vorwort. In: Deutsches Krebsforschungszentrum (DKFZ) (Hrsg.): Tabakatlas Deutschland 2020. Heidelberg: Deutsches Krebsforschungszentrum (DKFZ), S. VIII.

Baumgärtner, T. (2015): Kreativ statt Kiffen. Zusammenfassende Evaluationsergebnisse des Wettbewerbs zum Thema Cannabis im Rahmen der Kampagne „Bleib stark! Bleib du selbst!" (HLS/BfS Berichte. EVA 15-01). www.sucht-hamburg.de/images/08_Kategorien/Publikationen/Bleib-Stark---Evaluationsbericht-Kreativwettbewerb.pdf, 23.8.2023.

Beery, W./Senter, S./Cheadle, A. et al. (2005): Evaluating the legacy of community health initiative. A conceptual framework and example from the California Wellness Foundation's Health Improvement Initiative. In: American Journal of Evaluation 26, H. 2, S. 150–165.

Benschop, A./Rabes, M./Korf, D. (2002): Pill Testing, Ecstasy und Prävention. Eine wissenschaftliche Evaluationsstudie in drei europäischen Städten. Amsterdam: Rozenberg Publishers.

Berkmann, L. (1995): The role of social relations in health promotion. In: Psychosomatic Medicine 57, S. 245–254.

Berner Gesundheit (2016): Fachkonzept Abteilung Gesundheitsförderung und Prävention. Bern: Berner Gesundheit (internes Dokument).

Besmart.info (o. J.): Be smart – Was ist das?. www.besmart.info/besmart/regeln/, 7.2.2023.

Bischof, G./Rumpf, H./Hapke, U./Meyer, C./John, U. (2001): Factors influencing remission from alcohol dependence without formal help in a representative population sample. In: Addiction 96, H. 9, S. 1327–1336.

Bischof, G. (2004): Ausstiegsprozesse aus der Alkoholabhängigkeit mit und ohne formelle Hilfe: Ein Geschlechtervergleich. Freiburg im Breisgau: Lambertus.

Bischof, G./Reinhardt, S./Grothues, J. et al. (2007): Development and evaluation of a screening instrument for alcohol-use disorders and at-risk drinking: the brief alcohol screening instrument for medical care (BASIC). In: Journal of Studies on Alcohol and Drugs 68, H. 4, S. 607–614. DOI:10.15288/jsad.2007.68.607.

Bischof, G./Lange, N./Rumpf, H./Preuss, U. (2019): Stellungnahme Dachgesellschaft Sucht: Reduziertes Trinken und Schadensminderung bei der Behandlung von Alkoholkonsumstörungen. In: Sucht 65, H. 2, S. 115–134. DOI:10.1024/0939-5911/a000596.

Botwin, G./Griffin, K.(2004): Life Skills Training: Empirical findings and future directions. In: The Journal of Primary Prevention 25, S. 211–232.

Böhnisch, L./Schefold, W. (1985): Lebensbewältigung. Soziale und pädagogische Verständigungen an den Grenzen der Wohlfahrtsgesellschaf. Weinheim/München: Juventa.

Böhnisch, L. (2016): Lebensbewältigung: Ein Konzept für die Soziale Arbeit. Weinheim/Basel: Beltz Juventa.

Brandes, S./Stark, W. (2021): Empowerment/Befähigung. In: Bundeszentrale für gesundheitliche Aufklärung (BZgA) (Hrsg.): Leitbegriffe der Gesundheitsförderung und Prävention. Glossar zu Konzepten, Strategien und Methoden. DOI:10.17623/BZGA:Q4-i010-2.0.

Bröning, S. et al. (2012): Trampolin. Konzeption und Evaluation eines modularen Präventionskonzepts für Kinder aus suchtbelasteten Familien. Abschlussbericht an das Bundesministerium für Gesundheit (BMG). www.bundesgesundheitsministerium.de/fileadmin/Dateien/5_Publikationen/Drogen_und_Sucht/Berichte/Forschungsbericht/Abschlussbericht_Konzeption_und_Evaluation_eines_modularen_Praeventionskonzepts_fuer_Kinder_aus_suchtbelasteten_Familien.pdf, 23.8.2023

Bruns, B. (2007): SKOLL – SelbstKOntroLL-Training. Eine zur Effektivität des Früh-
interventionsmodells bei substanz- und verhaltensbezogenen Störungen im Auftrag
des Deutsch-Niederländischen Suchthilfeverbundes. Osnabrück: Fachhochschule Nord-
deutschland, Fakultät Wirtschafts- und Sozialwissenschaften.

Bruggmann, P. (2021): Schadensminderung bei der Rauchentwöhnung von opioidabhängi-
gen Patient*innen. In: Stöver, H. (Hrsg.): Tobacco Harm Reduction. Frankfurt am Main:
Fachhochschulverlag, S. 131–136.

Brunt, T./Niesink, R. (2011): The Drug Information and Monitoring System (DIMS) in the
Netherlands: Implementation, results, and international comparison. In: Drug Testing
and Analysis 3, S. 621–634.

Buchli, M. (2021): Soziale Arbeit in der Suchtprävention – eine Suche. Arbeits-
feld Prävention. In: Krebs, M./Mäder, R./Mezzera, T. (Hrsg.): Soziale Arbeit und
Sucht. Eine Bestandsaufnahme aus der Praxis. Wiesbaden: Springer, S. 39–53.
DOI:10.1007/978-3-658-31994-6.

Bühler, A./Kröger, C. (2006): Expertise zur Prävention des Substanzmissbrauchs. Forschung
und Praxis der Gesundheitsförderung. Bd. 29, Köln: Bundeszentrale für gesundheitliche
Aufklärung (BZgA).

Bühler, A./Thrul, J./Gomes de Matos, E. (2020): Evidenzbasierte Alkoholprävention – Was
empfiehlt die Wirksamkeitsforschung? Ergebnisse der BZgA-Expertise zur Suchtprävention 2020. In: Bundesgesundheitsblatt 64, H. 4. DOI:10.1007/s00103-021-03342-9.

Bühringer, G./Rumpf, H.(2018): Zukunft der Suchtkrankenversorgung: Plädoyer für einen
Paradigma-Wechsel. In: Sucht 64, H. 3, S. 125-128. DOI:10.1024/0939-5911/a000536.

Bundesamt für Gesundheit (BAG)/Schweizerische Konferenz der kantonalen Gesundheits-
direktorinnen und -direktoren (GDK) (2016): Nationale Strategie Prävention nicht-
übertragbarer Krankheiten (NCD-Strategie) 2017–2024. www.tinyurl.com/yb5bjxc9,
7.2.2023.

Bundesinstitut für Arzneimittel und Medizinprodukte (BfArM) (2023): ICD-11 in Deutsch
– Entwurfsfassung. ICD-11 für Mortalitäts- und Morbiditätsstatistiken (MMS).
www.bfarm.de/DE/Kodiersysteme/Klassifikationen/ICD/ICD-11/uebersetzung/_nod
e.html, 17.4.2023.

Bundesministerium für Justiz (o. J.): Gesetz zu dem Übereinkommen vom 21. Februar 1971
über psychotrope Stoffe. www.bgbl.de/xaver/bgbl/start.xav?start=%2F%2F*%5B%40a
ttr_id%3D%27bgbl276s1477.pdf%27%5D#__bgbl__%2F%2F*%5B%40attr_id%3D
%27bgbl276s1477.pdf%27%5D__1690193008014, 24.7.2023.

Bundeszentrale für gesundheitliche Aufklärung (BZgA) (2017): Rauchverhalten Jugendlicher und junger Erwachsener – Ergebnisse aus Rauchverhalten aus dem Alkoholsurvey
2016. Köln: Bundeszentrale für gesundheitliche Aufklärung (BZgA).

Bundeszentrale für gesundheitliche Aufklärung (BZgA)/Verband der privaten Krankenversicherung (PKV) (2019): Gemeinsame Pressemitteilung. Zehn Jahre Jugendkampagne
„Alkohol? Kenn dein Limit". www.bzga.de/fileadmin/user_upload/PDF/pressemitteilung
en/2019/19_11_19_PM_10Jahre_KdL.pdf, 9.2.2023.

Bundeszentrale für gesundheitliche Aufklärung (BZgA) (2020): Infoblatt: „Die Drogenaffinität Jugendlicher in der Bundesrepublik Deutschland 2019" – Zentrale Studienergebnis-
se. Köln: Bundeszentrale für gesundheitliche Aufklärung (BZgA).

Bundeszentrale für gesundheitliche Aufklärung (BZgA) (2022): Der Substanzkonsum Jugendlicher und junger Erwachsener in Deutschland – Ergebnisse des Alkoholsurveys
2021 zu Alkohol, Rauchen, Cannabis und Trends (BZgA-Forschungsbericht). Köln:
Bundeszentrale für gesundheitliche Aufklärung (BZgA). DOI:10.17623/BZGA:Q3-ALK-
SY21-DE-1.0.

Bundeszentrale für gesundheitliche Aufklärung (BZgA) (o. J.): Suchtprävention. www.bzga.
de/was-wir-tun/suchtpraevention/, 7.3.2023.

Butterfoss, F./Goodmann, R./Wandersman, A. (1993): Community coalitions for prevention
and health promotion. In: Health Education Research 8, H. 3, S. 315–330.

Camporesi, P. (1990): Das Brot der Träume. Hunger und Halluzination im vorindustriellen Europa. Frankfurt am Main: Campus.

Caplan, G. (1964): Principles of preventive psychiatry. New York: Basic Books.

Caudevilla, F./Carbón, X./Ventura, M. (2019): Wie Drugchecking-Projekte und das Internet das Monitoring des Drogenkonsums verändert haben. In: Tögel-Lins, K./Werse, B./Stöver, H. (Hrsg.): Checking Drug-Checking. Potentiale für Prävention, Beratung, Harm Reduction und Monitoring. Frankfurt am Main: Fachhochschulverlag, S. 191–207.

Chaloupka, F./Grossman, M./Saffer, H. (2002): The effects of price on alcohol consumption and alcohol-related problems. In: Alcohol Research & Health 26, H. 1, S. 22–34.

Checkpoint-C (o. J.): Konsumbegleitung per Smartphone, Checkpoint-C – Die Crystal-APP. www.checkpoint-c.de/infinite-sections/, 10.2.2023.

Chick, J./Lloyd, G./Crombie, E. (1985): Counselling problem drinkers in medical wards: a controlled study. In: British Medical Journal 290, S. 965–967.

Commission on Chronic Illness (1957): Chronic illness in the United States: prevention of chronic illness. Cambridge MA: Harvard University Press.

Der Beauftragte der Bundesregierung für Sucht- und Drogenfragen (2021): 1.826 Männer und Frauen in Deutschland 2021 an illegalen Drogen verstorben – Zahl erneut gestiegen. www.bundesdrogenbeauftragter.de/presse/detail/1826-maenner-und-frauen-in-deutschland-2021-an-illegalen-drogen-verstorben-zahl-erneut-gestiegen/, 19.7.2023.

Der Beauftragte der Bundesregierung für Sucht- und Drogenfragen (2022): Erneuter Anstieg bei Zahl der Drogentoten. www.bundesdrogenbeauftragter.de/presse/detail/1826-maenner-und-frauen-in-deutschland-2021-an-illegalen-drogen-verstorben-zahl-erneut-gestiegen/, 12.5.2023.

Der Beauftragte der Bundesregierung für Sucht- und Drogenfragen (2023): 2022 Erneuter Anstieg bei Zahl der Drogentoten. Blienert: „Das Thema Sucht gehört auch in den Ländern endlich in die politischen Chefetagen!" www.bundesdrogenbeauftragter.de/presse/detail/2022-erneuter-anstieg-bei-zahl-der-drogentoten/, 25.7.2023.

Der Paritätische (2023): Theater spielen gegen den Rückfall. www.der-paritaetische.de/magazin/ausgabe-03-2023-sucht-drogen/theater-spielen-gegen-den-rueckfall, 24.7.2023.

Deutsche Hauptstelle für Suchtfragen (DHS) (2014): Suchtprävention in Deutschland. Stark für die Zukunft. www.dhs.de/fileadmin/user_upload/pdf/dhs-stellungnahmen/Suchtpraevention_in_Deutschland.pdf, 6.3.2023.

Die Träger der Nationalen Präventionskonferenz (2023): Zweiter Präventionsbericht nach § 20d Abs. 4 SGB V. Kurzfassung. www.gkv-spitzenverband.de/media/dokumente/krankenversicherung_1/praevention__selbsthilfe__beratung/praevention/praevention_npk/praeventionsbericht_1/2023_NPK-Praeventionsbericht_Kurzfassung.pdf, 23.8.2023.

Dietscher, C./Pelikan, J. (2016): Soziologie der Krankheitsprävention. In: Richter, M./Hurrelmann, K. (Hrsg.): Soziologie von Gesundheit und Krankheit. Ein Lehrbuch. Wiesbaden: Springer VS, S. 435–450

Dilling, H./Mombour, W./Schmidt, M.(Hrsg.) (1993): Internationale Klassifikation psychischer Störungen. ICD-10 Kapitel V (F). Klinisch-diagnostische Leitlinien. Bern: Hans Huber.

Eichin, P./Kuttler, H. (2021): Das Alkoholpräventionsprogramm „HaLT – Hart am Limit". In: Bundesgesundheitsblatt 64, S. 727–723. DOI:10.1007/s00103-021-03343-8.

Eisner, M./Ribeaud, D./Bittel, S. (2006): Prävention von Jugendgewalt. Wege zu einer evidenzbasierten Präventionspolitik. Bern: Eidgenössische Ausländerkommission (EKA).

Elvy, G./Wells, J./Baird, K.(1988): Attempted referral as intervention for problem drinking in the general hospital. In: British Journal of Addiction 83, S. 83–89.

European Monitoring Centre for Drugs and Drug Addiction (EMCDDA) (2009): Preventing later substance use disorders in at-risk children and adolescents: a review of the theory and evidence base of indicated prevention (EMCDDA Thematic papers). www.emcdda.europa.eu/publications/thematic-papers/indicated-prevention, 14.2.2023.

European Monitoring Centre for Drugs and Drug Addiction (EMCDDA) (2011): European drug prevention quality standards. A manual for prevention professionals. www.emcdda.europa.eu/system/files/publications/646/TD3111250ENC_318193.pdf, 17.2.2023.

European Monitoring Centre for Drugs and Drug Addiction (EMCDDA) (2018): Perspectives on Drugs. Preventing overdose deaths in Europe. www.emcdda.europa.eu/system/files/media/publications/documents/2748/POD_Preventing%20overdose%20deaths.pdf, 23.8.2023.

Experten- und Expertinnengruppe „Kölner Klausurwoche" (2014): Memorandum Evidenzbasierung in der Suchtprävention – Möglichkeiten und Grenzen. www.katho-nrw.de/fileadmin/media/foschung_transfer/forschungsinstitute/DISuP/KoelnerMemorandum_EBSP2014.pdf, 23.8.2023.

Expertengruppe Weiterbildung Sucht (2014): Konsumkompetenz zwischen individueller und kollektiver Verantwortung. Grundlagen und Denkanstöße. www.suchtakademie.files.wordpress.com/2012/11/suchtakademie_konsumkompetenz_grundlagen-und-denkan stc3b6sse_d.pdf, 21.7.2023.

Fagerström, K. (2021): Harm Reduction in Sweden – the case of snus. In: Stöver, H. (Hrsg.): Tobacco Harm Reduction. Frankfurt am Main: Fachhochschulverlag, S. 197-206.

Feuerlein, W./Küfner, H./Ringer, C. et al. (1977): Münchner Alkoholismus Test (MALT). Weinheim: Beltz.

Fleißner, S., Stöver, H. & Schäffer, D. Take-Home Naloxon: Ein Baustein der Drogennotfallprophylaxe auch in Deutschland. *Bundesgesundheitsbl* 66, 1035–1041 (2023). https://doi.org/10.1007/s00103-023-03705-4.

Franke, A. (2012): Modelle von Gesundheit und Krankheit. Bern: Huber.

Franzkowiak, P./Schlömer, H. (2003): Entwicklung der Suchtprävention in Deutschland: Konzepte und Praxis. In: Suchttherapie 4, S. 175–182.

Frederiksen, L./Martin, J./Webster, J. (1979): Assessment of smoking behavior. In: Journal of Applied Behavior Analysis 12, H. 4. DOI:10.1901/jaba.1979.12-653.

Fröhlich-Gildhoff, K./Rönnau-Böse, M. (2022): Resilienz. 6. Aufl., München: Reinhardt.

Funnell, S. (2000a): Developing and Using a Program Theory Matrix for Program Evaluation and Performance Monitoring. In: New Directions for Evaluation 87, S. 91–101.

Funnell, S. (2000b): Applications of Program Logic to Evaluation, Monitoring and Program Design. Paper presented at the American Evaluation Association (AEA) Conference, 01.-04. November 2000, Honolulu, Hawaii.

Gastpar, M./Heinz, W./Poehlke, T./Raschke, P. (1998): Geschichte. In: Gastpar, M./Heinz, W./Poehlke, T./Raschke, P. (Hrsg.): Glossar: Substitutionstherapie bei Drogenabhängigkeit. Berlin/Heidelberg: Springer, S. 66-67.

Gentilello, L./Donovan, D./Dunn, C./Rivara, F. (1995): Alcohol interventions in trauma centers. Current practice and future directions. In: Journal of the American Medical Association JAMA 274, S. 1043–1048.

Gordon, R. (1983): An operational classification of disease prevention. In: Public Health Report 98, H. 2, S. 107–109.

Graham, K./Chander-Coutts, M. (2000): Community action research: who does what to whom and why? Lessons learned from local prevention efforts (international experiences). In: Substance Use & Misuse 35, H. 1/2, S. 87–110.

Hafen, M. (1995): Suchtprävention – der lange Weg von der Symptom- zur Ursachenbekämpfung. In: Fachzeitschrift Soziale Arbeit 19, S. 3–9.

Hafen, M. (2005): Systemische Prävention. Grundlagen für eine Theorie präventiver Massnahmen. Heidelberg: Carl-Auer.

Hafen, M. (2013): Soziale Arbeit und Gesundheit – Chancen und Herausforderungen an der Schnittstelle zweier Funktionssysteme. In: Schneider, A./Rademaker, A./Lenz, A./Müller-Baron, I. (Hrsg.): Soziale Arbeit – Forschung – Gesundheit. Berlin/Toronto: Opladen, S. 35–48.

Hajek, P./Phillips-Waller, A./Przulj, D./Pesola, F./Myers Smith, K./Bisal, N. et al. (2019): A Randomized Trial of E-Cigarettes versus Nicotine-Replacement Therapy. In: The New England Journal of Medicine 380, S. 629–637. DOI:10.1056/NEJMoa1808779.

HaLT – Hart am LimiT, Alkoholprävention für Kinder und Jugendliche (2017): Handbuch für die Praxis. Lörrach: Villa Schöpflin gGmbH – Zentrum für Suchtprävention.

Hanewinkel, R./Wiborg, G. (2002): Primär- und Sekundärprävention des Rauchens im Jugendalter: Effekte der Kampagne „Be Smart – Don't Start". In: Gesundheitswesen 64, H. 8/9, S. 492–498.

Hanewinkel, R./Wiborg, G. (2003a): Dissemination der Nichtraucherkampagne „Be Smart-Don't Start" in den Jahren 1997 bis 2003 in Deutschland. In: Gesundheitswesen 65, H. 4, S. 250–254.

Hanewinkel, R./Wiborg, G. (2003b): Förderung des Nichtrauchens in der Schule: Ergebnisse einer prospektiven kontrollierten Interventionsstudie. In: Sucht 49, H. 6, S. 333–341.

Hanewinkel, R./Wiborg, G./Isensee, B./Nebot, M./Vartiainen, E. (2006). "Smoke-free Class Competition": far-reaching conclusions based on weak data. In: Preventive Medicine 43, H. 2, S. 150–153. DOI:10.1016/j.ypmed.2006.03.015.

Hanewinkel, R. (2007): „Be Smart – Don't Start". Ergebnisse des Nichtraucherwettbewerbs in Deutschland 1997–2007. In: Gesundheitswesen 69, S. 38–44.

Hanewinkel, R./Isensee, B./Maruska, K./Sargent, J./Morgenstern, M. (2010): Denormalising smoking in the classroom: does it cause bullying?. In: Journal of Epidemiology and Community Health 64, H. 3, S. 202–208. DOI:10.1136/jech.2009.089185.

Hanewinkel, R./Isensee, B./Morgenstern, M. (2018): „Be Smart – Don't Start: Untersuchung langfristiger Effekte eines schulbasierten Präventionsprogramms. In: Sucht 64, H. 1, S. 29–40. DOI:10.1024/0939-5911/a000522.

Hansjürgens, R. (2018): In Kontakt kommen. Analyse der Entstehung einer Arbeitsbeziehung in Suchtberatungsstellen. Baden-Baden: Tectum. DOI:10.5771/9783828870116.

Hartmann-Boyce, J./McRobbie, H./Butler, A./Lindson, N./Bullen, C./Begh, R. et al. (2021): Electronic cigarettes for smoking cessation. In: Cochrane Database of Systematic Reviews 9, CD010216.

Hasin, D. (2013): DSM-5 criteria for substance use disorders: Recommendations and rationale. In: The American Journal of Psychiatry 170, H. 8, S. 834–851.

Härtl, S./Koytek, A./Wolstein, J. (2021): Alkoholintoxikationen junger Menschen in Bayern während der Covid-19-Pandemie. In: Suchttherapie 22, H. 4, S. 194–202. DOI:10.1055/a-1638-8566.

Heather, N./Rollnick, S./Bell, A./Richmond, R. (1996): Effects of brief counselling among male heavy drinkers identified on general hospital wards. In: Drug and Alcohol Review 15, S. 29–38.

Hedrich, D. (2019/2020): Drogenkonsumräume. Verbreitung und Wirksamkeit. In: rausch Wiener Zeitschrift für Suchttherapie 9, H. 4/1, S. 202–211.

Hering, T. (2021): Fokus COPD – Wann und wie sollten Alternativprodukte zur Tabakzigarette eingesetzt werden? Stellungnahme aus der Sicht des Pneumologen. In: Stöver, H. (Hrsg.): Tobacco Harm Reduction. Frankfurt am Main: Fachhochschulverlag, S. 125–129.

Herriger, N. (2020): Empowerment in der Sozialen Arbeit. Eine Einführung. 6., erw. akt. Aufl., Stuttgart: Kohlhammer.

Hoeflmayr, D. (2006): Kosten und Nutzen schulischer Tabakprävention. Eine Evaluation am Beispiel „Be Smart – Don't Start". Bd. 49., Baden-Baden: Nomos.

Hoeflmayr, D./Hanewinkel, R. (2008): Do school-based tobacco prevention programmes pay off? The cost-effectiveness of the 'Smoke-free Class Competition'. In: Public Health 122, H. 1, S. 34–41. DOI:10.1016/j.puhe.2007.05.007.

Holder, H./Moore, R.(2000): Institutionalization of community action projects to reduce alcohol-use related problems: systematic facilitators. In: Substance Use & Misuse 35, H. 1/2, S. 75–86.

Holder, H. (2002): Prevention of alcohol and drug "abuse" problems at the community level: what research tells us. In: Substance Use & Misuse 37, H. 8/10, S. 901–921.

Hornig, L. (2023a): Angehörigenarbeit im Rahmen der Suchthilfe. Empfehlungen für eine verbesserte Praxis. Baden-Baden: Nomos.

Hornig, L. (2023b): Angehörigenarbeit – Neu denken. Begriffe, Praxis, Handlungsimpulse. In: Suchttherapie. DOI:10.1055/a-2084-4061.

Hößelbarth, S. (2014): Einleitung. In: Hößelbarth, S. (Hrsg.): Crack, Freebase, Stein. Perspektiven kritischer Sozialer Arbeit. Bd. 16, Wiesbaden: Springer VS, S. 1-4. DOI:10.1007/978-3-531-19548-3_1.

Hughes, J. (2000): Reduced smoking: An introduction and review of the evidence. In: Addiction 95, H. 1, S. 3–7. DOI:10.1080/09652140032008.

Hughes, J./Carpenter, M. (2005): The feasibility of smoking reduction: an update. In: Addiction 100, H. 8, S. 1074–1089. DOI:10.1111/j.1360-0443.2005.01174.x.

Hurrelmann, K./Richter, M. (2013): Gesundheits- und Medizinsoziologie. 8. Aufl., Weinheim: Beltz Juventa.

Hurrelmann, K./Richter, M./Klotz, T. et al. (2018): Krankheitsprävention und Gesundheitsförderung. In: Hurrelmann, K./Richter, M./Klotz, T. et al. (Hrsg.): Referenzwerk Prävention und Gesundheitsförderung. Grundlagen, Konzepte und Umsetzungsstrategien. 5., vollst. überarb. Aufl., Bern: Hogrefe, S. 23-34.

Infodrog (o. J.): Drug Checking. www.infodrog.ch/de/aktivitaeten/drug-checking.html#publikationen-drug-checking, 24.7.2023.

Isensee, B./Hanewinkel, R. (2007): Effekte einer wiederholten Teilnahme am Wettbewerb „Be Smart – Don't Start". In: Sucht 53, H. 6, S. 328–334.

Isensee, B./Hanewinkel, R. (2012): Meta-analysis on the effects of the smoke-free class competition on smoking prevention in adolescents. In: European Addiction Research 18, H. 3, S. 110–115. DOI:10.1159/000335085.

Jellinek, E. (1960): The disease concept of alcoholism. New Haven: Hillhouse Press.

Johnson, L./Ma, Y./Fisher, S./Ramsey, A./Chen, L./Hartz, S. et al. (2019): E-cigarette Usage Is Associated With Increased Past-12-Month Quit Attempts and Successful Smoking Cessation in Two US Population–Based Surveys. In: Nicotine & Tobacco Research 21, H. 10, S. 1331–1338. DOI:10.1093/ntr/nty211.

Josendal, O. (2003): Smoke-free class competition may delay the onset of smoking in adolescence. In: Evidence-based Healthcare 7, H. 1, S. 18–19. DOI:10.1016/s1462-9410 (02)00147-x.

Joutsa, J./Moussawi, K./Siddiqi, S. et al. (2022): Brain lesions disrupting addiction map to a common human brain circuit. In: Nature Medicine 28, H. 6, S. 1249–1255. DOI:10.1038/s41591-022-01834-y.

Kalke, J./Buth, S. (2009): Verhältnisorientierte Suchtprävention. www.projugend.jugendschutz.de/wp-content/uploads/2015/02/proJugend_3_09_vo_suchtpraevention.pdf, 4.4.2023.

Kammerahl, S. (o. J.): BLEIB STARK! BLEIB DU SELBST! Cannabis & Du? Auszug aus der Wettbewerbsdokumentation. www.kommunale-suchtpraevention.de/7-wettbewerb-2015-2016/preistraeger-hamburg.html, 14.2.2023.

Kanfer, F./Reinecker, H./Schmelzer, D. (2012): Selbstmanagement-Therapie: Ein Lehrbuch für die klinische Praxis. Heidelberg: Springer.

Kastaun, S. (2022): Aktuelle Trends – Daten zum Konsum von Tabak und neuen Nikotinprodukten (DEBRA Studie). Präsentation auf der Berliner Hauptstadtbündnissitzung, 30. Mai 2022, digital. www.berlin-suchtpraevention.de/wp-content/uploads/2022/06/220530_Kastaun_DEBRA_Studie_Aktuelle_Trends_Tabak_neue-Produkte.pdf, 21.7.2023.

Kern-Scheffeldt, W. (2005): Peer-Education und Suchtprävention. In: SuchtMagazin 5, S. 3–10.

Klingemann, H. (2017): Sucht – Selbstheilung ist möglich. Lengerich: Pabst Publishers.

Kohn, R./Saxena, S./Levav, I./Saraceno, B. (2004): The treatment gap in mental health care. In: Bulletin of the World Health Organization 82, H. 11, S. 858-866.

Kolip, P./Lademann, J. (2016): Familie und Gesundheit. In: Hurrelmann, K./Laaser, U./ Razum, O. (Hrsg.): Handbuch Gesundheitswissenschaften. 6. Aufl., Weinheim: Beltz Juventa, S. 517–540.

Konrad, K./Firk, C./Uhlhaas, P. (2013): Brain development during adolescence: neuroscientific insights into this developmental period. In: Deutsches Ärzteblatt International 110, S. 425–431.

Korczak, D. (2013): Ist der Erfolg von Alkoholpräventionsmaßnahmen mess- und evaluierbar? Can the success of alcohol prevention be measured and evaluated?. In: Suchttherapie 14, S. 114–118. DOI:10.1055/s-0033-1349887.

Kotz, D./Jackson, S./Brown, J./Kastaun, S. (2022): The effectiveness of e-cigarettes for smoking cessation – a comparison with nicotine replacement therapy and no use of evidence-based cessation aids in the German population. In: Deutsches Ärzteblatt International 119, S. 297–301. DOI:10.3238/arztebl.m2022.0162.

Kotz, D. (2023): DEBRA – Deutsche Befragung zum Rauchverhalten 2023. www.debra-stu dy.info/, 13.7.2023.

Körkel, J. (2002): Kontrolliertes Trinken als neue Behandlungsoption. Riskanter und schädlicher Alkoholkonsum (ARS Medici 6/2004). www.rosenfluh.ch/media/arsmedici/2004/0 6/Kontrolliertes-Trinken-als-neue-Behandlungsoption.pdf, 24.7.2023.

Körkel, J./Waldvogel, D. (2008): What shall we do with the drunken drug addict? Eine Studie zum Alkoholkonsum Drogenabhängiger. In: Suchttherapie 9, S. 72–79.

Körkel, J./Verthein, U. (2010): Kontrollierter Konsum von Opiaten und Kokain. In: Suchttherapie 11, S. 31–34. DOI:10.1055/s-0030-1247514.

Körkel, J./Becker, G./Happel, V. (2011): Selbstkontrollierte Reduktion des Drogenkonsums. Eine randomisierte kontrollierte klinische Studie in der niedrigschwelligen Drogenhilfe. KISSAbschlussbericht. www.idh-frankfurt.de/images/downloads/KISS_Studie_Abschluss bericht_Zusammenfassung.pdf, 23.8.2023.

Körkel, J. (2014): Alkoholtherapie: Vom starren Abstinenzparadigma zu einer patientengerechten Zielbestimmung. In: Suchtmedizin 16, H. 5, S. 211–222.

Körkel, J. (2015): Kontrolliertes Trinken bei Alkoholkonsumstörungen: Eine systematische Übersicht. In: Sucht 61, H. 3, S. 147–174.

Körkel, J./Nanz, M. (2016): Das Paradigma Zieloffener Suchtarbeit. In: akzept e.V./Deutsche AIDS-Hilfe/JES e.V. (Hrsg.): 3. Alternativer Drogen- und Suchtbericht 2016. Lengerich: Pabst Science Publishers, S. 196–204.

Körkel, J. (2018): Kontrolliertes Trinken. In: Zeitschrift für Psychiatrische Pflege Heute 24, H. 5, S. 239–244. DOI:10.1055/a-0646-5915.

Klein, M. (2021): Das „Psycho" im biopsychosozialen Modell der Sucht – die psychologischen Zugänge zur Entstehung und Behandlung. www.addiction.de/modell-der-sucht/, 11.4.2023.

Klemperer, D. (2020): Sozialmedizin – Public Health – Gesundheitswissenschaften. Lehrbuch für Gesundheits- und Sozialberufe. 4., überarb. erw. Aufl., Bern: Hogrefe.

Kliche, T. et al. (2012): Evaluation des Selbstkontrolltrainings SKOLL – Ein suchtmittelübergreifender Ansatz zur Frühintervention bei Jugendlichen und Erwachsenen: Gesundheits- und Versorgungseffekte des Programms (Abschlussbericht 2012). www.bundesges undheitsministerium.de/fileadmin/Dateien/5_Publikationen/Gesundheit/Berichte/Abschlu ssbericht_Evaluation_des_Selbstkontrolltrainings_SKOLL.pdf, 23.8.2023.

Klingemann, H. (2001): Alcohol and its social consequences: The forgotten dimension. Copenhagen, Denmark: World Health Organization (WHO) Regional Office for Europe.

Kluge, F. (2004): Etymologisches Wörterbuch der deutschen Sprache. Berlin: De Gruyter.

Kremer, G. (2003): Frühintervention und Kurzintervention – ein neues Heilmittel? In: Landschaftsverband Westfalen-Lippe (LWL) (Hrsg.): Frühintervention bei erstauffälligen Drogenkonsumenten. Münster: Landschaftsverband Westfalen-Lippe (LWL).

Laging, M. (2018): Soziale Arbeit in der Suchthilfe. Grundlagen – Konzepte – Methoden. 2. Aufl., Stuttgart: Kohlhammer.

Laging, M. (2020): Soziale Arbeit in der Suchthilfe. Grundlagen – Konzepte – Methoden. 2. Aufl., Stuttgart: Kohlhammer.

Laging, M. (2023): Soziale Arbeit in der Suchthilfe. Grundlagen – Konzepte – Methoden. 3., überarb. Aufl., Stuttgart: Kohlhammer.

Landesstelle für Suchtfragen Schleswig-Holstein e.V. (LSSH) (2019): Stellungnahme zum „Revolution Train". www.lssh.de/wp-content/uploads/2019/03/Endversion-Stellungnah me-Revolution-Train-LSSH-und-AK-Suchtpr%C3%A4vention.pdf, 10.3.2023.

Landesvereinigung für Gesundheit und Akademie für Sozialmedizin Niedersachsen e.V. Landeskoordinierungsstelle „Präventionsketten Niedersachsen" (2022): Präventionsketten konkret! Ein kompetenzorientiertes Handbuch zur Koordination von integrierten kommunalen Strategien. www.praeventionsketten-nds.de/fileadmin/media/downloads/H andbuch/Handbuch_Pra%CC%88ventionsketten_konkret.pdf, 23.8.2023.

Landschaftsverband Westfalen-Lippe (LWL)/Koordinationsstelle Sucht (2000): Miteinander erfolgreich. FreD. Frühintervention bei erstauffälligen Drogenkonsumenten. www.lwl.or g/023cd-download/0_Beispiele-no-pass/publikationen/FreD_miteinander-erfolgreich_de_ Web.pdf, 8.2.2023.

Leppin, A. (2018): Konzepte und Strategien der Prävention. In: Hurrelmann, K./Richter, M./Klotz, T. et al. (Hrsg.): Referenzwerk Prävention und Gesundheitsförderung. Grundlagen, Konzepte und Umsetzungsstrategien. 5., vollst. überarb. Aufl., Bern: Hogrefe, S. 47–56.

Leune, J. (2014): Versorgung Abhängigkeitskranker in Deutschland. In: Deutsche Hauptstelle für Suchtfragen (DHS) (Hrsg.): Jahrbuch Sucht 2014. Lengerich: Pabst Science Publishers.

Levy, D./Sánchez-Romero, L./Li, Y./Yuan, Z./Travis, N./Jarvis, M. et al. (2020): England SimSmoke: the impact of nicotine vaping on smoking prevalence and smoking-attributable deaths in England. In: Addiction 116, H. 5, S. 1196–1211. DOI:10.1111/add.15269.

Levy, D./Sánchez-Romero, L./Travis, N./Yuan, Z./Li, Y/Skolnick, S. et al. (2021): US Nicotine Vaping Product SimSmoke Simulation Model: The Effect of Vaping and Tobacco Control Policies on Smoking Prevalence and Smoking-Attributable Deaths. In: International Journal of Environmental Research and Public Health 18, H. 9, S. 4876. DOI:10.3390/ijerph18094876.

Licht, F. (1999): Peer-Group Education. In: Koller, G. (Hrsg.): Meet the need. Guidelines for Peer-group-Education preventing addiction in out-of-school-youthwork. Münster: Landschaftsverband Westfalen-Lippe (LWL).

Liel, K. (2019): Das Soziale der Gesundheit stärken. Soziale Arbeit als Profession der Gesundheitsförderung. www.dvsg.org/fileadmin/user_upload/DVSG/Themen/Handlungs felder/Gesundheitsfoerderung-und-Praevention/FORUM-Liel.pdf, 12.4.2023.

Liel, K. (2020): Theorie und Praxis des bio-psycho-sozialen Modells: Rolle und Beitrag der Sozialen Arbeit. In: Rummel, C./Gaßmann, R. (Hrsg.): Sucht: bio-psycho-sozial. Die ganzheitliche Sicht auf Suchtfragen – Perspektiven aus Sozialer Arbeit, Psychologie und Medizin. 1. Aufl., Stuttgart: Kohlhammer, S. 69-79.

Loss, J./Warrelmann, B./Lindacher, V. (2016): Gesundheitsförderung: Idee, Konzepte und Vorgehensweisen. In: Richter, M./Hurrelmann (Hrsg.): Soziologie von Gesundheit und Krankheit. Ein Lehrbuch. Wiesbaden: Springer VS, S. 417–432.

Luf, A./Karden, A./Schubert-Kociper, K./Schmid, R. (2019): Integriertes Drug-Checking. Methodische Aspekte und Umsetzung von analysegestützten Interventionen. In: Tögel-Lins, K./Werse, B./Stöver, H. (Hrsg.): Checking Drug-Checking. Potentiale für Prävention, Beratung, Harm Reduction und Monitoring. Frankfurt am Main: Fachhochschulverlag, S. 95–108.

Mallock, N./Böss, L./Burk, R. et al. (2018): Levels of selected analytes in the emissions of "heat not burn" tobacco products that are relevant to assess human health risks. In: Archives of Toxicology 92, S. 2145–2149. DOI:10.1007/s00204-018-2215-y.

Mann, K./Körkel, J. (2013): Trinkmengenreduktion: ein ergänzendes Therapieziel bei Alkoholabhängigen?. In: Psychopharmakotherapie 20, S. 193–198.

Mann, K./Hoch, E./Batra, A. (Hrsg.) (2016): S3-Leitlinie Screening, Diagnose und Behandlung alkoholbezogener Störungen. Berlin/Heidelberg: Springer.

Marzahn, C. (1994): Bene tibi. Über Genuß und Geist. Bremen: Edition Temmen.

Maurischat, C. (2001): Erfassung der "Stages of Change" im Transtheoretischen Modell Prochaskas: eine Bestandsaufnahme. DOI:10.23668/psycharchives.8820.

Mayfield, D./McLeod, G./Hall, P. (1974): The CAGE questionnaire: validation of a new alcoholism screening instrument. In: American Journal of Psychiatry 131, H. 10, S. 1121–1123.

McDonald, R./Strang, J. (2016): Are take-home naloxone programmes effective? Systematic review utilizing application of the Bradford Hill criteria. In: Addiction 111, H. 7, S. 1177–1187.

McNeill, A. et al. (2015): E-cigarettes: an evidence update, August 2015: a report commissioned by PHE. London: Public Health England (PHE).

Merzel, C./D'Afflitti, J. (2003): Reconsidering community-based health promotion: promise, performance, and potential. In: American Journal of Public Health 93, H. 4, S. 557–574.

Mielck, A./Wild, V. (2021): Gesundheitliche Ungleichheit – Auf dem Weg von Daten zu Taten. Fragen und Empfehlungen aus Sozial-Epidemiologie und Public-Health-Ethik. Weinheim: Beltz Juventa.

Miller, W./Sanchez, V. (1994): Motivating your adults for treatment and lifestyle change. In: Howard, G./Nathan, P. (Hrsg.): Alcohol use and misuse by young adults Notre Dame. Notre Dame: University of Notre Dame Press, S. 55-81.

Miller, W./Rollnick, S. (2015): Motivierende Gesprächsführung. Motivational Interviewing. 3. Aufl., Freiburg im Breisgau: Lambertus.

Mons, U./Brenner, H. (2017): Demographic ageing and the evolution of smoking-attributable mortality: the example of Germany. In: Tobacco Control 26, H. 4, S. 455–457. DOI:10.1136/tobaccocontrol-2016-053008.

Mons, U. (2021): Harm Reduction und E-Zigaretten – eine Betrachtung aus Public Health-Perspektive. In: Stöver, H. (Hrsg.): Tobacco Harm Reduction. Frankfurt am Main: Fachhochschulverlag, S. 58–67.

Müller, C. (1996): Sozialarbeit/Sozialpädagogik. In: Kreft, D./Mielenz, I. (Hrsg.): Wörterbuch Soziale Arbeit. 4. Aufl., Weinheim/Basel: Beltz, S. 503–506.

Mybrainmychoice Initiative (2023): Drogensprache. Eine Einladung zum Gespräch. www.aidshilfe.de/system/files_force/documents/2023_05_25_drogen_sprache_eine_einladung_zum_gespraech_broschuere.pdf?download=1, 23.8.2023.

Naidoo, J./Wills, J. (2010): Lehrbuch der Gesundheitsförderung. Köln: Bundeszentrale für gesundheitliche Aufklärung (BZgA).

Naidoo, J./Wills, J. (2019): Lehrbuch Gesundheitsförderung. 3., akt. Aufl., Bern: Hogrefe.

Nilsen, P. (2006): Opening the Black Box of Community-Based Injury Prevention Programmes – Towards Improved Understanding of Factors that Influence Programme Effectiveness (Dissertation). Linköping University, Schweden, Faculty of Health Sciences.

Nohl, H. (1949): Pädagogik aus dreißig Jahren. Frankfurt am Main: Schulte-Bulmke.

Nöcker, G. (2016): Gesundheitskommunikation und Kampagnen. Köln: Bundeszentrale für gesundheitliche Aufklärung (BZgA). DOI:10.17623/BZGA:224-i056-1.0.

Nussbaumer, T. (2021): Nicotine Pouches in Deutschland – die Verbraucher*innensicht. In: Stöver, H. (Hrsg.): Tobacco Harm Reduction. Neue Rauchentwöhnungsstrategien. Frankfurt am Main: Fachhochschulverlag, S. 169-172.

Olsen, A. et al. (2018): Assessing causality in drug policy analyses: How useful are the Bradford Hill criteria in analysing take-home naloxone programs?. In: Drug and Alcohol Review 37, H. 4, S. 499–501.

Organisation for Economic Co-operation and Development (OECD) (2020): Health at a Glance 2019: OECD Indicators. www.oecd-ilibrary.org/social-issues-migration-health/health-at-a-glance-2019_4dd50c09-en, 9.2.2023.

Orth B./Merkel, C. (2020): Die Drogenaffinität Jugendlicher in der Bundesrepublik Deutschland 2019. Rauchen, Alkoholkonsum und Konsum illegaler Drogen: aktuelle Verbreitung und Trends (BZgA-Forschungsbericht). Köln: Bundeszentrale für gesundheitliche Aufklärung (BZgA).

Ortmann, K./Waller, H. (Hrsg.) (2005): Gesundheitsbezogene Sozialarbeit. Eine Erkundung der Praxisfelder. Baltmannsweiler: Schneider Hohengehren.

Pauls, H. (2013): Klinische Sozialarbeit. Grundlagen und Methoden psychosozialer Behandlung. Weinheim: Beltz Juventa.

Peters, M./Wapf, B. (2006): Zur Wirksamkeit des Gemeindeansatzes in der Prävention von Sucht- und Drogenproblemen Internationale Befunde und Schlussfolgerungen für die Schweiz (econcept im Auftrag des BAG). www.infodrog.ch/files/content/refbases/50-103 45_peters_praeventiongemeindeansatz_2006-09.pdf, 6.3.2023.

Pfeiffer-Gerschel, T./Dammer, E./Schneider, F. et al. (2018): Drogenpolitik. Workbook Drug Policy Deutschland. Bericht 2018 des nationalen REITOX-Knotenpunktes an die EMCDDA (Datenjahr 2017/2018). www.dbdd.de/fileadmin/user_upload_dbdd/05_Publikationen/PDFs/REITOX_BERICHT_2018/01_WB_Drogenpolitik_2018.pdf, 7.6.2023.

Pieper, E./Mallock, N./Henkler-Stephani, F./Luch, A. (2018): Tabakerhitzer als neues Produkt der Tabakindustrie: Gesundheitliche Risiken. In: Bundesgesundheitsblatt 61, S. 1422-1428.

Quensel, S. (1982): Drogenelend. Cannabis, Heroin, Methadon. Für eine neue Drogenpolitik. Frankfurt am Main: Campus.

Ravens-Sieberer, U./Erhart, M./Ottová-Jordan, V. (2018): Prävention und Gesundheitsförderung im Kindesalter. In: Hurrelmann, K./Richter, M./Klotz, T. et al. (Hrsg.): Referenzwerk Prävention und Gesundheitsförderung. Grundlagen, Konzepte und Umsetzungsstrategien. 5., vollst. überarb. Aufl., Bern: Hogrefe.

Razum, O./Kolip, P. (Hrsg.) (2020): Handbuch Gesundheitswissenschaften. Weinheim: Beltz Juventa.

Reinicke, P. (2003): Sozialarbeit als Aufgabe bei Gesundheit und Krankheit. Freiburg: Lambertus.

Reis, O. (2012): Risiken und Schutzfaktoren der Suchtentwicklung, entwicklungsdynamische Aspekte. In: Batra, A. et al. (Hrsg.): Praxisbuch Sucht. Therapie der Suchterkrankungen im Jugend- und Erwachsenenalter. Stuttgart: Thieme.

Reis, O. (2016): Risiken und Schutzfaktoren der Suchtentwicklung, entwicklungsdynamische Aspekte. In: Batra, A. et al. (Hrsg.): Praxisbuch Sucht. Therapie der Suchterkrankungen im Jugend- und Erwachsenenalter. 2., überarb. Aufl., Stuttgart: Thieme.

Revolution Train (o. J.): Projekt Revolution Train. www.revolutiontrain.cz/de/projekt.php, 9.3.2023.

RequiSit e.V. (o. J.): RequiSit? Wer wir sind! Zahlen und Fakten. https://www.theater-requisit.de/ueber-uns/zahlen-und-fakten.html, 23.8.2023.

Richter-Kornweitz, A./Kilian, H./Holz, G. (2017): Präventionskette / Integrierte Kommunale Gesundheitsstrategie. DOI:10.17623/BZGA:224-i093-1.0

Rosenbrock, R./Hartung, S. (2011): Public Health Action Cycle / Gesundheitspolitischer Aktionszyklus. In: Bundeszentrale für gesundheitliche Aufklärung (BZgA) (Hrsg.): Leitbegriffe der Gesundheitsförderung und Prävention. Glossar zu Konzepten, Strategien und Methoden.

Rönnau-Böse, M./Fröhlich-Gildhoff, K./Bengel, J./Lyssenko, L. (2022): Resilienz und Schutzfaktoren. In: Bundeszentrale für gesundheitliche Aufklärung (BZgA) (Hrsg.): Leitbegriffe der Gesundheitsförderung und Prävention. Glossar zu Konzepten, Strategien und Methoden. DOI:10.17623/BZGA:Q4-i101-2.0.

Roussos, S./Fawcett, S. (2000): A review of collaborative partnership as a strategy for improving community health. In: Annual Review of Public Health 21, S. 369–402.

Rumpf, H./Hapke, U./John, U. (2001): Der Lübecker Alkoholabhängigkeits- und -missbrauchs-Screnning-Test (LAST). Manual. Göttingen: Hogrefe.

Sackett, D./Rosenberg, W./Gray, J. et al. (1996): Evidence based medicine: what it is and what it isn't. In: British Medical Journal 312, H. 7023, S. 71-72. DOI:10.1136/bmj.312.7023.71.

Rumpf, H./Bischof, G./Meyer, C./Hapke, U./Ulrich, J. (2006): Forschung zur Remission von substanzbezogenen Störungen ohne formelle Hilfe im deutschsprachigen Raum. In: Klingemann, H./Sobell, L. (Hrsg.): Selbstheilung von der Sucht. Wiesbaden: VS Verlag für Sozialwissenschaften, S. 101–113.

Rumpf, H./Meyer, C./Hapke, U./Bischof, G./John, U. (2015): Inanspruchnahme suchtspezifischer Hilfen von Alkoholabhängigen und -mißbrauchern: Ergebnisse der TACOS-Bevölkerungsstudie. In: Sucht 46, S. 9–17. DOI:10.1024/suc.2000.46.1.9.

Rühl, D./Bölte, S./Feineis-Matthews, S./Poustka, F. (2004): ADOS, Diagnostische Beobachtungsskala für Autistische Störungen. Bern: Huber.

Sackett, D./Rosenberg, W./Gray, J./Haynes, R./Richardson, W. (1997): Was ist Evidenz-basierte Medizin und was nicht?. In: Münchener Medizinische Wochenschrift 139, H. 44, S. 644–645.

Saunders, J./Aasland, O./Babor, T. et al. (1993): Development of the Alcohol Use Disorders Screening Test (AUDIT). WHO collaborative project on early detection of persons with harmful alcohol consumption. In: Addiction 88, S. 791–804.

Schabdach, M. (2009): Die Konstruktion von Sucht als Krankheit im medizinisch-psychiatrischen Diskurs der Moderne. In: Schabdach, M. (Hrsg.): Soziale Konstruktionen des Drogenkonsums und Soziale Arbeit. Historische Dimensionen und aktuelle Entwicklungen. Wiesbaden: VS Verlag für Sozialwissenschaften, S. 55–62.

Schaller, K./Braun, S./Viarisio, V./Pötschke-Langer, M. (2014): Tabakprävention in Deutschland – was wirkt wirklich? Heidelberg: Deutsches Krebsforschungszentrum (DKFZ).

Schaller, K. et al. (2022): Alkoholatlas Deutschland 2022. www.dkfz.de/de/tabakkontrolle/download/Publikationen/sonstVeroeffentlichungen/Alkoholatlas-Deutschland-2022_dp.pdf, 6.6.2023.

Schäffer, D. (2019/2020): Drogenkonsumräume in Deutschland – Herausforderungen und Offenheit für Neues. In: rausch Wiener Zeitschrift für Suchttherapie 9, H. 4/1, S. 212–215.

Schäffer, D. (2020): Opioidbedingte Todesfälle in Deutschland – warum bleibt Naloxon weitgehend ungenutzt. In: akzept e.V./Deutsche AIDS-Hilfe (Hrsg.): 7. Alternativer Drogen- und Suchtbericht. Lengerich: Pabst Science Publishers, S. 85–89.

Scheerer, S./Vogt, I./Hess, H. (1989): Drogen und Drogenpolitik. Ein Handbuch. Frankfurt am Main: Campus.

Schilling, J./Klus, S. (2022): Soziale Arbeit. Geschichte – Theorie – Profession. 8., akt. Aufl., München: Ernst-Reinhardt.

Schivelbusch, W. (1993): Das Paradies, der Geschmack und die Vernunft: Eine Geschichte der Genußmittel. Berlin: Fischer.

Schomerus, G./Bauch, A./Elger, B. et al. (o. J.): Memorandum. Das Stigma von Suchterkrankungen verstehen und überwinden. www.dg-sucht.de/fileadmin/user_upload/pdf/aktuelles/Memorandum_text_Endfassung_layout.pdf, 12.4.2023.

Schmidt, B. (1998): Suchtprävention bei konsumierenden Jugendlichen: Sekundärpräventive Ansätze in der geschlechtsbezogenen Drogenarbeit. Weinheim/München: Juventa.

Schmidt-Semisch, H./Stöver, H. (2012): Saufen mit Sinn. Harm Reduction beim Alkoholkonsum. Frankfurt am Main: Fachhochschulverlag.

Schuller, K./Stöver, H. (Hrsg.): Akzeptierende Drogenarbeit. Freiburg: Lambertus.

Schulze, A./Mons, U./Edler, L./Pötschke-Langer, M. (2006): Lack of sustainable prevention effect of the "Smoke-Free Class Competition" on German pupils. In: Preventive Medicine 42, H. 1, S. 33–39.

Schwarz, T./Goecke, M. (2021): Die bundesweiten Maßnahmen zur Alkoholprävention der Bundeszentrale für gesundheitliche Aufklärung (BZgA). In: Bundesgesundheitsblatt 64, S. 671–678. DOI:10.1007/s00103-021-03333-w.

Schweizerischer Fachverband Soziale Arbeit im Gesundheitswesen (sages)/Berufsverband der Sozialen Arbeit Schweiz (AvenirSocial) (2018): Leitbild Soziale Arbeit im Gesundheitswesen. www.tinyurl.com/yxfx6gu2, 7.2.2023.

Schwoon, D. (2005): Umgang mit alkoholabhängigen Patienten. 3. Aufl., Bonn: Psychiatrie Verlag.

Seithe, M. (2010): Schwarzbuch Soziale Arbeit. Wiesbaden: Springer VS.

Shahab, L./Goniewicz, M./Blount, B. et al. (2017): Nicotine, Carcinogen, and Toxin Exposure in Long-Term E-Cigarette and Nicotine Replacement Therapy Users: A Cross-sectional Study. In: Annals of Internal Medicine 166, H. 6, S. 390–400. DOI:10.7326/M16-1107.

Simoni, J./Franks, J./Lehavot, K. et al. (2011): Peer Interventions to Promote Health: Conceptual Considerations. In: American Journal of Orthopsychiatry 81, H. 3, S. 351–359. DOI:10.1111/j.1939-0025.2011.01103.x.

Skara, S./Sussman, S. (2003): A review of 25 long-term adolescent tobacco and other drug use prevention program evaluations. In: Preventive Medicine 37, S. 451–474.

Sorensen, G./Emmons, K./Hunt, M./Johnston, D. (1998): Implications of the results of community intervention trials. In: Annual Review of Public Health 19, S. 379–416.

Sperisen, L./Falcato, L./Bruggmann, P. (2021): Wirksamkeit von E-Zigaretten zur Reduktion des Tabakkonsums und Entwöhnung vom Rauchen – Eine systematische Literaturübersicht. In: Suchtmedizin 23, H. 2, S. 101–112.

Sperlich, S./Franzkowiak, P. (2022): Risikofaktoren und Risikofaktorenmodell. In: Bundeszentrale für gesundheitliche Aufklärung (BZgA) (Hrsg.): Leitbegriffe der Gesundheitsförderung und Prävention. Glossar zu Konzepten, Strategien und Methoden. DOI:10.17623/BZGA:Q4-i102-3.0.

Stadt Frankfurt am Main (o. J.): Rauchmelder. Beratung, App und Community. www.frankfurt.de/themen/gesundheit/drogen-und-sucht-/projekte-und-kampagnen/rauchmelder, 10.7.2023.

Statista Research Department (2023a): Anzahl der Drogentoten in Deutschland bis 2022. www.de.statista.com/statistik/daten/studie/403/umfrage/todesfaelle-durch-den-konsum-illegaler-drogen/, 25.7.2023.

Statista Research Department (2023b): Substitutionspatienten in Deutschland bis 2022. www.de.statista.com/statistik/daten/studie/37474/umfrage/substitutionspatienten-in-deutschland-seit-2002/, 25.7.2023.

Steen, R. (2005): Soziale Arbeit im öffentlichen Gesundheitsdienst. 1. Aufl., München: Reinhardt.

Sting, S./Blum, C. (2003): Soziale Arbeit in der Suchtprävention. Stuttgart: UTB.

Storck, M. (2021): Harm Reduction – was sind die offenen Fragen?. In: Stöver, H. (Hrsg.): Tobacco Harm Reduction. Frankfurt am Main: Fachhochschulverlag, S. 29–38.

Stöver, H. (2008): Sozialer Ausschluss, Drogenpolitik und Drogenarbeit. Bedingungen und Möglichkeiten akzeptanz- und integrationsorientierter Strategien. In: Anhorn, R./Bettinger, F./Stehr, J. (Hrsg.): Sozialer Ausschluss und soziale Arbeit. Positionsbestimmungen einer kritischen Theorie und Praxis Sozialer Arbeit. 2., überarb. erw. Aufl., Wiesbaden: VS Verlag für Sozialwissenschaften, S. 335–354.

Stöver, H. (2009): Akzeptierende Drogenarbeit weiterentwickeln! Leitmotive akzeptierender Drogenarbeit. In: Sozial Extra 33, H. 38. DOI:10.1007/s12054-009-0108-2.

Stöver, H./Michels, I. (2019/2020): Geschichtliche Entwicklung von Drogenkonsumräumen in Deutschland. In: rausch Wiener Zeitschrift für Suchttherapie 9, H. 4/1, S. 193–201.

Stöver, H. (2021a): Einleitung. In: Stöver, H. (Hrsg.): Tobacco Harm Reduction – Neue Rauchentwöhnungsstrategien. Frankfurt am Main: Fachhochschulverlag, S. 7–8.

Stöver, H. (2021b): Sozialer Ausschluss, Drogenpolitik und Drogenarbeit – Bedingungen und Möglichkeiten akzeptanz- und integrationsorientierter Strategien. In: Anhorn, R./Stehr, J. (Hrsg.): Handbuch Soziale Ausschließung und Soziale Arbeit, Perspektiven kritischer Sozialer Arbeit. Wiesbaden: Springer VS, S. 921–937.

Stöver, H. (2021c): Diversifizierung der Rauchentwöhnungsprogramme – die Rolle der E-Zigarette. In: Bundesgesundheitsblatt 64, S. 1473–1479. DOI:10.1007/s00103-021-03435-5.

Stöver, H./Steimle, L./Moazen, B. (2023): Sieben Schlüsselstrategien für Europa zur Vorbereitung auf eine Opioidkrise. In: Suchttherapie, i.E.

Strang, J. et al. (2019): Take-Home Naloxone for the Emergency Interim Management of Opioid Overdose: The Public Health Application of an Emergency Medicine. In: Drugs 79, H. 13, S. 1395–1418.

Strüber, E. (2020): Null Alkohol – Voll Power. Konzeption der Jugendkampagne. Köln: Bundeszentrale für gesundheitliche Aufklärung (BZgA).

SubCheck (SiT)/miraculix (LeadiX) (Hrsg.) (2021): Thüringer Modellprojekt: Mobiles Drug-Checking als Kooperationsangebot von SubCheck (SiT) und miraculix (LeadiX) (Pressemappe vom 14.10.2021). www.drogerie-projekt.de/fileadmin/user_upload/Drug-Checking_Thueringen_Pressemappe_14.10.2021.pdf, 23.8.2023.

Sucht Schweiz (2013a): Verhältnisprävention: Strukturorientierte Suchtprävention. www.suchtschweiz.ch/fileadmin/user_upload/DocUpload/Verhaeltnispraevention.pdf, 4.4.2023.

Sucht Schweiz (2013b): Verhaltensprävention: Personenorientierte Suchtprävention. www.suchtschweiz.ch/fileadmin/user_upload/DocUpload/Verhaltenspraevention.pdf, 3.3.2023.

Tanner, J. (1993): Von Genuss- und Heilmitteln zu „Rauschgiften". In: Sozialarbeit 93, H. 1, S. 3–9.

Tensil, M./Jonas, B./Struber, E. (2013): Two fully automated web-based interventions for risky alcohol use: randomized controlled trial. In: Journal of Medical Internet Research 15, e110.

Thiersch, H. (1996): Drogenprobleme in einer süchtigen Gesellschaft. In: Längle, G. (Hrsg.): Sucht: Die Lebenswelt Abhängiger. Tübingen: Attempto, S. 51–69.

Thiersch, H. (2008): Lebenswertorientierte Soziale Arbeit. Weinheim: Beltz Juventa.

Thiersch, H./Grunwald, K./Köngeter, S. (2012): Lebensweltorientierte Soziale Arbeit. In: Thole, W. (Hrsg.): Grundriss Soziale Arbeit. Wiesbaden: Springer VS Verlag für Sozialwissenschaften.

Thiersch, H./Rauschenbach, T. (1987): Sozialpädagogik/Sozialarbeit: Theorie und Entwicklung. In: Eyferth, H./Otto, H.-U./Thiersch, H. (Hrsg.): Handbuch der Sozialarbeit/Sozialpädagogik. Neuwied/Darmstadt: Luchterhand, S. 984–1016.

Thüringer Fachstelle Suchtprävention/Fachverband Drogen- und Suchthilfe e.V. (2019): Europäischer Qualitätsstandard zur Suchtprävention. European Drug Prevention Quality Standards (EDPQS). www.emcdda.europa.eu/system/files/publications/646/Europ%C3%A4ische%20Qualit%C3%A4tsstandards%20zur%20Suchtpr%C3%A4vention_deutsche%20%C3%9Cbersetzung%20EDPQS.pdf, 14.2.2023.

Toumbourou, J./Beyers, J./Catalano, R. et al. (2005): Youth alcohol and other drug use in the United States and Australia: a cross-national comparison of three state-wide samples. In: Drug and Alcohol Review 24, S. 515–523.

Toumbourou, J./Stockwell, T./Neighbors, C. et al. (2007): Interventions to reduce harm associated with adolescent substance use. In: The Lancet 369, H. 9570, S. 1391–1401.

Tögel-Lins, K./Werse, B./Stöver, H. (2019): Checking Drug-Checking. Potentiale für Prävention, Beratung, Harm-Reduction und Monitoring. Frankfurt am Main: Fachhochschulverlag.

Tretter, F. (2017): Sucht. Gehirn. Gesellschaft. 1. Aufl., Berlin: MWV Medizinische Wissenschaftliche Verlagsgesellschaft.

Tretter, F. (2020): „Bio-psycho-soziales Modell" – Steckbrief und Perspektiven. In: Gaßmann, R. (Hrsg.): Sucht: bio-psycho-sozial. Die ganzheitliche Sicht auf Suchtfragen: Perspektiven aus Sozialer Arbeit, Psychologie und Medizin. Stuttgart: Kohlhammer, S. 13–24.

Turrell, G./Oldenburg, B./McGuffog, I./Dent, R. (1999): Socioeconomic determinants of health: towards a national research program and a policy and intervention agenda. Canberra: Queensland University of Technology, School of Public Health.

Uhl, A. (2005): Präventionsansätze und -theorien. In: Wiener Zeitschrift für Suchtforschung 28, H. 3/4, S. 39–45.

Uhl, A. (2007): Begriffe, Konzepte und Menschenbilder in der Suchtprävention. In: Sucht-Magazin 4, S. 3-11.

Uhl, A. (2012): Methodenprobleme bei der Evaluation komplexerer Sachverhalte: Das Beispiel Suchtprävention. In: Robert Koch-Institut (RKI)/Bayrisches Landesamt für Gesundheit und Lebensmittelsicherheit (LGL) (Hrsg.): Beiträge zur Gesundheitsberichterstattung des Bundes: Evaluation komplexer Interventionsprogramme in der Prävention: Lernende Systeme, lehrreiche Systeme?. Berlin: Robert Koch-Institut (RKI).

Unger, S. (2014): Die Implementierung Zieloffener Suchtarbeit. Eine Studie am Beispiel der Konsumreduktionsprogramme KISS und KT (Unveröffentlichte Masterthesis). Darmstadt: Evangelische Hochschule.

United Nations Office on Drugs and Crime (UNODC)/World Health Organization (WHO) (2018): International Standards on Drug Use Prevention, Second updated edition. www.unodc.org/documents/prevention/UNODC-WHO_2018_prevention_standards_E.pdf, 9.2.2023.

Unterarbeitsgruppe Präventionsindikatoren der Arbeitsgruppe Gesundheitsberichterstattung, Prävention, Rehabilitation und Sozialmedizin (AG GPRS) der Arbeitsgemeinschaft der Obersten Landesgesundheitsbehörden (AOLG) (2021): Entwicklung eines Indikatorensystems für die Präventionsberichterstattung der Länder. www.berlin.de/sen/gesundheit/_assets/service/gesundheitsberichterstattung/veroeffentlichungen/diskussionspapier_praeventionsindikatoren_runde1.pdf, 23.8.2023.

Van Amsterdam, J./Van den Brink, W. (2013): Reduced-risk drinking as a viable treatment goal in problematic alcohol use and alcohol dependence. In: Journal of Psychopharmacology 27, S. 987–997.

Van den Brink, W. (2003): Drogenkonsum und Sucht: gestern – heute – morgen. In: Suchttherapie 4, S. 89–92. New York/Stuttgart: Thieme.

Velicer, W./Prochaska, J./Fava, J./Norman, G./Redding, C. (1998): Smoking cessation and stress management: Applications of the transtheoretical model of behavior change. In: Homeostasis 38, S. 216–233.

Verthein, U./Löbmann, R. (o. J.): Entwicklung und aktueller Stand der Diamorphinbehandlung in Deutschland. www.dgvt-bv.de/news-details/?tx_ttnews%5Btt_news%5D=2482&cHash=2ab33239e8d5962e88fe04dd59c7a9a2, 25.7.2023.

Vicary, J./Doebler, M./Bridger, J. et al. (1996): A community systems approach to substance abuse prevention in a rural setting. In: The Journal of Primary Prevention 16, H. 3, S. 303–318.

Vongehr, S. (2022): Suchthilfe. In: Vongehr, S. (Hrsg.): Suchthilfe und Suchtprävention als Aufgabe des Öffentlichen Gesundheitsdienstes. Wiesbaden: Springer, S. 31–44.

Waller, H. (2006): Der Beitrag der sozialen Arbeit zur Prävention gesundheitlicher Benachteiligung. In: Heinrich, S./Herrmann, M. (Hrsg.): Prävention. Jahrbuch für kritische Medizin. Bd. 43, Hamburg: Argument, S. 74–85.

Walters, G. (2000): Behavioral self-control training for problem drinkers: A meta-analysis of randomized control studies. In: Behavior Therapy 31, H. 1, S. 135–149.

Wandersman, A./Florin, P. (2003): Community interventions and effective prevention. In: American Psychologist 58, H. 6/7, S. 441–448.

Weber, D./Salis Gross, C. (2018): Chancengleichheit und Chancengerechtigkeit in der Gesundheitsförderung. In: SuchtMagazin 44, H. 5, S. 13–17.

Werse, B./Kuhn, S./Lehmann, K./Stöver, H. (2023): Mit dem Rauchen aufhören – Methoden, Hilfen, Hindernisse. Ergebnisse der RauS-Studie. In: Stöver, H. (Hrsg.): Die Zigarette liegt in den letzten Zügen – Alternative Formen der Nikotinaufnahme. Frankfurt am Main: Fachhochschulverlag, S. 63–96.

Wiborg, G./Hanewinkel, R. (2001): Konzeption und Prozessevaluation eines schulischen Nichtraucherwettbewerbs. In: Sucht 47, H. 1, S. 25–32.

Wiborg, G./Hanewinkel, R. (2002): Effectiveness of the "Smoke-Free Class Competition" in Delaying the Onset of Smoking in Adolescence. In: Preventive Medicine 35, H. 3, S. 241–249. DOI:10.1006/pmed.2002.1071.

Wiborg, G./Hanewinkel, R./Kliche, K. (2002): Verhütung des Einstiegs in das Rauchen durch die Kampagne „Be Smart – Don't Start": eine Analyse nach Schularten. In: Deutsche Medizinische Wochenschrift 127, H. 9, S. 430–436.

WHO Expert Committee on addiction-producing drugs (1969): Sixteenth Report. Technical Report Series 407. Genf: World Health Organization (WHO).

World Health Organization (WHO) (1986): Ottawa Charta zur Gesundheitsförderung. www.apps.who.int/iris/bitstream/handle/10665/349654/WHO-EURO-1986-4044-4380 3-61669-ger.pdf?sequence=1&isAllowed=y, 23.8.2023.

World Health Organization (WHO) (2003): WHO Framework Convention on tobacco control. www.apps.who.int/iris/bitstream/handle/10665/42811/9241591013.pdf?sequence=1, 19.7.2023.

World Health Organization (WHO) (2021): Global alcohol action plan 2022-2030 to strengthen implementation of the Global Strategy to Reduce the Harmful Use of Alcohol First draft July 2021. www.cdn.who.int/media/docs/default-source/alcohol/alcohol-action-plan/first-draft/global_alcohol_acion_plan_first-draft_july_2021.pdf?sfvrsn=fcdab456_3&download=true, 6.6.2023.

World Health Organization (WHO) (2021): Evidence, policy, impact: WHO guide for evidence-informed decision-making. www.apps.who.int/iris/handle/10665/350994, 23.8.2023.

World Health Organization (WHO) (2022): No place for cheap alcohol. The potential value of minimum pricing for protecting lives. www.apps.who.int/iris/rest/bitstreams/1435687/retrieve, 23.8.2023.

Wurdak, M./Wolstein, J. (2012): Erarbeitung und erste Evaluation einer trinkmotivbasierten Intervention im Rahmen des Projektes „HaLT – Hart am Limit". www.bundesgesundheitsministerium.de/fileadmin/Dateien/5_Publikationen/Drogen_und_Sucht/Berichte/Kurzbericht_Erarbeitung_und_erste_Evaluation_einer_trinkmotivbasierten_Intervention_im_Rahmen_des_Projektes_HaLT_-_Hart_am_Limit.pdf, 23.8.2023.

Ziegler, H. (2014): Die Debatte um Agency. Klinische Sozialarbeit. In: Zeitschrift für psychosoziale Praxis und Forschung 10, H. 3, S. 10–11.

Zimic, J./Jakic, V. (2012): Familial risk factors favoring drug addiction onset. In: Journal of Psychoactive Drugs 44, H. 2, S. 173–185. DOI:10.1080/02791072.2012.685408.

Sachregister

Bereits erschienen in der Reihe
KOMPENDIEN DER SOZIALEN ARBEIT

Link zum
Nomos-Shop

**Das Asylbewerberleistungsgesetz
für die Soziale Arbeit**
Von RA Volker Gerloff
2022, 341 Seiten, broschiert,
ISBN 978-3-8487-6718-2

Schuldnerberatung für die Soziale Arbeit
Von Prof. Dr. Carsten Homann
und Malte Poppe
2022, 327 Seiten, broschiert,
ISBN 978-3-8487-6302-3

Einladung zur Sozialen Arbeit
Von Prof. Dr. Peter Löcherbach
und Prof. Dr. Ria Puhl
2. Auflage 2022, 251 Seiten, broschiert,
ISBN 978-3-8487-8185-0

**Migration und Integration
in der Sozialen Arbeit**
Von Prof. Dr. Beate Aschenbrenner-Wellmann
und Lea Geldner
2022, 251 Seiten, broschiert,
ISBN 978-3-8487-6832-5

Beratung und Beratungswissenschaft
Herausgegeben von Prof. Dr. Tanja Hoff und
Prof. Dr. Renate Zwicker-Pelzer
2. Auflage 2022, 239 Seiten, broschiert,
ISBN 978-3-8487-7846-1

Jungen als Opfer sexueller Gewalt
Von Clemens Fobian, Prof. Dr. Michael Lin-
denberg und Rainer Ulfers
2. Auflage 2022, 181 Seiten, broschiert,
ISBN 978-3-8487-7259-9

Pflegekinderhilfe für die Soziale Arbeit
Von Prof. Dr. Klaus Wolf
2022, 227 Seiten, broschiert,
ISBN 978-3-8487-6707-6

**Soziale Arbeit nach traumatischen
Erfahrungen**
Von Prof. Dr. Julia Gebrande
2021, 245 Seiten, broschiert,
ISBN 978-3-8487-6412-9

**Sozialleistungsansprüche für Flüchtlinge und
Unionsbürger**
Von Prof. Dr. Gabriele Kuhn-Zuber
2018, 304 Seiten, broschiert,
ISBN 978-3-8487-3206-7